JUSTIN MICHAEL WILLIAMS
SHELLY TYGIELSKI
Eine Welt ohne Rassismus

Justin Michael Williams
Shelly Tygielski

eine welt ohne rassismus

Wie emotionale Heilung, Verbundenheit und Schattenarbeit die Gesellschaft verändern

Aus dem amerikanischen Englisch
von René Stein

arkana

Die amerikanische Originalausgabe erschien 2023 unter dem Titel
How We Ended Racism: Realizing a New Possibility in One Generation
bei Sounds True, Inc., Boulder, CO, USA.

FSC
www.fsc.org
MIX
Papier | Fördert
gute Waldnutzung
FSC® C014496

Penguin Random House Verlagsgruppe FSC® N001967

1. Auflage
Deutsche Erstausgabe April 2024

Dieses Buch wurde vermittelt von Agence Schweiger.

Redaktion: Victoria Linnea
Umschlaggestaltung: ki 36 Editorial Design, München,
Daniela Hofner
Umschlagmotiv: © stocksy/CACTUS Creative Studio,
AdobeStock/Wolfgang Kruck
Satz: Satzwerk Huber, Germering
Druck und Bindung: GGP Media GmbH, Pößneck
Printed in Germany
SC · CF
ISBN 978-3-442-34322-5

www.arkana-verlag.de

Für die Kinder von morgen

Inhalt

Vorwort

Ich lernte Shelly vor ein paar Jahren kennen, und zwar virtuell, als die COVID-19-Pandemie die Welt im Klammergriff hielt. Sie wurde mir von einem gemeinsamen Freund vorgestellt, als Martin und ich daran arbeiteten, das Drum Major Institute weiter auszubauen. Ich erinnere mich, dass ich sogar durch den Bildschirm hindurch ihre Energie spüren konnte; in den folgenden Monaten und Jahren wurde sie mehr als nur eine Alley, sie wurde eine Freundin. Durch Shelly lernte ich auf einer Veranstaltung der Drum Major Coalition in Los Angeles auch Justin kennen, und bei ihm spürte ich sofort die gleiche Energie: Diese beiden Persönlichkeiten verkörpern, was für die gesamte Menschheit möglich ist – ein Dasein jenseits Unterschieden hinsichtlich ethnischer Zugehörigkeit, Religion, Generation, Geschlecht und Sexualität. In wahrer Schwesternschaft/Brüderlichkeit haben uns Shelly und Justin vorgelebt, gelehrt und nun auch niedergeschrieben, wie eine sichere, gerechte und gleichberechtigte Welt aussehen und sich anfühlen kann. Der Stoff, den sie in diese Kapitel gewebt haben, erinnert an die unsterblichen Worte meines Schwiegervaters Dr. Martin Luther King Jr., die besagen, dass wir *»in einem unentrinnbaren Netz der Gegenseitigkeit gefangen [sind], in ein einziges Gewand des Schicksals gehüllt. Was auch immer einen von uns direkt beeinflusst, beeinflusst indirekt auch alle anderen«*. Diese Worte, die in die Annalen der Geschichte eingingen, sind ein durchschlagender Ruf nach Veränderung, der auch heute noch in unseren Herzen Widerhall findet.

Es ist mir eine große Ehre, das Vorwort zu diesem wichtigen Werk zu schreiben, das als Leitfaden für die Erfüllung eines zeitlosen Traums dient, auf den unsere Familie unermüdlich hingearbeitet hat: das Ende des Rassismus. Die Vision einer Welt ohne Rassismus bedeutet nicht, die tiefen Wunden zu leugnen, die durch jahrhundertelange Vorurteile, Diskriminierung und systematische Unterdrückung entstanden sind. Es ist vielmehr eine Bestätigung unserer Fähigkeit, diese Bürde abzuschütteln, die Ketten von Ignoranz und Hass zu sprengen und eine Zukunft aufzubauen, die auf Liebe, Verständnis und Einheit beruht. Dieses Buch umreißt die Verantwortung, die jeder und jede von uns als Individuum im unentrinnbaren Netz der Gegenseitigkeit hat, und es gibt den Lesenden die Mittel an die Hand, diese Reise zu beginnen und/oder fortzusetzen.

Als ich die Seiten dieses Buches las, wurde mir bewusst, dass die Fortsetzung dieses Werks darauf hinausläuft, sich auf die edelmütige Suche nach der Vision der *Beloved Community* aufzumachen – einer Gesellschaft, in der Liebe, Verständnis und Gerechtigkeit über Hass, Vorurteile und Diskriminierung siegen. Eine *Beloved Community* ist nicht etwa nur utopischer Traum, sondern greifbare Realität, die auf unsere kollektive Entschlossenheit und unser Engagement wartet. Der Inhalt dieses Buches bietet eine Roadmap, die uns allen helfen kann, diese Vision klarer zu erkennen.

In meiner Arbeit weise ich oft darauf hin, dass die Beseitigung des Rassismus untrennbar mit der Beseitigung dessen verbunden ist, was Martin Luther King als das »dreifache Übel« bezeichnete: Armut, Rassismus und Militarismus. Diese miteinander verwobenen Kräfte, die durch systematische Unterdrückung genährt werden, unterdrücken unsere Welt seit Generationen und halten den Teufelskreis von Schmerz, Leid und Ungleichheit aufrecht. Ich weiß, dass Menschen in schwierigen Zeiten oftmals zur Skepsis neigen, und die Behauptung, dass wir dem Rassismus ein Ende setzen können, ist keine kleine Aussage. Aber um dieses Ziel zu erreichen, müssen wir uns alle anstrengen, doch zuerst müssen wir daran glauben, dass dies überhaupt möglich ist. Ich versichere Ihnen jedoch, dass die Ausmerzung des Rassismus keine unüberwindbare Aufgabe darstellt. Es ist ein Kampf, den wir gewinnen können, eine Flamme der Hoffnung, die in der Tiefe unserer Seele lodert. Es war die Aufgabe unserer Vorfahren und Vorfahrinnen, diese Flamme am Brennen zu halten, und es ist unsere Aufgabe, diese Flamme zu schüren, auf dass sie sich zu einem Flächenbrand ausweitet, der das dreifache Übel verzehrt.

Dieses Buch bietet zahlreiche Tools, die wir verwenden können. Manche brauchen wir häufiger als andere. Es mag Tools geben, die wir hin und wieder anderen ausleihen. Vielleicht gibt es auch Werkzeuge, für die wir noch nicht bereit sind. Was Shelly und Justin für uns bekräftigen, ist die Tatsache, dass die harte Arbeit zuerst im Inneren beginnen muss, unabhängig davon, für welche Tools wir uns entscheiden. Wir können nicht erwarten, dass sich die Welt verändert, wenn wir nicht bereit sind, zuerst an uns selbst zu arbeiten und uns zu ändern. Der Schlüssel zu diesem Wandel liegt in der Kraft, die in jedem von uns steckt. In unserer Seele liegt die Fähigkeit, unser gemeinsames Menschsein zu erkennen, die Vielfalt anzunehmen und den Reichtum zu feiern, der aus unseren Unterschieden erwächst. Es ist diese Kraft, die, wenn wir sie gemeinsam nutzen, einen geradezu erdrutschartigen Wandel in unserer Gesellschaft auslösen kann – einen Wandel, der uns in eine Zukunft führt, in der Rassismus nur noch eine ferne Erinnerung ist.

Um den Rassismus zu beenden, müssen wir einen Weg der Wahrheit, des Verständnisses und des gemeinsamen Handelns beschreiten. Wenn Sie die Seiten dieses Buches durchblättern, wünsche ich Ihnen allen, dass die darin enthaltenen Worte ein Feuer in Ihnen entfachen – einen unnachgiebigen Glauben daran, dass Rassismus abgeschafft werden kann, und die Entschlossenheit, sich auch dafür zu engagieren. Möge der Wandteppich, den wir alle weben, uns mit der Hoffnung, dem Glauben und der Kraft ausstatten, das Ziel ein für alle Mal zu erreichen und *den Traum* zu verwirklichen.

Arndrea Waters King
Präsidentin des Drum Major Institute

Einführung

Wer WIR sind

Wir sind liberal und konservativ.
Wir sind schwarz, weiß und braun.
Wir sind Republikaner und Demokraten,
unabhängig, unterdrückt und frei.
Stehend auf den Schultern all derer, die vor
uns kamen, sind wir die Fackelträger,
die die Flamme hochhalten hin zu einem Ziel, das
nie zuvor erreicht wurde.
Wir sind eine Botschaft aus der Zukunft, Vorfahren
und Nachkommen zugleich.
Wir sind alles, was dazwischenliegt.
Wir sind jetzt.
Es ist an der Zeit.
Wir erheben uns gemeinsam.

Es ist an der Zeit, den Rassismus zu beenden. Muss dem strukturellen Rassismus ein Ende bereitet werden? Ja. Auf staatlicher Ebene? Ja. Gesellschaftlich? Ja. Institutionell? Ja. Zwischenmenschlich? Ja. Innerlich? Ja. Ist Rassismus mehr als nur ein »Schwarzes« und »weißes« Thema? Ja. Muss er überall auf der Welt beendet werden? Ja. Wissen wir, die dieses Buch verfasst haben, wie wir das alles allein erreichen können? Nein. **Aber gemeinsam können wir es schaffen**. Mit »wir« sind wir alle gemeint. Gemeinsam können wir die Bedingungen schaffen, die notwendig sind, um dieses Ziel ein für alle Mal zu erreichen.

Im Juli 2020, inmitten der weltweiten COVID-19-Pandemie, der wachsenden Proteste rund um den Mord an George Floyd und der zunehmenden Dynamik, die in die Bewegung für sozialen Wandel kam, saßen wir, Justin und Shelly, verzweifelt und empört zusammen und fragten uns wie viele andere auch: »Was können wir noch tun, was einen wirklichen Impact hat?« Also steckten wir – ein Schwarzer, queerer Millennial und eine weiße heterosexuelle jüdische Mutter der Gen X – unsere sehr unterschiedlichen Köpfe zusammen und beschlossen, es auf einen Versuch ankommen zu lassen: Wir erstellten einen Lehrplan, der uns dabei helfen könnte, den Rassismus zu beenden.

Wir wissen, was Sie jetzt denken: »Ist es überhaupt möglich, den Rassismus zu überwinden?« Keine Sorge, das haben wir auch einmal gedacht. Und wir hatten definitiv unsere Zweifel. Zunächst hielten wir es für völlig desillusorisch oder bestenfalls naiv, sich mit einer solchen Frage zu beschäftigen. Aber wir beschlossen, uns selbst dieser Herausforderung zu stellen, und anstatt die Frage »Ist es überhaupt möglich, den Rassismus zu überwinden?« aus einer Position des Zweifels und des Zynismus heraus anzugehen, zwangen wir uns umzudenken. Wir wollten eine Perspektive einnehmen, die unserer Ansicht nach die inspirierendsten Führungspersönlichkeiten im Laufe der Geschichte gehabt haben müssen – eine Perspektive hin zu einer Welt der Möglichkeiten. Das hat alles verändert. Die geänderte Denkweise war nicht einfach, aber sie öffnete uns eine Tür, die zuvor verschlossen war. Und das, was wir gelernt haben, hat zu diesem Buch geführt.

Doch bevor wir die Lektionen in einem Buch festhielten, testeten wir sie mit Menschen aus gefühlt allen Teilen der Welt, indem wir Webinare oder Präsenz-Workshops veranstalteten. Nach mehreren Durchläufen unterzogen wir unsere Arbeit einem zweijährigen Fellowship am Garrison Institute, einem Zentrum an der Ostküste der Vereinigten Staaten, das die transformative Kraft der Kontemplation auf die drängenden sozialen und ökologischen Probleme unserer Zeit anwendet. Sein Ziel: eine empathischere, resilientere Zukunft. Gleichzeitig beauftragten wir professionelle und unabhängige Wissenschaftler und Wissenschaftlerinnen damit, Fokusgruppen ins Leben zu rufen und während unserer Studien Umfragen mit unseren Teilnehmenden durchzuführen, und zwar vor und während der Workshops und sechs Monate im Anschluss daran. Wir wollten herausfinden, ob das, was wir lehrten, tatsächlich die Bedingungen schaffen konnte, die zu dem Transformationsprozess führen würden, den wir uns erhofften – ein Transformationsprozess, der nötig ist, um den Rassismus zu beenden. Was dabei herauskam, erstaunte uns.

Die Forschenden fanden heraus, dass die Teilnehmenden, nachdem sie sich unser Lehrmaterial angeeignet und in ihr Leben implementiert hatten, weniger reaktiv, dafür aber empathischer waren. Sie fühlten sich selbstsicherer, wenn es darum ging, mutig zu sein und die eigene Meinung zu vertreten; wenn es darum ging, authentisch zu sein und eine Verbundenheit zu Menschen aufzubauen, die anders als sie zu sein schienen, und ihr Wissen über die Beendigung von Rassismus aus einer Position des Selbstvertrauens heraus weiterzugeben. Die Teilnehmenden berichteten, dass sie aufgeschlossener waren und dadurch besser eine gemeinsame Basis mit jenen Menschen finden konnten, die sie einst auf der anderen Seite wähnten. Außerdem fanden die Forschenden heraus, dass die Teilnehmenden sich wohler damit fühlten, schwierige Gespräche über heikle Themen wie »Rassismus« zu führen, als sie es jemals zuvor getan hatten (und dass sie gelernt hatten, diese Gespräche so zu führen, dass sie tatsächlich dazu beitrugen, dem Gegenüber eine Brücke zu bauen, anstatt zu spalten und damit den Schaden zu vergrößern).

Unser größter Stolz ist jedoch, dass die meisten Teilnehmenden unseres Programms in ihrer Familie, am Arbeitsplatz, in der Gemeinde oder in der Schule auf eine Weise aktiv wurden, die sie vor ihrer Teilnahme nicht für möglich gehalten hätten. Intern berichteten sie von einem Gefühl der Selbstentfaltung, einem stärkeren Selbstbewusstsein, der Verbesserung der psychischen Gesundheit und positiveren Beziehungen mit den Menschen in ihrem Umfeld (auch außerhalb des Programms) und hegten mehr Nachsicht gegenüber anderen, wenn diese einen Fehler gemacht hatten. Am wichtigsten aber: Sie hatten ein neues Gefühl der Hoffnung. Wir waren erstaunt, als wir sahen, wie die Teilnehmenden zu einer Familie wurden und über alle möglichen Unterschiede hinweg zusammenwuchsen, während sie ihre Differenzen überwanden. Als wir mit der Rohfassung dieses Buches fertig waren, schickten wir sie an Menschen, die sich normalerweise mit ihren Ansichten eher gegenüberstehen würden, wie beispielsweise an einen promovierten leitenden Diversitätsbeauftragten einer Organisation für soziale Gerechtigkeit und einen Redakteur eines bekannten konservativen Nachrichtenmagazins. Als wir ihre Antworten hörten, kamen uns die Tränen: Beide sagten, sie glaubten an unsere Philosophie und hätten eine Veränderung in sich gespürt. Wir waren überwältigt, zu hören, dass Parteien, die normalerweise nicht einmal zusammen in einem Raum sitzen können, sich über die Arbeit in diesem Buch einig sind.

Eine Perspektive der Möglichkeiten einzunehmen, verändert alles. Was wir auf unserer Reise entdeckt haben, hat unsere Herzen geöffnet. Es veränderte die Art und Weise, wie wir denken, und wir hoffen, dass Sie dieselbe Erfahrung machen werden.

In diesem Buch erörtern wir Ihnen die unserer Meinung nach wichtigsten Grundvoraussetzungen, um den Rassismus zu beenden. Dieses Buch ist dazu da, Ihnen die Innere Arbeit, den inneren und äußeren Perspektivwechsel, die Gespräche, die praktischen Tools als auch die nötigen Handlungsschritte zu vermitteln, sodass Sie den Rassismus, wenn er Ihnen in Ihrem Umfeld begegnet, beenden können. *Wie* Sie das tun können, werden wir im Laufe unserer gemeinsamen Reise vertiefen. Egal, ob Sie bei null anfangen und noch nie in Ihrem Leben etwas gegen Rassismus unternommen haben oder ob Sie am anderen Ende des Spektrums stehen und Ihr ganzes Leben dagegen gekämpft und sich für Veränderungen eingesetzt haben oder ob Sie irgendwo dazwischenliegen – unsere Studien haben gezeigt, dass diese Arbeit für Sie funktionieren kann. Sie müssen dafür weder promoviert noch Ihr ganzes Leben in der Politik zugebracht haben – Sie müssen nur ein offenes Herz und die Bereitschaft mitbringen, im Jetzt und Hier anzufangen.

Betrachten Sie unser Immunsystem als eine Metapher für die Idee der Beendigung des Rassismus. Für ein gesundes Immunsystem reicht es nicht, dass wir ausschließlich Krankheiten bekämpfen, sondern wir müssen uns auch proaktiv um Wohlbefinden und gute Gesundheit kümmern. Wir investieren in unsere Gesundheit, um das aufzubauen, was die Achtsamkeitsforscherin Dr. Amishi Jha als »Precovery« und »Presilience«[1] (dt. etwa vorbeugende Rehabilitation und Resilienz, also Prähabilitation und Präsilienz) bezeichnet, sodass unser Immunsystem gewappnet ist, wenn im Körper etwas schiefläuft oder er es mit einem Erreger zu tun bekommt. Indem wir unsere Gesundheit stärken (und nicht nur die Krankheit bekämpfen), verändern wir die Bedingungen und den Kontext, in dem die Krankheit auftritt.

Die Beendigung des Rassismus betrachten wir auf dieselbe Weise – wir »bekämpfen« nicht den Rassismus, sondern wir verändern die Bedingungen und den Kontext, in dem Rassismus auftritt. Dazu müssen wir unsere Kultur weiterentwickeln. *Wir alle sind Schöpfer dieser Kultur*. Und nein, wir müssen nicht alle unsere Werte, Überzeugungen und Traditionen über Bord werfen oder ein großer homogener »Schmelztiegel« werden, damit der Rassismus aufhört. Das wird niemals funktionieren. Wir müssen etwas viel Größeres tun. Wir müssen unsere Kultur so weiterentwickeln, dass sie über ein noch widerstandsfähigeres Immunsystem verfügt, um konkurrierende Ideale aufrechtzuerhalten – eine Kultur, die über die Praktiken, das Wissen und die Systeme verfügt, die dem Rassismus den Nährboden entziehen. Und wenn er doch einmal aufkommt, ist das *Immunsystem unserer Kultur* stark genug, um damit fertigzuwerden. *Sie, liebe Leser und Leserinnen, sind es, die diese Kultur erschaffen.* Durch die Rahmenbedingungen in dieser neuen Kultur können wir es schaffen, auf so eine Art und Weise mit Rassismus umzugehen, dass sie uns nicht zerstört, uns nicht misstrauisch werden lässt und nicht noch mehr vom anderen entfernt, wenn der Rassismus wieder sein hässliches Haupt erhebt. Wir leisten also nicht Widerstand gegen den Rassismus, sondern schaffen vielmehr die Voraussetzungen für sein Ende. Wir verkörpern die Bedingungen, die dafür erforderlich sind, um den Rassismus zu beenden. *Wir – jede einzelne Person von uns – sind das Ende des Rassismus.* Wenn Rassismus mit Ihnen in Berührung kommt, endet er. Wenn genug von uns die erforderlichen Fähigkeiten erlernen und sie mit all unserem Fachwissen in jenen Bereichen anwenden, in denen wir einen Einfluss haben – in unserem Umfeld, in unseren Interaktionen und in unseren Beziehungen –, werden wir den Rassismus beenden. Gemeinsam.

Unser altes Haus renovieren

Eine Metapher, die wir oft in unseren Workshops verwenden, stammt aus Isabel Wilkersons Buch *Kaste* und vergleicht das Leben mit Rassismus damit, ein altes Haus zu erben. Wenn wir ein hundert Jahre altes Haus erben und feststellen müssen, dass die Rohre im Erdgeschoss verrostet sind, das Fundament sich absenkt oder die Stützbalken Risse bekommen, dann marschieren wir nicht ins Haus und sagen: »Nun, ich bin nicht dafür verantwortlich, irgendwas davon zu reparieren, denn ich hab es ja nicht erbaut. Die Leute, die das Haus vor hundert Jahren errichtet haben, die müssen es renovieren, weil es ihre Schuld ist, dass damals gepfuscht wurde.« Doch genau das tun wir oft, wenn es um unsere Geschichte geht. Aber wenn diese Welt das alte Haus ist, das wir alle geerbt haben, und wir diejenigen sind, die darin leben, dann gibt es niemanden außer uns, der es renovieren kann. Dennoch verschwenden die Menschen oft so viel Energie darauf, die Schuld auf die Verursacher zu schieben und mit dem Finger auf diejenigen zu zeigen, die für die Renovierung verantwortlich sein sollten. Es ist an der Zeit, damit aufzuhören, passiv darauf zu warten, dass jemand auftaucht und die Dinge in Ordnung bringt. Wir müssen uns klarmachen: Wir selbst sind dieser Jemand. Jeder und jede von uns ist es. Es ist an der Zeit, dass wir alle aufstehen, um die Arbeit zu leisten, sodass alle von uns in dem jeweiligen spezifischen Einflussbereich und mit dem jeweiligen Fachwissen bis in alle möglichen Winkel dieser Erde wirken. Wenn Sie bereits aktiv geworden sind, hoffen wir, dass dieses Buch Sie dabei unterstützt, noch mehr Wirkung zu erzielen. Wo auch immer Sie auf Ihrem Weg sind, wenn Sie dieses Buch in die Hand nehmen, wissen wir, dass Sie bereit sind.

Die Reise

Auf diesen Seiten erwartet Sie eine sorgfältig kuratierte und integrierte Stimme, die Jahrzehnte unserer Arbeit (die wiederum auch auf jahrhundertelanger Arbeit anderer aufbaut) zu einer einheitlichen Wir-Stimme vereint. Sie versucht, eine gemeinsame Vision für eine Zukunft ohne Rassismus zu errichten. An einigen Stellen des Buches erzählen wir aus unserem Fundus an persönlichen Erfahrungen, aber im Großteil des Inhalts werden Sie die Stimme wahrnehmen, die genau das vorlebt, was wir hoffen, Ihnen beizubringen – dass wir stärker sind, wenn wir uns zusammenfinden, dass *wir alle* (Sie und wir, weiße und Schwarze, People of Color, Amerikaner, Amerikanerinnen und die globale Gemeinschaft insgesamt, wir alle!) etwas tun müssen, um den Rassismus zu beenden, und dass dies gemeinsam geschehen kann.

Wir unterrichten beide seit mehr als zwei Jahrzehnten und haben die Rahmenbedingungen erforscht, die einen raschen und umfassenden Kulturwandel ermöglichen. Justin wuchs in einer bikulturellen Familie auf, die aus rassistischen Gründen seine eingeheiratete Mutter verleugnete; aber er lernte, zusammenzustehen und eine Einheit und Liebe zu finden, die den Widrigkeiten der damaligen Zeit trotzte. Shelly wuchs in einer Kultur auf, die sie lehrte, den vermeintlichen »Feind« aus einer anderen Kultur zu fürchten und zu hassen, doch heute setzt sie sich für die Rechte der sogenannten feindlich gesinnten Volksgruppe ein und kämpft für sie. Aufgrund unserer Erfahrungen nicht nur im Berufs-, sondern auch in unserem Privatleben wissen wir, dass der Rassismus ein Ende finden kann. Unsere hier präsentierte Version ist, dass wir alle eine Realität schaffen können, in der unsere Nachkommen auf diese Ära des Rassismus zurückblicken werden, so wie wir heute auf viele Dinge zurückblicken, die die Menschen früher getan haben und die den meisten von uns heute völlig unsinnig erscheinen – von Menschenopfern über die Ermordung kleiner Kinder und älterer, gebrechlicher Menschen, die nicht mehr mithalten konnten oder zu viel Zuwendung benötigten, bis hin zu noch zeitnäheren (und vielleicht nachvollziehbareren) Beispielen, wie etwa in Flugzeugen zu rauchen oder ohne angelegten Sicherheitsgurt Auto zu fahren. Eines Tages wird die Menschheit über diesen historischen Zeitstrahl nachdenken, sich am Kopf kratzen und sagen: »Unglaublich, was die Menschen damals getan haben! Warum um alles in der Welt sollten sich Menschen wegen dieses erfundenen Konzepts namens ›Rasse‹ das Leben schwer machen?!«

Das ist unser Polarstern. Daran werden Sie erkennen, dass wir es geschafft haben.

In *eine welt ohne rassismus* haben wir für Sie den Stoff aus unseren Workshops in acht Säulen zusammengefasst. Das Buch bietet eine Zusammenstellung der wirksamsten Tools, die wir aus sorgfältig recherchierten Lehrmaterialien, Erfahrungen und bewährten Methoden zusammengetragen haben – einschließlich Techniken für innere Heilung, Gespräche über Differenzen hinweg, Schattenarbeit, Vergebungspraktiken, Erklärungen zu Call-out, Call-in und Call-forward und vieles mehr. Die acht Säulen sollen Ihnen dabei helfen, dass Sie nicht nur hoffen, der Rassismus möge ein Ende finden, sondern stattdessen selbst zum Ende des Rassismus werden. Diese Bedingungen ergeben sich nicht spontan aus dem Nichts – sie müssen bewusst gefördert werden. Aus diesem Grund haben wir eine Reihe zusätzlicher Ressourcen bereitgestellt, um Sie auf Ihrem Weg zu unterstützen. Sie finden diese Hilfsmittel und Quellen, die wir in diesem Buch erwähnen – wie z. B. Übungsmaterial per Audioguide oder zum Ausdrucken, Arbeitsblätter, Podcast-Episoden und Möglichkeiten, sich mit unserer globalen Gemeinschaft zu vernetzen –, auf der Seite HowWeEndedRacism.com/resources (auf Englisch) oder durch Scannen des QR-Codes auf Seite 23.

Es ist wichtig, zu wissen, dass es ganze Forschungsinstitute und Bücher gibt, die sich speziell mit den Themen einzelner Säulen befassen. Wir wollen also nicht den Eindruck vermitteln, jedes Kapitel sei der Weisheit letzter Schluss für das jeweils vorgestellte Konzept. Unser Ziel ist es vielmehr, Ihnen das zu vermitteln, was Sie wissen müssen, um sofort loslegen zu können. Wir sind davon überzeugt, dass die von uns vorgestellten Konzepte, Fähigkeiten, Tools und Techniken Voraussetzung sind, um dem Rassismus ein Ende setzen zu können, wie unsere Forschungsergebnisse und unsere Workshops zeigen – und dass der Rassismus ohne sie niemals enden wird. Wir wissen aber auch, dass dies nicht die einzigen Fähigkeiten sind, die man erlernen kann, um zu helfen. Wir hoffen, dass Sie, wenn Sie sich auf die Innere Arbeit einlassen und Veränderungen in Ihrem eigenen Leben vornehmen, auf zusätzliche Säulen stoßen, um ein noch stärkeres Fundament für unser »renovierungsbedürftiges Haus« zu legen, und dass Sie Ihren Teil dazu beitragen werden, sie hinaus in die Welt zu tragen.

Wir brauchen jeden und jede Einzelnen von Ihnen – Menschen aus der Politik, Menschen aus der Kunst, Lehrkräfte, Konservative, Linke, Aktivisten und Aktivistinnen, Eltern, Studierende, Führungskräfte, gemeinnützige Organisationen, junge und ältere Menschen aller Generationen und mit allen Identitäten –, um auf diesem Fundament ein stabiles, sicheres Haus zu erbauen, in dem wir alle gemeinsam leben können. Wir hoffen, dass Sie aktiv werden und Ihre Erfahrungen mit uns teilen. Das ist es, was wir unter Mitgestalten verstehen.

Schließlich möchten wir Ihnen dafür danken, dass Sie uns das Vertrauen geschenkt haben, Sie auf diesen Teil der Reise mitzunehmen. Wir – ein Schwarzer queerer Millennial und eine weiße jüdische GenX – haben uns zusammengetan (so wie es durch die Geschichte hindurch immer geschieht), um Ihnen zu zeigen, was dabei herauskommt, wenn sich zwei gewöhnliche Menschen die Hände reichen und sich für eine bessere Zukunft starkmachen. Wir begannen diese Reise, indem wir uns gedanklich in die Zukunft versetzten, in eine

Welt, in der es keinen Rassismus mehr gibt, und wir fragten uns: »Wir schreiben das Jahr 2050, und der Rassismus ist überwunden – was haben wir *heute*, zu Beginn des 21. Jahrhunderts, unternommen, um dieses Ziel zu erreichen?« Dieses Buch ist unser Beitrag zur Schaffung einer solchen Welt. Wenn Sie dieses Buch gelesen haben, werden Sie in der Lage sein, sich dieselbe Frage zu stellen, und wenn Ihnen Rassismus in irgendeiner Form begegnet, werden Sie über das nötige Handwerkszeug verfügen, ihm ein Ende zu setzen – nicht aufgrund dessen, was wir Ihnen beibringen, sondern weil Sie sich dazu entschieden haben, wer Sie sein wollen.

Lassen Sie uns alle zusammenkommen, um eine neue Möglichkeit innerhalb einer Generation zu verwirklichen. Nun ist unsere Zeit, unser Moment da, den Rassismus zu beenden.

Die acht Säulen der Möglichkeiten

- Wir verankerten uns in einer neuen Vision
- Wir einigten uns auf die Wahrheit
- Wir waren im Besitz unserer Emotionen
- Wir vernetzten uns untereinander
- Wir verrichteten Schattenarbeit
- Wir übten Vergebung
- Wir hatten große Gespräche
- Wir schritten zur Tat

Hilfsmittel und Quellen

Für alle Hilfsmittel und Quellen, die wir für dieses Buch herangezogen haben, siehe auch HowWeEndedRacism.com/resources (auf Englisch) oder scannen Sie den QR-Code:

Erste Säule

Wir verankerten uns in einer neuen Vision

1

∞

Aus der Zukunft heraus gestalten

Es dämmerte uns bereits vor einigen Jahren, dass beinahe jedes literarische Werk, dass wir über Rassismus gelesen hatten, die Annahme hatte: *Es hört niemals auf.* Oder bestenfalls wird daraus ein »lebenslanger Kampf«, wobei wir dafür vorbestimmt sind, die Aufgabe an die nächste Generation weiterzugeben, welche die übrig gebliebenen Aufgaben wiederum an die nächste gibt ... und so weiter und so fort; sodass sich jede weitere Generation zu ihren Lebzeiten im Kampf gegen den Rassismus abstrampeln wird, bis ans Ende aller Zeiten.

Wir streiten gar nicht ab, dass der Kampf gegen den Rassismus eine lebensfüllende Aufgabe ist, aber wir glauben auch, dass es für uns – zusammen – möglich ist, den Rassismus innerhalb einer Generation zu beenden.

Wenn wir Sie dazu einladen, diese Vision der Zukunft bei sich zu verankern, dann stellen wir damit nicht all die Jahrhunderte der unglaublichen Anstrengungen in Abrede, die vom Anführer der Bürgerrechtsbewegung Dr. Martin Luther King Jr. bis zu dem Kongressabgeordneten John Lewis über Rosa Parks sowie Harriet Tubman und andere unternommen wurden, noch ignorieren wir die unzähligen bekannten und unbekannten Einzelschicksale jener Menschen, die für uns gelitten und sich geopfert haben, damit wir heute an diesem Punkt stehen. Ohne sie hätten wir nicht mal die Gelegenheit dazu bekommen, überhaupt die Möglichkeit *in Betracht zu ziehen*, dem Rassismus ein Ende zu setzen. Wir glauben in viererlei Art, dass wir zusammen auf ihrer Arbeit und ihren Träumen aufbauen können, in dem Versuch, die Fackel zu einer bestimmten Ziellinie zu tragen. Das gegenwärtige Engagement hin zu mehr Gleichheit, Inklusion und Diversität hat einen *realen Impact* – es verbessert und rettet Leben. Genauso ist es mit der aktuellen Arbeit und Forschung zu Rassismus sowie mit dem unermüdlichen Engagement, das seit Generationen von unseren Vorfahren geleistet wurde. Es sorgt für einen systematischen Wandel und bringt uns näher zusammen, und wir erkennen an, dass diese Dinge wichtig sind – *enorm* wichtig.

Aber während unserer Forschungsarbeit haben wir feststellen müssen, dass viele dieser Anstrengungen von einem Ausgangspunkt unternommen wurden, der automatisch davon ausgeht (entweder bewusst oder unbewusst), dass Rassismus wahrscheinlich niemals enden werde. Wir hingegen glauben, dass wir eine große Chance verpassen, wenn das unser Ausgangspunkt wäre, wenn das die Ebene wäre, von der aus wir unsere Bücher schreiben, unsere Podcasts zusammenstellen und unsere Bewegung für Aktivismus und sozialen Wandel antreiben – *eine Chance, für die diese Generation ganz besonders prädestiniert ist.* Wir möchten, dass Sie sich vorstellen, wie unsere Arbeit, eine bessere Welt zu erschaffen, aussehen würde, wenn wir sie in einen anderen Kontext betten würden: Was, wenn unsere Arbeit, dem Rassismus ein Ende zu setzen, nicht als »lebenslanger Kampf« betrachtet würde, sondern als gemeinsames Ziel, *den Rassismus noch in dieser Generation zu beenden*?

Damit wir uns diese Vision zu eigen machen können, müssen wir unsere Denkweise ändern, indem wir den grundlegenden Unterschied zwischen »aus den Einschränkungen der Vergangenheit und Gegenwart etwas zu erschaffen« (was wir normalerweise tun) und »auf den Möglichkeiten der Zukunft etwas zu erschaffen« verstehen. Sie können das ganze Leben damit verbringen, die Vergangenheit zu betrachten – Sie werden kein Ende finden. Sie können jeden Aspekt darüber lernen, warum sich die Vergangenheit so und nicht anders zugetragen hat, und dennoch nicht die Erkenntnis erlangen, die einen spürbaren Unterschied hinsichtlich der Zukunft mit sich bringt. Die Geschichte wiederholt sich häufig in vielen Formen, wie wir in der Welt beobachten können, gerade deshalb kann es auch hilfreich sein, sich die Vergangenheit anzuschauen.

Wir ignorieren in diesem Buch nicht das vergangene Leid oder die Erkenntnisse, die man aus ihr ziehen kann, aber was wir definitiv mit Ihnen teilen möchten, nachdem wir mit Tausenden Leuten aus aller Welt zusammengearbeitet haben, ist Folgendes: Aus der Zukunft heraus zu gestalten, ist die Methode, bei der die Art von Transformation stattfindet, die nötig ist, um den Rassismus zu beenden.

Um es klarzustellen: Dieses Buch will die Vergangenheit weder ignorieren noch verneinen, aber es reicht ein Blick in die Vergangenheit, um von ihr zu lernen und uns von ihr zu befreien, um sodann den Schritt zu gehen, aus der Zukunft heraus zu gestalten.

Wir können einfach keine neue Zukunft schaffen, wenn wir uns ständig umdrehen; wir können nicht nach vorn fahren, wenn wir den Blick auf den Rückspiegel geheftet haben. »Aus Einschränkungen heraus etwas zu gestalten«, sieht wie folgt aus: Wir stehen in der Mitte des Problems, während wir die Hände in die Luft werfen und fragen: »Wie sind wir nur da reingeraten?« Oder: »Bei all dem, was in der Welt passiert, was können wir als Einzelperson überhaupt tun, um es besser zu machen?« Kommt Ihnen das bekannt vor?

»Aus der Zukunft heraus etwas zu erschaffen«, lädt uns hingegen dazu ein, größere Fragen zu stellen. »Aus der Zukunft heraus zu gestalten«, fordert von uns zu fragen: »Wenn ich in der Zukunft bin und auf diesen gegenwärtigen Moment zurückblicke – dem Jetzt –, was habe ich *hier und heute* zu dem Ergebnis *beigetragen*, in dem ich mich jetzt befinde?« Die Illustration auf der folgenden Seite soll Ihnen das Konzept noch einmal veranschaulichen:

Problemlösung, aus der Zukunft heraus gestalten

PROBLEMLÖSUNG

**Was SOLLTE ich heute tun,
damit die Vision Realität wird?**

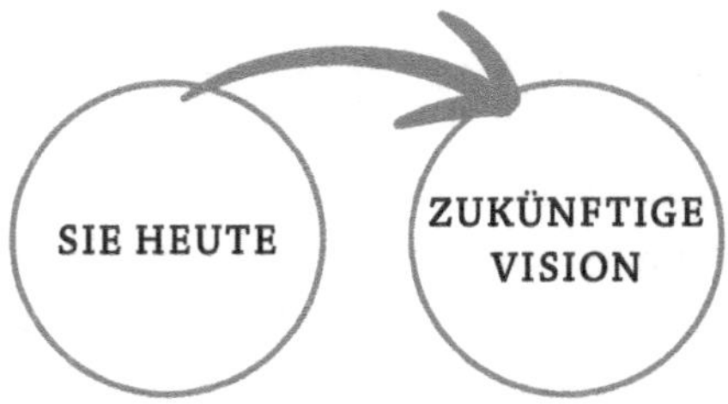

AUS DER ZUKUNFT HERAUS GESTALTEN

**Was HABE ich heute getan, damit die Vision
Realität wird?**

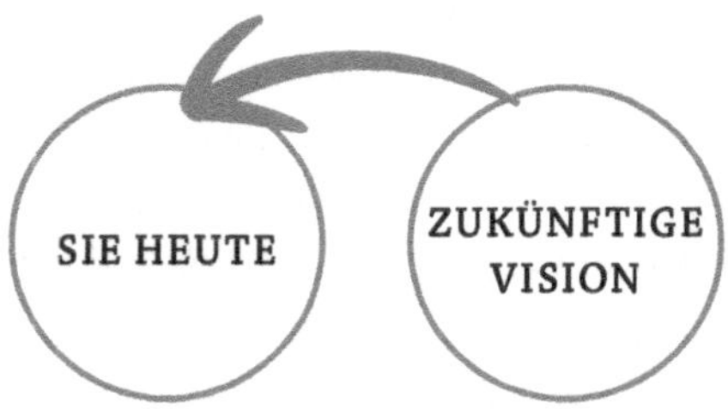

Innerhalb der Problemlösung stehen wir inmitten der Einschränkungen, die uns die Umstände auferlegen, und fragen uns: »Was *sollte* ich tun?« Doch aus der Zukunft heraus gestaltend, schauen wir aus der Perspektive einer erfüllten Zukunft zurück und fragen uns: »*Was hätte ich heute tun müssen*, damit es passiert?« Problemlösung beginnt mit Einschränkungen, denn sie beginnt mit den Umständen unseres derzeitigen Zustands und versucht dann, es besser zu machen. *Aus der Zukunft heraus gestalten* geht über all die Umstände hinaus, um insgesamt *neue Möglichkeiten* zu erschaffen. Auch wenn es nur wie eine kleine Nuance aussehen mag, im Ergebnis bringt es einen signifikanten Unterschied mit sich. Wenn Sie dieses Buch gelesen haben, werden Sie lernen, diese Perspektivverschiebung anzunehmen, sodass Sie sich ganz neu ausrichten, wenn es darum geht, Änderungen in jedem Teil Ihres Lebens vorzunehmen.

Wenn wir diese Unterscheidung vornehmen, müssen Sie verstehen, dass wir nicht unterstellen, Problemlösung sei falsch; oder es wäre sinnlos, auf die Probleme zu reagieren, die in unser aller Leben oder in der Welt gegenwärtig sind. Auch behaupten wir nicht, dass es weniger wert sei, als aus der Zukunft heraus zu gestalten. Wir brauchen beide Ansätze. Doch mussten wir während der Betrachtung unseres Lehrplans über die Beendigung des Rassismus feststellen, dass »aus der Zukunft heraus gestalten« nicht genug besprochen wird.

Sie werden feststellen, dass man dieselbe Frage in beide Modelle integrieren kann – sowohl das Problemlösungs-Modell als auch das Aus-der-Zukunft-Gestaltungs-Modell –, aber zwei völlig unterschiedliche Vorstellungen enthält. Aus der Zukunft heraus gestalten führt zu verschiedenen Lösungen, denn statt zu fragen, was möglich ist, richtet sich an uns die Frage: »Was muss passieren und wie müssen wir werden, um das, was unmöglich scheint, zu ermöglichen?« Oder wie es Autor Jim Selman, der eine große Rolle bei unserer Inspiration zu diesem Buch gespielt hat, so perfekt in Worte fasste: **»Die Zukunft ist nichts als eine Möglichkeit in der Gegenwart.«** Dem Rassismus ein Ende zu setzen, ist tatsächlich möglich. Um dorthin zu gelangen, müssen wir uns ins Zentrum der Möglichkeit der Umsetzung stellen und dies als Ausgangspunkt für alle unsere Tätigkeiten nehmen. Der einzige Weg, jemals eine Welt ohne Rassismus zu erschaffen, ist, **für eine größere Zukunft einzustehen**. Ansonsten machen wir immer nur das Beste aus den gegenwärtigen Möglichkeiten.

Um es klarzustellen: **Rassismus ist nichts, was man beheben oder verbessern kann. Man setzt ihm ein Ende.**

Von diesem »Ort der Möglichkeiten« aus haben wir das Fundament für das Buch gelegt und die erste Säule aufgestellt. Die Wissenschaft hat immer wieder nachweisen können, dass Zukunftsvisionen mehr als nur ein lustiger Zeitvertreib sind.[2] Uns die Zukunft visuell vor Augen zu führen, unterstützt uns dabei, neue Entscheidungen zu treffen.[3] Es bereitet uns für unterschiedliche Handlungen vor und hilft uns dabei, eine Wirklichkeit zu formen, die es wert ist, zu leben, und in der wir uns entfalten können. Zukunftsvisionen bauen sowohl unsere Ängste als auch Stress ab, weil wir etwas haben, auf das wir hinarbeiten können – statt unseren Fokus darauf zu legen, wovor wir weglaufen. Mit einer Zukunftsvision können wir uns endlich im Dienste einer größeren Sache zusammenfinden, denn der Unterschied besteht darin, dass wir jetzt *für* etwas kämpfen und nicht *gegen* etwas.

Hier einmal visuell veranschaulicht, wie der Kampf *gegen* etwas aussieht:

Der Kampf gegen etwas

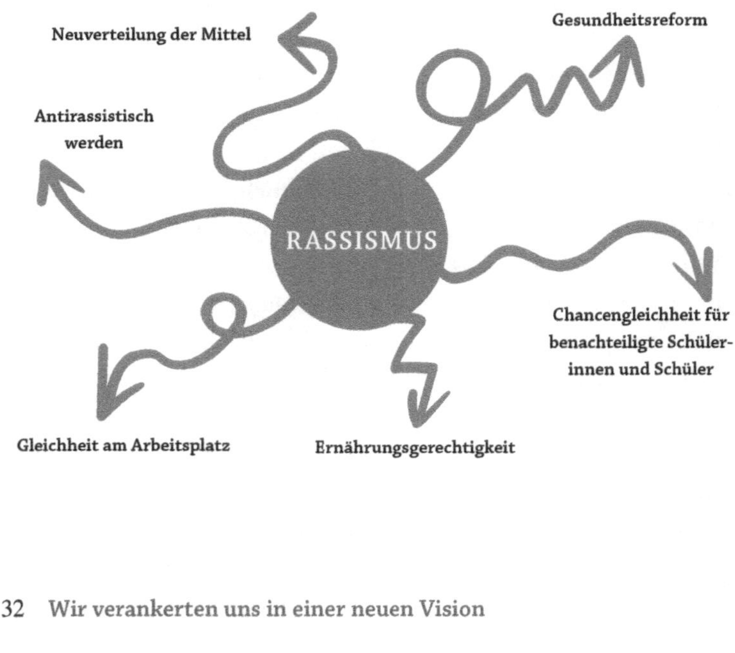

Und hier ist einmal grafisch dargestellt, wie der Kampf *für* eine Sache aussieht:

Bitte beachten Sie, dass wir uns im Kampf gegen eine Sache oft von anderen Menschen entfernen, denn unsere einzige Verbindung zueinander ist das Problem selbst. Indem wir gegen das Problem ankämpfen, ist es nur eine Frage der Zeit, bis wir darin enden, uns gegenseitig zu bekämpfen und darüber zu streiten, welche Strategie besser oder wichtiger ist, um das Problem zu beseitigen. In diesem Fall, der in der Vergangenheit immer wieder vorgekommen ist, zeigen sich die gegenwärtigen Umstände äußerst hartnäckig und am Ende gehen wir getrennte Wege. Wenn man allerdings das gegensätzliche Modell verwendet, schaffen wir eine Zukunftsversion, die unser »Warum« definiert und uns zu etwas Neuem führt; auch wenn wir unterschiedliche Vorstellungen davon haben mögen, wie wir dorthin gelangen, bleibt doch die Vision unser Anker.

Innere Arbeit

In jedem Kapitel, beginnend mit diesem, werden wir Ihnen eine einfache Integrationstechnik vorstellen, die *Ihnen* dabei hilft, die hier vorgestellten Konzepte anzuwenden: Wir bezeichnen es als »Innere Arbeit«. Diese Innere Arbeit ist wichtig, denn wir werden dem Rassismus nicht beikommen, indem wir nur darüber lesen. Wir müssen das Gelernte auch in unser Leben integrieren.

Die Ihnen zugeteilte Aufgabe ist gar nicht schwer: Nehmen Sie sich einen Moment Zeit und stellen Sie sich vor, Sie befinden sich im Jahr 2050 und der Rassismus ist abgeschafft. Malen Sie sich eine zukünftige Welt ohne Rassismus aus. Welche Bilder kommen in Ihnen auf, was fällt Ihnen auf? Machen Sie sich keine Sorgen, wenn Sie Schwierigkeiten damit haben – sich eine Welt ohne Rassismus auszumalen, liegt für die meisten von uns erst einmal außerhalb unserer Vorstellungskraft. Ihre Fähigkeit, in dieser Zukunftsvision anzukommen, wird sich jedoch verbessern, je weiter Sie die acht Säulen in diesem Buch kennenlernen. Wir werden am Ende unserer gemeinsamen Reise noch einmal darauf zurückkommen, und Sie können dann selbst sehen, was sich verändert hat. Für den Augenblick sollten Sie einen Moment innehalten und sich eine zukünftige Welt ohne Rassismus vorstellen. Machen Sie sich ein möglichst klares Bild, auch wenn es unscharf, verschwommen oder unvollständig ist, und verweilen Sie einen Augenblick darin.

Wenden Sie nun an, was immer Ihnen auch in den Sinn gekommen sein mag, und vervollständigen Sie die folgenden Sätze. Machen Sie sich keine Sorgen, ob Ihre Antworten »falsch« oder »richtig« sind – sie dienen lediglich Ihrer persönlichen Entwicklung. Die Antwort sollte die erste Sache sein, die Ihnen in den Sinn kommt.

- Die wichtigste Sache, die ich in meiner Vision von einer Welt ohne Rassismus festgestellt habe, ist ____________.
- Am aufregendsten an der Vision fand ich ____________.
- Damit diese Vision Wirklichkeit wird, muss ich umgehend folgende Maßnahmen in meinem Leben ergreifen, und zwar ______________________________________.
- Damit diese Vision Wirklichkeit wird, muss ich umgehend folgende Dinge aus meinem Leben streichen, und zwar ______________________________________.
- Ich bin auf einer Reise durch ________ und ____________.
- Ich kämpfe *für* ________________________________.
- Ich bin ____________________________________.

Als wir dieses Gedankenspiel zum ersten Mal an uns selbst durchführten, empfanden wir in unserer Vision einer Welt ohne Rassismus vor allem ein Gefühl der Sicherheit und ein Gefühl der Kameradschaft. Die Menschen konnten sich sicher bewegen, leben und überallhin, in jede Stadt und an jeden Ort, ohne sich Sorgen machen zu müssen, ob ihnen jemand etwas antut. In unserer Vision genossen die Menschen in einer diversen Gruppe wirklich die gegenseitige Gesellschaft des anderen – die Menschen lernten, sich wieder zu lieben. Dies ermöglichte es uns allen, unsere Energie darauf zu verwenden, Lösungen zum Wohlergehen der Gesellschaft zu erarbeiten, anstatt einen Großteil unserer Energie vor allem dafür einzusetzen, um zu kämpfen, zu streiten und wütend aufeinander zu sein.

Aber diese Vision umspannte nicht nur »diese Leute da draußen«. Wir müssen ein Safe Space für Menschen werden, die anderer Meinung sind. Wir müssen lernen, weniger zu werten, mehr zuzuhören und weniger zu reden. Wir müssen von unseren vorgefertigten Vorstellungen über die Menschen ablassen und damit aufhören, sie in eine Ecke mit allgemeinen Vorurteilen zu stellen, besonders hinsichtlich der extremen Ängste, die die Medien in unseren Köpfen vor ihnen schüren. Wir müssen insgesamt *einladender* werden. Wir müssen uns auf eine Reise begeben, auf der wir verletzlicher und weniger ängstlich sind und auf der wir an eine größere Vision glauben, als wir zunächst für möglich gehalten haben. Klingt das alles bekannt? Zu Beginn unserer Reise hatten wir ebenso viele Ängste, Zweifel und Fragen, die Sie jetzt vielleicht haben werden. Aber eine Sache war klar: Wir kämpfen nicht nur für ein besseres Morgen zukünftiger Generationen, sondern für ein besseres Heute – für Menschen jeglicher Abstammung und Glaubensrichtungen. Auf dieser Reise befinden wir uns zusammen, und jetzt, da Sie diese Reise mit uns antreten, sind wir gespannt, was uns erwarten wird.

In einer Kultur, in der es alltäglich geworden ist, »anti-[bitte einsetzen]« zu sein, ist es einfach, zu vergessen, wonach wir streben. Während unserer gemeinsamen Entwicklung mag es nötig gewesen sein, das Pendel in die Richtung »anti-alles sein« ausschlagen zu lassen; aber wir können so nicht weitermachen, denn »anti« zu sein, konzentriert sich darauf, wogegen wir kämpfen, und wofür wir in unserer Zukunft kämpfen, wird nicht betrachtet. »Anti« heißt, etwas zu unterdrücken, aber wenn Sie einmal alles zerstört und zerschlagen haben, was Sie hassen, was bleibt dann noch übrig? **Wie sieht die Vision für etwas aus, das zerschlagen wurde?** Dies ist eine Schlüsselfrage, die wir gemeinsam angehen werden und von der wir glauben, dass sie als wesentlicher Bestandteil für eine Zukunft ohne Rassismus vergessen wurde. Wir als die Vorfahren dieses Zeitalters stehen an der Türschwelle der Möglichkeiten und haben die Fähigkeit, sowohl voraus- als auch zurückzublicken und einen größeren Traum zu träumen.

Die geschätzte Vision von Dr. Martin Luther King Jr. hat uns inspiriert, von dem gelobten Land zu träumen, das seinerzeit vielleicht wie eine utopische Fantasie gewirkt haben mag; aber er hat uns ein klares, erstrebenswertes Ziel vor Augen geführt. Martin Luther King war nicht nur ein visionärer Aktivist, sondern verstand auch, dass jede Vision nicht ohne eine praktische Roadmap auskommt. Er verstand, wie wichtig die Innere Arbeit ist, wie wichtig es ist, möglichst vollkommen und präsent aufzutreten und uns dem Moment entsprechend zu verhalten. Trotz aller Widerstände ging Martin Luther King unbeirrt seinen Weg, immer auf der Suche nach dem Traum dessen, was möglich ist. Er war in der Lage, sich eine Zukunft außerhalb der Umstände der damaligen Zeit vorzustellen, und er hatte begriffen, dass es nötig war, das »dreifache Übel« der Gesellschaft auszumerzen, das er in Rassismus, Armut und Militarismus ausmachte. Er war in der Lage, einen Rahmen für einen Kontext zu schaffen, in dem das Unmögliche *möglich* zu sein schien. Er half dabei, eine Vision zu skizzieren, so groß, sodass die damalige Gesellschaft noch nicht dafür bereit war. Wir glauben, dass wir nun für diese Vision bereit sind. Unsere Zeit ist gekommen. Wir müssen alle das Erbe unserer Vorfahren weitertragen und die Fackel mit Tools, Fähigkeiten und einer Hingabe für die Innere Arbeit entfachen, sodass wir die Generation sein können, die die Welt durch die verbleibenden dunklen Stunden hin zu einer neuen Morgendämmerung trägt. So bleibt Martin Luther Kings Traum nicht nur eine Erinnerung an einen stolzen Moment in der Geschichte, sondern eine Realität, in der wir alle zusammenleben. Auf diese Art setzen wir dem *Rassismus ein Ende*.

2

Die Skepsis in uns allen

Der US-amerikanische Autor George Jean Nathan schrieb einst, dass »der Weg des gesunden Glaubens durch einen dichten Wald aus Skepsis führt«[4]. Wir sind uns durchaus bewusst, dass viele von Ihnen skeptisch sind. Wir waren es auch. Das ist ganz normal und sogar produktiv für diese Bewegung.

Nehmen Sie sich jetzt einen Moment Zeit, und achten Sie darauf, welche Gedanken oder Emotionen bei folgendem Satz in Ihnen aufkommen: »Wie wir den Rassismus beendet haben.«

Achten Sie als Nächstes darauf, welche Gedanken oder Gefühle in Ihnen aufkommen, wenn Sie den Satz lesen: »Wir haben den Rassismus innerhalb einer Generation beendet.«

Sind Sie voller Hoffnung? Zynisch? Pessimistisch? Denken Sie sich: »Was glauben diese Leute eigentlich, wer sie sind?« Warten Sie vielleicht auf einen detaillierten Plan?

Unabhängig davon, welche Gefühle wir bei Ihnen geweckt haben: Bevor wir uns in die Arbeit stürzen, die getan werden muss, um den Rassismus – sowohl den strukturellen als auch den internalisierten – zu beenden, ist es wichtig, dass wir unsere Denkweise ändern. Dieses Kapitel wird etwas theoretischer sein als die folgenden Kapitel. Die in diesem Abschnitt vorgestellte Denkweise ist Teil der Grundlage für die wichtige persönliche Arbeit, die noch folgen wird.

Der erste Schritt besteht darin, die Ursachen für das Fortbestehen von Rassismus zu erkennen. Wie bereits dargelegt, wollen wir den Kontext vom »Kampf *gegen* eine Sache« zum »Kampf *für* eine Sache« verschieben, von »aus Einschränkungen heraus« zu »aus der Zukunft heraus« etwas zu gestalten. Doch sobald man sich immer und immer wieder mit demselben wiederkehrenden Problem beschäftigt, ist es ebenso wichtig, von der Frage »Was ist das Problem?« zur Frage »Warum besteht das Problem überhaupt weiter?« überzugehen. Die folgenden fünf gemeinsamen und doch auch individuellen Ansichten sind die gängigsten Annahmen, die unseren Erkenntnissen nach zum Fortbestehen von Rassismus beitragen:

1. Rassismus ist unvermeidlich.
2. Es gibt Rassen.
3. »Diese Leute« werden sich nie ändern.
4. Echte Veränderung braucht viel Zeit.
5. Wir wissen nicht, wie wir es beenden können.

Bevor wir jede dieser fünf Annahmen direkt untersuchen können, müssen wir uns eingestehen, dass wir alle, ob als Einzelne oder als Gemeinschaft, die Dinge durch eine bestimmte Brille oder Perspektive sehen. Wenn sich genügend Menschen auf eine bestimmte Perspektive einigen, dann wird diese Perspektive zu unserer kollektiven Realität und Überzeugung. Das ist es, was wir mit »gemeinsamen und doch individuellen Annahmen« meinen. Wir sprechen hier nicht über ein spirituelles »Gesetz der Anziehung«, sondern ganz konkret über *Auffassungen* und *Überzeugungen.*

Um ein kurzes Beispiel zu nennen, auf das wir im Laufe des Buches noch näher eingehen werden: Im Altertum und in anderen früheren Kulturen gab es den Mythos der flachen Erde. Dieser besagte, dass man, wenn man weit genug reiste, vom Rand der Erde in den Abyss stürzen würde. Die Idee der Erdscheibe findet man in Griechenland über Ägypten bis Asien, und Menschen, die diese Auffassung teilten, schufen eine Realität, die auf diesem Glauben beruhte. Dies ist in der Kunst, in Geschichten, in der Religion und letztlich in ihren gemeinsamen Vorstellungen von der Welt sichtbar.

Wir wissen, dass Sie jetzt vielleicht denken: »Wir haben uns doch längst weiterentwickelt und diese törichte Vorstellung hinter uns gelassen.« Aber lassen Sie uns eine andere, weitaus harmlosere gemeinsame Auffassung betrachten, die wir bis heute beibehalten haben und die genauso unwahr ist: Die Sonne geht unter.

Es ist zwar in unserem Sprachgebrauch, dass die Sonne untergeht, aber natürlich geht die Sonne nicht wirklich unter. Würde die Sonne aus der Sicht eines Astronauten untergehen, der weit von der Erdumlaufbahn entfernt ist? Nein. Die Erde dreht sich um ihre Achse, während sie eine elliptische Bahn um die Sonne beschreibt. Doch aus unserer gemeinsamen *Perspektive* von unserem Planeten aus haben wir die übereinstimmende Ansicht, dass die Sonne untergeht. Auf der Grundlage dieser Ansicht haben wir unsere Realität, die Struktur unseres Lebens und unsere Welt geschaffen. Dies führt uns zu einem wichtigen Punkt: Unsere Welt erhält ihre Form auf der Grundlage gemeinsamer Ansichten, auch wenn diese Ansichten nicht unbedingt wahr sind. Um dem Rassismus ein Ende zu setzen, müssen wir uns daher zunächst eingestehen, dass wir als Individuen und als Kollektiv die Dinge manchmal durch eine fehlerhafte Brille sehen. Wir müssen uns weiterhin eingestehen, dass diese gewählte Perspektive zum Rahmen wird, in dem wir unser Leben leben, und zwar dann, wenn sich genügend Menschen dafür entscheiden, durch dieselbe fehlerhafte Brille zu sehen (zum Beispiel: Schwarze sollten Sklaven sein; Frauen sind minderwertig). Wenn also genügend Menschen dieselben gesellschaftlich akzeptierten Illusionen teilen, führen diese Illusionen dazu, dass eine bestimmte »Lebensweise« fortbesteht.

Lassen Sie uns nun die fünf fehlerhaften Ansichten auseinandernehmen, die der Grund für das Fortbestehen des Rassismus sein könnten.

1. Rassismus ist unvermeidlich.

In den Neurowissenschaften und in der Psychologie wurde bewiesen, dass Rassismus erlernt wird – er ist nicht Teil unseres Menschseins, mit dem wir geboren werden.[5] Er ist nicht etwas, das »einfach passiert«, wenn man eine Gruppe unterschiedlicher Menschen auf einem Planeten zusammenbringt. Das ist weder unsere Vorstellung noch unsere Meinung. Es ist weithin anerkannt und wissenschaftlich erwiesen, dass Rassismus an sich keine »Selbstverständlichkeit« ist. Er ist nicht unvermeidbar.[6]

Was jedoch wahrscheinlich unvermeidbar ist, ist die Tatsache, dass wir so genannte »In-Groups« (Eigengruppe) und »Out-Groups« (Freundgruppe) bilden, um uns zu schützen. Studien zum Terror-Management zeigen, dass wir dazu neigen, Menschen in unserer In-Group freundlicher und Menschen in der Out-Group unfreundlicher gesinnt zu sein und entsprechend zu behandeln. Doch selbst mit diesen wissenschaftlichen Erkenntnissen können wir die Vorstellung, das Konstrukt der *»Rasse«* heranzuziehen, um unsere »In-Group« als auch unsere »Out-Group« zu bestimmen, zunichtemachen – zumindest wenn wir es versuchen.[7]

Aber wir Menschen sind schon komische Wesen. Wenn wir keine schnelle Alternative für etwas finden, bezeichnen es die meisten von uns als »unvermeidlich«. Unvermeidlich, vielleicht sogar bedauerlich, aber nicht als etwas, das zu ändern ist. Doch die Vorstellung, dass Rassismus unvermeidlich ist, wäre so, als ob man sagen würde, dass der Holocaust unvermeidlich war oder dass die amerikanische Sklaverei unvermeidlich war oder dass es unvermeidlich war, der LGBTQIA+-Gemeinschaft das Recht auf die Ehe abzusprechen.

Die Behauptung, etwas sei unvermeidlich, birgt eine echte Gefahr in sich, denn wir erteilen uns quasi sofort die Absolution von der Verantwortung, etwas daran zu ändern.

Wir werfen unsere Hände in die Luft und sagen: »Na ja, da kann man nichts machen.«

> Wir können nichts gegen die Sklaverei tun.
> Wir können nichts für die Rechte von LGBTQIA+ tun.
> Wir können nichts für die gleiche Bezahlung von Frauen oder die gleiche Bezahlung von Minderheiten tun.
> Wir können nichts für eine Einwanderungsreform tun.
> Wir können nichts gegen Rassismus tun …

Bis jemand kommt, der es tut.

Es gibt das Sprichwort: »Derjenige, der sagt, dass es nicht getan werden kann, sollte denjenigen, der es tut, nicht dabei stören.« Man wird versuchen, uns in unserer Arbeit zu behindern, und auch bei Ihnen werden Zweifel an der Beendigung des Rassismus aufkommen, selbst während Sie damit beschäftigt sind. Sie müssen sich einfach dazu verpflichten, sich auch weiterhin in der gemeinsamen Vision für die Zukunft zu verankern.

2. Es gibt »Rassen«.

Wir werden jetzt etwas sagen, was für manche Menschen schwer zu akzeptieren ist: Der Begriff »Rasse« ist eine Erfindung des menschlichen Geistes, der zur Ausübung von Macht und Kontrolle herangezogen wird. Sie ist ein soziales Konstrukt, ein Irrglauben und eine schädliche imaginäre Wahrheit, auf die wir alle unser Leben und unsere Zivilisationen aufgebaut haben. Um die Professorin und Schriftstellerin Toni Morrison zu diesem Thema zu zitieren: »Es gibt nicht so etwas wie Rasse. Keine. Es gibt nur eine menschliche Rasse – wissenschaftlich und anthropologisch gesehen.«[8]

Um eins klarzustellen: Wir möchten nicht, dass Sie auch nur eine Sekunde lang denken, wir würden behaupten, die *Auswirkungen* des Rassismus seien nicht real. Die Traumata, die Toten, die zerstörten Existenzen – der Einfluss des Rassismus und der anhaltende kollektive Glaube an die Vorstellung von »Rassen« haben sehr reale Konsequenzen. Seinetwegen wurden Kriege geführt, Länder zerstört, Religionen gegeneinander ausgespielt und über Generationen hinweg unschuldige Menschenleben geopfert. Der Rassismus hat unglaubliches Leid und Traumata verursacht, die nicht verharmlost werden dürfen. Wir schlagen auch nicht vor, dass wir unsere Kultur, Werte und Traditionen für einen »Wir sind alle eins«-Smoothie in einen Mixer geben. Noch einmal: Wir müssen unsere Kultur, Werte und Traditionen nicht aufgeben oder zu einem homogenen »Schmelztiegel«

werden, um den Rassismus zu beenden. Wir haben die Möglichkeit, etwas viel Größeres als das zu tun.

Vielleicht schockiert es Sie oder es ist schwer verdaulich, aber wir müssen uns ein für alle Mal darauf einigen, dass *das Konzept der Rasse buchstäblich IMAGINÄR* ist. Jemand hat es geschaffen, um Macht und Kontrolle zu erlangen und zu erhalten. Und jetzt benutzen wir es, um uns selbst zu kontrollieren.

»Rassen« sind nicht real.
Herkunft ist real.
Kultur ist real.
Tradition ist real.
Aneignung ist real.
Hautfarbe ist real.
Traumata sind real.
Aber »Rassen« – nicht real.
Oder … sie sind so real, wie wir sie machen.

Die Hautfarbe ist eine biologische Tatsache. »Rassen« sind eine kulturelle/historische Interpretation. »Rassen« sind keine Tatsache.

3. »Diese Leute« werden sich nie ändern.

Es ist eine weit verbreitete Meinung, dass sich »diese Leute« nie ändern werden. Doch im Laufe unseres Lebens können wir immer wieder auf Menschen verweisen, die sich geändert haben und ihre Geschichte erzählen – und zwar nicht nur über Menschen »irgendwo da draußen«, sondern von Menschen aus unserem Freundes- und Familienkreis. Damit wir uns gemeinsam in der Vision verankern können, müssen wir uns darauf verständigen, dass die Aussage »Diese Leute werden sich nie ändern« nicht den Tatsachen entspricht, denn Menschen sind zu Veränderungen fähig und ändern sich auch. Diese Fälle sind nicht selten. Wir gehen jede Wette ein, dass Sie mindestens eine Person aus Ihrem Umfeld nennen können, die sich verändert hat – ein einst rassistisches Familienmitglied, ein ehemals unwissender Kollege oder homofeindliche Verwandtschaft. Und auch Sie sind im Laufe der Jahre persönlich gewachsen.

Die Überzeugungen der Menschen können sich ändern. Rassisten sind hiervon nicht ausgenommen. Für uns ist die wichtigste Frage, die uns interessiert: *Was bringt die Menschen dazu, sich zu ändern?* Dieses Buch soll Ihnen die Tools an die Hand geben, die Sie benötigen, um ein Modell zur Beendigung des Rassismus zu schaffen, bei dem die Bedingungen für einen echten Wandel erfüllt sind, und zwar schnell.

4. Echte Veränderung braucht viel Zeit.

Einer der größten Zweifel an der Überwindung des Rassismus innerhalb einer Generation rührt von der Annahme her, dass ein echter und dauerhafter Wandel nur über einen sehr langen Zeitraum möglich ist. Schauen wir uns einige Beispiele für große Veränderungen in der jüngeren Menschheitsgeschichte an. Die folgenden Daten für »Beginn« und »Ende« stehen zweifelsfrei für bedeutende globale Umwälzungen. Denken Sie daran, dass eine Generation einen Zeitraum von zwanzig bis fünfundzwanzig Jahren umfasst.

- (1973) Das erste Telefongespräch, das mit einem tragbaren Mobiltelefon geführt wurde. (1995) Weltweit verbreitete Nutzung von Mobiltelefonen = **22 Jahre**.
- (1991) Einrichtung des World Wide Web. (2001) Weltweit verbreitete Nutzung des Internets = **10 Jahre**.
- (1981) Erster dokumentierter Fall von HIV in den USA. (1995) Möglichkeit, HIV zu erkennen, zu behandeln und damit zu leben = **14 Jahre**.
- (2004) Der erste US-Bundesstaat erlaubt die gleichgeschlechtliche Ehe. (2015) Landesweite Legalisierung der gleichgeschlechtlichen Ehe in den USA = **11 Jahre**.

- (1831) Erste Erkenntnisse darüber, dass Sklaven über die Schleuserorganisation *Underground Railroad* flüchten; die Bewegung zur Abschaffung der Sklaverei formiert sich. (1865) Ende des Bürgerkriegs = **34 Jahre**.
- (1903) Die Gebrüder Wright unternehmen ihren ersten Flug. (1920) Beginn des kommerziellen Flugverkehrs = **17 Jahre**.
- (1929) Beginn der Weltwirtschaftskrise. (1945) Ende der Weltwirtschaftskrise = **16 Jahre**.
- (1933) Hitlers Machtergreifung und Beginn des Dritten Reichs. (1945) Ende des Nazi-Regimes = **12 Jahre**.
- (1957) Start des ersten Satelliten ins All. (1969) Das erste bemannte Raumschiff landet auf dem Mond = **12 Jahre.**

Angesichts dessen, was Sie gerade gelesen haben, sollten wir uns fragen: Müssen signifikante Veränderungen wirklich »lange« dauern?

Wir erkennen durchaus an, dass sich nicht jede Veränderung in der Geschichte der Menschheit in diesen zeitlichen Rahmen einfügen lässt. Wir sind uns auch bewusst, dass oftmals jahrelange, nicht gewürdigte Arbeit vorausging, die vor den zitierten »Ausgangsdaten« lag. Unsere Absicht ist es nicht, die Leistungen der Generationen vor uns zu schmälern, sondern Ihnen zu zeigen versuchen, dass ein echter Wandel stattfinden kann, wenn der Boden erst einmal bereitet ist – das ist er jetzt. Und das *schneller, als Sie vielleicht denken.*

5. Wir wissen nicht, wie wir es beenden können.

Viele Menschen gehen davon aus, dass wir »nicht wissen«, wie wir den Rassismus beenden können, und folgern daraus, dass es keine Lösungen gibt. Oft wird gesagt: »Wenn wir wüssten, wie man den Rassismus beenden kann, hätte er schon längst aufgehört.« Aber das ist nicht der Fall. Tatsächlich gibt es viele reale, greifbare und bewährte Lösungsansätze, die zur Beendigung des Rassismus beitragen können. Diese Ideen und Modelle wurden in der Wissenschaft und Lehre, an Universitäten und Hochschulen entwickelt, die sich der Sache verschrieben haben. Expertinnen und Experten haben Modelle, Systeme und Strukturen entwickelt und Bücher verfasst, die es bis auf die Bestsellerliste der *New York Times* geschafft haben – all diese Anstrengungen könnten den Rassismus beenden. Wir warten also nicht auf »bessere Lösungen«. Vielmehr müssen wir als Gesellschaft, als Einzelne und als Kollektiv, sowohl *willens* als auch dafür *bereit* sein, dass unsere Lösungen funktionieren. Wir müssen zu Menschen werden, die dazu bereit sind, die Welt so zu nehmen, wie wir sie haben möchten.

Wir haben festgestellt, dass die oben genannten Ansichten zu den am weitesten verbreiteten gehören und wahrscheinlich dafür sorgen, dass Rassismus fortbesteht, aber wir wollen alles, was noch in Ihnen steckt, aufdecken, bevor wir weitergehen. Skepsis ist okay, aber bitte legen Sie Ihre Karten offen auf den Tisch, damit Sie Ihre eigenen Ansichten erkennen und dafür Verantwortung übernehmen können, anstatt sich von ihnen unterbewusst beherrschen zu lassen.

Innere Arbeit

Vervollständigen Sie die folgenden Sätze, um die Beziehung zu Ihren eigenen Ansichten zu erkunden.

- Was das Ende des Rassismus am unwahrscheinlichsten oder unmöglich macht, ist ______________________________.
- Der Grund, warum ich das glaube, ist ________________ ____.
- Von den fünf in diesem Kapitel vorgestellten Ansichten ist diejenige, die meiner Meinung nach am schwersten zu überwinden ist, ______________________________.
- Und zwar, weil ______________________________.

- Wenn der Rassismus überwunden werden soll, muss vor allem eines passieren: ______________________.
- Rassismus ist ______________________________.
- Damit der Rassismus aufhört, muss ich (mich) mehr/stärker ______________________________________.

Der Schlüssel zu jeder größeren weltweiten Veränderung war schon immer derselbe: Man muss genügend Menschen davon überzeugen, dass die Umwälzung nicht nur »wichtig«, sondern auch *möglich* ist. Eine Studie der University of Pennsylvania und der University of London aus dem Jahr 2018 besagt, dass es die Unterstützung von nur 25 Prozent der Menschen braucht, um sozialen Wandel größeren Ausmaßes zu bewirken. Während wir glauben, dass sich derzeit mehr als 25 Prozent der Menschen ein Ende des Rassismus wünschen, mehr als 25 Prozent der Menschen der Ansicht sind, dass Rassismus falsch ist, und mehr als 25 Prozent der Menschen der Meinung sind, dass der Kampf gegen Rassismus wichtig ist, sind wir jedoch nicht der Auffassung, dass dieselben Menschen glauben, dass *Rassismus innerhalb einer Generation* ein Ende finden kann. Wir denken nicht, dass 25 Prozent der Menschen tatsächlich in Betracht gezogen haben, dass sie persönlich dazu beitragen könnten, den Rassismus noch in dieser Generation zu beenden. Wir denken nicht, dass 25 Prozent der Menschen glauben, dass es an uns liegt, den Anfang zu machen.

Es ist an der Zeit, das zu ändern. Unser Aufruf ist einfach: Wir müssen die Menschen dazu bringen, an diese kollektive Zukunftsvision zu glauben und sie zu verankern. Zuerst müssen wir daran glauben, dass sie möglich ist. Dann müssen wir uns auf einen Zeitplan festlegen. Es besteht ein entscheidender Unterschied zwischen der Aussage, dass etwas »eines Tages« eintreten wird, und einem konkreten Ablauf.

Stellen Sie sich zum Beispiel vor, Sie treffen im Supermarkt einen Freund oder eine Freundin, den oder die Sie schon lange nicht mehr gesehen haben. Sie sagen beide: »Oh, wow, wie lange ist das jetzt schon her. Wir sollten uns unbedingt mal wieder treffen.« Wir alle wissen, wie hoch die Wahrscheinlichkeit ist, dass es tatsächlich zu einem Treffen kommt. Anders wäre es, wenn einer sagen würde: »Möchtest du am Dienstag mit mir essen gehen?« Eine zeitliche Fixierung setzt einen Ablaufplan in Gang, der ein Ja oder Nein erfordert. Ein Zeitplan erfordert eine Verpflichtung. Mit einem Zeitplan werden Träume zur Realität, ohne Plan bleiben die Dinge ein Wunschtraum, ein »Was wäre, wenn …«.

Eines unserer Lieblingszitate lautet: **»Der Unterschied zwischen einem Traum und einem Vorhaben ist ein Zeitplan.«**[9] Die Maßnahmen, die wir ergreifen, um den Rassismus bis 2050 zu beenden, unterscheiden sich diametral davon, »eines Tages« den Rassismus zu beenden.

Wir bleiben also weiterhin skeptisch und gehen zum nächsten Schritt über, ausgestattet mit einem festen Zeitplan und einer neuen Form an Engagement, das eine immense Wucht mit sich bringt, die Menschheit zu verändern und schließlich eine neue Realität aufblühen zu lassen – eine Welt frei von Rassismus. Sind Sie mit dabei?

Zweite Säule

Wir einigten uns auf die Wahrheit

3

Die Wahrheit über die Wahrheit

Wenn wir im Jahr 2050 auf heute zurückblicken und fragen: »Was haben wir *heute* zu Beginn des 21. Jahrhunderts unternommen, um das Ende des Rassismus herbeizuführen?«, werden wir feststellen, dass wir als Erstes gelernt haben, was *die Wahrheit ist* – aber nicht auf eine Weise, die wir vielleicht erwartet haben. Die »Wahrheit« ist eines der schwierigsten Konzepte unserer Zeit und führt ironischerweise fast immer zu Kontroversen. Was ist Wahrheit? Wer oder was bestimmt sie? Kann sich etwas, was wahr ist, ändern? Was geschieht, wenn sich *Ihre* Wahrheit von der einer anderen Person unterscheidet? Oder was, wenn Ihre Wahrheit dem widerspricht, was weithin als wahr angesehen wird? Handelt es sich dann immer noch um die »Wahrheit« oder etwas ganz anderes? Dies sind die grundlegenden Fragen und Konzepte, mit denen wir uns in diesem Kapitel befassen, denn wenn wir den Rassismus beenden wollen, müssen wir zuerst lernen, »die Wahrheit« ganz anders zu verstehen und zu erkennen und anders mit ihr zu leben, als wir es gewohnt sind.

Mit der Wahrheit ist es so eine Sache: Es geht um mehr als nur darum, ehrlich zu sein oder auch »richtig«- oder »falsch«zuliegen. Um die Wahrheit wirklich zu finden, müssen wir tiefer graben, um zu verstehen, was mit uns und in uns vorgeht. Es verlangt von uns, dass wir mit nur selten benutzten Werkzeugen in die Tiefen der Gefühlswelt hinabsteigen, um mit ihnen eine Ausgrabung zu beginnen – bei der Artefakte zutage kommen können, die uns Angst machen. Doch durch unser Bekenntnis zur Wahrheit graben wir dennoch weiter. Es gibt eine tiefere Wahrheit, zu der Sie Zugang haben und die Sie verstehen müssen, wenn Sie in Ihrem Leben, in unserer Welt oder auf unserer gemeinsamen Mission zur Beendigung des Rassismus etwas verändern wollen. Ohne diese Wahrheit anzuzapfen, wird es uns unmöglich sein, echte Fortschritte auf dem Weg zu unserer Vision zu machen.

Diese Säule dient dazu, Ihnen die Werkzeuge an die Hand zu geben, um nach Ihrer Wahrheit zu graben. Wir werden Ihnen helfen, Ihre Wahrheit zu erzählen, Ihnen zeigen, wie Sie für jene Bereiche Ihrer Wahrheit, auf die Sie nicht gerade stolz sind, Abbitte leisten können, und Ihnen helfen, sich mit jenen Wahrheiten auf einen Weg zu begeben, mit denen Sie im Einklang sind und die Sie einen Schritt weiterbringen. Wenn Sie Ihre Beziehung zum Konzept der Wahrheit ändern, wird es Ihren Weg zur Beendigung des Rassismus besser ausleuchten. Die Aufdeckung dieser Wahrheiten mag nicht immer angenehm sein, aber wenn Sie sich darauf einlassen, alle Schamgefühle und Schuldzuweisungen, die in diesem Prozess aufkommen mögen, einmal außen vor zu lassen, werden Sie einen Weg für neue Möglichkeiten aufzeigen. Vielleicht haben Sie schon einmal den Satz gehört: »Die Wahrheit wird euch frei machen«; aber die Wahrheit tut mehr als das – sie macht auch andere frei. Das Wichtigste, was Sie über die Wahrheit wissen müssen, ist Folgendes: Es gibt einen Unterschied zwischen *Bewertungen* und *Betrachtungen.*

Ein Beispiel:

> Betrachtung: Justin misst 1,80 Meter.
> Bewertung: Justin ist groß.

Oder:

> Betrachtung: Draußen sind es 18 °C.
> Bewertung: Draußen ist es kalt.

Betrachtungen sind wertfreie Darstellungen von *Tatsachen.* Bewertungen sind die subjektiven Geschichten, die wir erst erschaffen. Betrachtungen sind durch mehrere Quellen überprüfbar, messbar, oft unveränderlich, objektiv und können durch einen allgemeingültigen Standard als wahr oder falsch klassifiziert werden. Bewertungen hingegen können niemals als wahr oder falsch verifiziert werden, da sie erst durch subjektive Maßstäbe entstehen. *Bewertungen entstammen unserer eigenen Perspektive.*

Mit anderen Worten: Eine Körpergröße von 1,80 Metern und eine Temperatur von 18 Grad Celsius sind skalierbar und praktisch unbestreitbar; es handelt sich schlicht um Daten. Man kann sie als wahr oder falsch bezeichnen. Diese Daten sind *Fakt.* Aber während der eine den einen Meter achtzig großen Justin als »groß« bezeichnen würde, könnte ein anderer ihn wiederum als »klein« bezeichnen, zum Beispiel wenn Justin neben einem Zwei-Meter-Hünen oder einem Team von professionellen Basketballspielern stünde. »Klein« und »groß« ist eine Bewertung über die Aussage von Justins Größe. Für jemanden, der die meiste Zeit seines erwachsenen Lebens in Los Angeles oder Miami verbracht hat, gelten 18 °C in der Regel als kühl, aber jemand, der in Upstate New York oder Montreal, Kanada, lebt, holt bei 18 °C vielleicht den Bikini raus oder geht sich in der Sonne bräunen. Die »Wahrheit« ändert sich in diesen Fällen abhängig von den Umständen, der subjektiven Perspektive und der Erfahrung. Aber im Allgemeinen sollte »die Wahrheit« doch unerschütterlich sein, oder?

Wir halten also fest: Bei Betrachtungen bleiben die relevanten Werte oder Daten immer gleich, unabhängig davon, wer sie tätigt. Bewertungen hingegen sind subjektive Urteile und erfordern eine Meinung. Zwei Menschen können genau dieselbe Betrachtung über etwas anstellen, aber dennoch widersprüchliche Bewertungen abgeben, je nachdem, wie sie die Erfahrung interpretiert und internalisiert haben.

Diese Arbeit über Betrachtung und Bewertung basiert auf den Schriften des chilenischen Informatikers und Coaching-Experten Dr. Fernando Flores und seiner Sprechakttheorie.[10] Er erklärt, dass der Mensch als Bewertungsmaschine angelegt ist. Jeden Tag geben wir Bewertungen ab wie »Diese Leute sind gefährlich«, »Sie ist nicht sehr kompetent« oder »Ich kann dieser Person vertrauen«. Doch nicht alle Bewertungen sind gleich. Eine Bewertung kann mehr oder weniger fundiert sein. Unter »fundiert« versteht man die Suche nach einem Grund für die Bewertung, die über subjektive Präferenzen hinausgeht und zu dem normalerweise ein strenger Standard gehört, der als Maßstab für die Bewertung dienen kann. Für viele Menschen basiert der Maßstab auf persönlichen Vorlieben und dem, »wie sie sich fühlen«. Aber Vorlieben und »Gefühle« führen nicht zu einer fundierten Wertung, da müssen wir deutlicher trennen. Man könnte zum Beispiel sagen: »Schokolade schmeckt gut.« Aber wenn Sie den Unterschied zwischen Betrachtungen und Bewertungen verstanden haben, ist Ihnen bewusst, dass die Schokolade selbst nicht »gut« schmeckt. Sie mögen der Meinung sein, dass Schokolade gut schmeckt, aber der wichtige Unterschied hier ist, dass »gut« schmeckende Schokolade nicht etwas ist, das nachweislich nach irgendeinem objektiven Standard als »wahr« oder »falsch« bewiesen werden kann. Dieses Beispiel mag simpel erscheinen, aber wir haben es gewählt, um zu zeigen, dass dieses Konzept auf jeden Bereich des Lebens anwendbar ist. Wenn wir lernen, unsere Einschätzungen zu begründen, erkennen wir sie als das, was sie sind – Meinungen.

Für fundierte Bewertungen müssen Sie sie mit gewissen Standards abgleichen und mit auf Fakten basierenden Aussagen untermauern. Es gibt viele Standards, auf die Sie sich stützen können, beispielsweise *Maßnahmen/Ereignisse in der Vergangenheit* (»Das Feuer kann sich nicht über diese Mauer hinaus ausbreiten. Wir wissen das, weil sie in der Vergangenheit ein Feuer an der Ausbreitung gehindert hat.«); *auf Konsens beruhende Maßstäbe, Standards, Theorien oder Lehrmeinungen*, die durch seriöse Studien belegt sind (»Dieses Essen ist gesund. Das weiß ich, weil ich die Zutaten und Nährwertangaben gelesen habe«); oder *eindeutige Beweise auf Grundlage von faktischen Betrachtungen* (»In den Vereinigten Staaten ereignen sich viele Amokläufe. Ich weiß das, weil ich es mit den Zahlen der Amokläufe in anderen Ländern verglichen habe.«). Doch es ist nichts Falsches daran, zu werten. In vielerlei Hinsicht haben Bewertungen, beziehungsweise Beurteilungen, uns als Spezies geholfen und unser Überleben gesichert. Zum Beispiel: »Hier bin ich sicher« oder »Berglöwen sind Furcht einflößend«. Aber es ist wichtig, dass Sie lernen, einen Grund für Ihre Beurteilung zu finden. Wenn Sie das nicht tun, können Ihnen die Vorteile, die Sie eigentlich durch Ihre Bewertungen haben sollten, zum Verhängnis werden. Sie laufen Gefahr, ständig sich selbst und andere zu bewerten, wobei es möglicherweise nicht der Wahrheit entspricht, und Ihre Entscheidungen – und die Folgehandlungen – auf nicht begründete Bewertungen zu stützen.

Wenn wir uns nicht die Zeit nehmen, den Unterschied zwischen Betrachtung und Bewertung zu verstehen und zu prüfen, ob sie fundiert sind, wird es damit enden, dass wir mit dem Finger auf andere zeigen und darüber streiten, wessen Werte wichtiger oder »wahrer« sind, anstatt uns vereint mit der Betrachtung zu befassen, die das Problem überhaupt erst verursacht. Auf diese Weise spalten wir uns in zwei feindliche Lager auf. Wir glauben, dass dieses Phänomen eines der größten Probleme der heutigen Gesellschaft ist. Wir müssen zu Menschen werden, die Betrachtungen und *fundierte* Bewertungen vornehmen. Wir müssen zu Menschen werden, die die eigene Meinung nicht mit Fakten verwechseln. Dies ist unser erster Schritt, unsere Kultur einem Wandel zu unterziehen – und er muss bei Ihnen beginnen.

Ve ist eine junge Studentin, die an unserem Programm teilnahm und feststellen musste, dass sie sich vor Schwarzen Männern fürchtete. Sie schämte sich so sehr dafür, dass sie kaum wagte, es laut auszusprechen. »In meiner Kindheit«, berichtete sie, »habe ich persönlich niemals eine gefährliche Begegnung mit einem Schwarzen Mann gehabt, aber meine Eltern sagten mir immer, ich solle mich von ihnen fernhalten.« Das lag vor allem daran, dass das Restaurant der Freunde von Ves Mutter von einem Schwarzen Mann mit vorgehaltener Waffe überfallen wurde. Seither flößte die Mutter ihren Kindern eine diffuse Angst vor Schwarzen Männern ein. Obwohl Ve Schwarze Kollegen hat, verkrampft sie sich jedes Mal ein wenig, wenn sie Schwarze Männer sieht, vor allem, wenn sie allein unterwegs ist. »Ich habe diese unglaubliche Angst aufgebaut, für die ich mich wirklich schäme.«

Als Ve begann, den Ursachen ihrer Einschätzung auf den Grund zu gehen, wurde ihr klar, dass der Maßstab, den sie für ihre Annahme anlegte, auf zwei Dingen beruhte: erstens auf der Geschichte, die sie von ihrer Mutter gehört hatte, und zweitens auf den Dingen, die sie in Filmen und in den Nachrichten gesehen hatte. Bei näherer Betrachtung stellte Ve fest, dass sie selbst niemals etwas Vergleichbares erlebt hatte und auch niemanden kannte, dem so etwas passiert war. Wir baten Ve, zu versuchen, ihre Beurteilungen weiter zu untermauern; bei ihren Recherchen fand sie heraus, dass Schwarze Männer nicht für die Mehrheit der Gewaltverbrechen in Amerika verantwortlich sind. In den USA sind Schwarze für weniger als ein Drittel der Gewaltverbrechen verantwortlich, während Weiße für mehr als die Hälfte verantwortlich sind.[11] Eine Erkenntnis, die sie schockierte. »Ich hatte solche Angst, meine Mutter vor den Kopf zu stoßen, dass ich bereit war, das, was mir wirklich wichtig ist, aufzugeben. Und dafür schäme ich mich sehr.« Wir baten Ve, die Scham abzulegen, und sobald sie sich dazu in der Lage sah, erkannte sie die Lektion: dass sie an einer Beurteilung festhielt, die ihre Fähigkeit beeinträchtigte, ihr Leben so zu meistern, dass es mit ihren Werten übereinstimmt. Ve trat in eine Wahrheit ein, die ihr unangenehm war; aber sie bildete den Ausgangspunkt, an dem sie anknüpfen konnte, um diesen Bereich in ihrem Leben zu verändern.

Aaron, ein traditionell erzogener jüdischer US-Amerikaner Mitte vierzig, der an einem unserer ersten Workshops teilnahm, war mutig genug, seine wertenden Ansichten zu teilen, dass er »niemals mit einer muslimischen Person befreundet sein könnte«.[12] An einer Stelle gab er zu, dass er »Muslime allgemein fürchte«, weil er glaubte, dass alle Muslime der Auffassung seien, er als Jude habe kein Recht, zu existieren. »Diese Angst beherrscht mein ganzes Leben, aber ich weiß nicht einmal, woher sie kommt.« Als er seine Überzeugung weiter hinterfragte, stellte er fest, dass der Grund für diese Angst an dem Bild lag, das ihm bereits als Kind in der Schulzeit und in

Gemeinschaftseinrichtungen über den palästinensisch-israelischen Konflikt und die Terrorakte bestimmter muslimischer Gruppen vermittelt wurde. Aaron hatte nie einen muslimischen Freund oder gar Bekannten, weder als Kind noch in seinem Erwachsenenleben. Alles, was er über Muslime wusste – von der Religion bis hin zu ihrer Kultur –, hatte er, als er noch jünger war, in erster Linie von seinen Lehrern und seiner Familie sowie aus den Massenmedien erfahren. Als US-Amerikaner beruhten seine Ängste weitgehend auf der weit verbreiteten Annahme, dass Muslime in den Vereinigten Staaten mit Terroristen sympathisieren und die westlichen Werte ablehnen.

Im weiteren Gespräch mit uns stellte Aaron fest, dass er persönlich noch nie mit einem Muslim zu tun gehabt hatte. Aarons Ängste beruhten also auf indirekten Erfahrungen, auf Geschichtsunterricht, der oft aus einem bestimmten Blickwinkel berichtet wird, auf Wissen aus zweiter Hand oder Geschichten. Damit konfrontiert erkannte Aaron, dass er seine Bewertungen mit einer fundierten Betrachtung abgleichen musste. Er begann, sich Primärquellen anzuschauen, angefangen mit dem Koran, und musste feststellen, dass sich weder im religiösen Text noch am Beispiel des Propheten Mohammed Stellen finden lassen, die Hass auf Juden und Jüdinnen propagieren.[13] Dann begann er, sich mit der Geschichte längst vergangener Reiche unter muslimischer Herrschaft zu befassen, und erfuhr, dass die jüdische Kultur unter muslimischer Ägide in Teilen Nordafrikas, Jerusalems, Persiens und auf der Iberischen Halbinsel tatsächlich aufgeblüht war.[14] Schließlich informierte er sich über Organisationen in den Vereinigten Staaten und sogar in Israel, in denen Juden und Muslime Hand in Hand für mehr Frieden und Toleranz arbeiten. Da er in einem großen Ballungsgebiet lebte, stellte Aaron bei seinen Nachforschungen fest, dass es in seiner Stadt gleich mehrere Gruppen gab, die die Gemeinsamkeiten zwischen beiden Religionen pflegten. »Die ganze Zeit habe ich nur eine Seite betrachtet. Ich lag völlig falsch.«

Aaron beschloss, an einigen dieser »Gemeinsamkeiten«-Treffen teilzunehmen, und durch die Nähe zu muslimischen Menschen in einem Safe Space für Diskussionen und Kontakte freundete er sich mit mehreren Mitgliedern der Organisation an. Aaron trat in eine Wahrheit ein, die zuzugeben ihm unangenehm war; aber indem er offen dafür war, dass seine »Wahrheit« vielleicht doch nicht fundiert war und er auf ein gängiges Stereotyp zurückgriff, das auf den Handlungen einiger weniger beruhte, war er in der Lage, in eine Wahrheit einzutauchen, die es ihm ermöglichte, Freundschaft und Gemeinschaft zu finden, die er womöglich niemals kennengelernt hätte – eine, die jetzt zu einer seiner wichtigsten Anlaufstellen für Freundschaft und Verbundenheit geworden ist. Jeder, der schon einmal so eine transformative Erfahrung gemacht hat, weiß, dass der erste Schritt zu jeder Art von Heilung darin besteht, der Wahrheit ins Auge zu sehen.

Innere Arbeit

Nun sind Sie dran. Vervollständigen Sie die folgenden Sätze, um sich selbst besser kennenzulernen, und erkunden Sie Ihre Beziehung zur Wahrheit und zu dem, was sich vielleicht ändern könnte.

- Eine Bewertung, die ich über mich selbst oder andere in Bezug auf andere Ethnien gemacht habe, ist ____________ ____.
- Was ich mit dieser Bewertung vielleicht beweisen, erreichen oder schützen will, ist ____________________ ____.
- Der Grund, warum ich glaube, dass diese Bewertung für mich relevant ist, liegt darin, dass ________________ ____.
- Der Maßstab, den ich für diese Bewertung heranziehe, ist ____.

- Aus einer möglichst unvoreingenommenen Perspektive lauten die *Betrachtungen* (überprüfbare Fakten) im Zusammenhang mit meiner Bewertung wie folgt: ______________
  ____.
  (Dies kann einige Minuten Recherche erfordern.)
- Nachdem ich diesen Fundierungs-Prozess durchlaufen habe, ist mir nun klar geworden, dass ______________
  ____.
- Die Art und Weise, wie mich diese Bewertung in der Vergangenheit beeinflusst hat, ist ______________
  ____.
- Mit dem Wissen, das ich jetzt habe, ziehe ich es vor, dass sich die neu gewonnene Bewertung in Zukunft wie folgt auf mein Leben auswirkt: ______________
  ____.
- Das nächste Mal, wenn diese Bewertung in meinem Kopf auftaucht, werde ich ______________
  ____.

Wenn Sie lernen, Ihre Wahrheit einzufordern, sollten Sie stets bedenken: Ihre Bewertungen sind niemals *richtig* oder *falsch*. Sie können mit Ihrer Ansicht niemals recht haben. Unabhängig davon, wie fundiert Ihre Bewertungen sind, sind sie immer noch Ihre Perspektive. Das ist eine bittere Pille, die wir aber manchmal schlucken müssen, vor allem, wenn wir fest an etwas glauben oder meinen, dass etwas auf eine bestimmte Art und Weise sein »sollte«. Bei einer fundierten Beurteilung geht es niemals darum, zu beweisen, wie akkurat und folglich richtig sie ist, sondern vielmehr darum, *Ihre Denkweise offenzulegen.* Mit ausreichenden Beweisen ausgestattet, können Sie für jede Seite als Anwalt oder Anwältin auftreten. Deshalb ist es von grundlegender Bedeutung, dass Sie verstehen, WARUM Sie in erster Instanz eine Bewertung vornehmen. Warum ist die Bewertung, die

Sie vornehmen, für Sie wichtig? Bringt sie Sie auf Ihrem zukünftigen Weg voran, wie Sie ihn sich vorstellen? Steht sie im Einklang mit Ihren Wertevorstellungen und Überzeugungen, die Sie sich für die Welt wünschen? Welche Beweggründe und tatsächlichen Absichten stecken hinter Ihren Einschätzungen? Wenn Sie »recht haben« wollen, dann lassen Sie keine anderweitigen Informationen gelten, die Ihre Meinung ändern könnten. Das ist Fundamentalismus. Wenn Sie aber verstehen, dass Ihre Bewertung unabhängig davon, wie viele Fakten Sie zur Untermauerung Ihrer Behauptung heranziehen, nie mehr als eine persönliche Meinung, gespickt mit Beweisen, ist, dann bleibt Raum offen für Nuancen und damit für Gespräche jenseits von Schwarz-Weiß-Denken. Dies ist der Weg, um Rassismus zu beenden.

Es kann unglaublich schwierig sein, die eigene Wahrheit freizulegen, zu ihr zu stehen und sie auszusprechen. Es erfordert ein Maß an persönlicher Verantwortung, das in der heutigen Kultur so nicht üblich ist. Aber ähnlich wie in den meisten Suchtberatungen liegt der erste Schritt zur Genesung im Eingeständnis, »ein Problem zu haben«. Das kann aus vielen Gründen ziemlich herausfordernd sein: Erstens wurden wir von Geburt an darauf programmiert, die Welt binär zu betrachten – mit anderen Worten: schwarz oder weiß, gut oder schlecht, richtig oder falsch. Zweitens wurden wir unser ganzes Leben lang dafür belohnt, dass wir brav der Herde gefolgt sind, denn wenn wir diese binäre Denkweise infrage stellen, wird es beschwerlich und führt in manchen Fällen sogar dazu, dass wir von unseren Angehörigen oder Gleichaltrigen abgelehnt werden. In manchen Gemeinschaftsformen kann das Infragestellen von als unverrückbar geltenden »Wahrheiten« sogar dazu führen, dass man exkommuniziert oder getötet wird. Doch in dieser Community – der Community, die die Schritte zur Beendigung des Rassismus unternimmt – bieten wir einen Raum jenseits binärer Denkmuster, denn nur dort kann die wahre Wahrheit zum Vorschein kommen.

Achten Sie im Laufe des Tages einmal genau darauf, wie Sie und andere über die »Wahrheit« sprechen und wie oft Bewertungen mit Fakten verwechselt werden. Achten Sie auf Aussagen über richtig und falsch, gut und schlecht – Sätze wie »Die Wahrheit ist/lautet …«, »Es ist eine Tatsache, dass …« oder »Sie hätten Folgendes tun sollen …«. Jedes Mal, wenn Sie solche Sätze hören oder sagen, sollten Sie überprüfen, ob es sich nicht eher um eine Bewertung handelt.

Uns ist es wichtig, zu unterstreichen, dass wir nicht behaupten wollen, dass es schlecht sei, etwas zu beurteilen. Im Gegenteil, Bewertungen sind enorm wichtig. Im Laufe dieses Buches werden wir viele Bewertungen vornehmen, sie sind das, was unsere Welt individuell (und als Ganzes) prägt. Wir sind jedoch vorsichtig, weil wir wissen, dass Bewertungen zu Vorurteilen mutieren können, wenn man sie zu intensiv pflegt. Ein Vorurteil ist einfach eine *Vorverurteilung*. Vorurteile beruhen auf den Bewertungen, die wir über Menschen und ihre Zugehörigkeit zu bestimmten Gruppen treffen. Wie wir in der Einleitung zu diesem Buch erwähnt haben, reicht es nicht, einfach nur zu wünschen, dass eines Tages die ganze Welt plötzlich vorurteilsfrei aufwacht, um den Rassismus zu beenden. *Stattdessen müssen wir uns unserer Vorurteile bewusst werden und dann auch die Verantwortung dafür übernehmen.* Sicher, wir alle hegen Vorurteile, aber deshalb müssen wir uns ja noch lange nicht von unseren Vorurteilen kontrollieren lassen. Wenn wir wissen, dass unsere Einschätzungen nichts weiter als Annahmen sind, befreit uns das von ihren Fesseln.

Um auf die Geschichte unserer Studentin Ve zurückzukommen: Wenn sie sich weiterhin der Illusion hingeben würde, dass ihre Bewertung über Schwarze Männer die »Wahrheit« sei, würde sie den Rest ihres Lebens jedes Mal die Angst überkommen, wenn sie einem Schwarzen Mann begegnet. Sobald ihr bewusst wurde, dass ihre Furcht auf einer nicht fundierten Bewertungen beruhte, konnte sie bei einer solchen Begegnung beobachten, wie die Angst aufkam, und sie vorbeiziehen lassen; mittlerweile wusste sie, dass ihre Furcht auf einer alten Geschichte beruht, die nicht mit ihrem Wunsch vereinbar ist, eine liebevollere und empathischere Welt zu schaffen. Heute zählt Ve zu ihren engen Freunden mehrere männliche Schwarze, die sie durch unser Programm kennengelernt hat. Das wäre nicht möglich gewesen, wenn sie sich wie hypnotisiert in ihrer nicht fundierten Bewertung verloren hätte.

Wir glauben, dass für die Überwindung des Rassismus entscheidend ist, genau zu erkennen, wann wir bewerten oder wann wir eine Betrachtung vornehmen. Wenn wir uns in Richtung Freiheit bewegen und unsere Narrative und Strategien für den Wandel entwickeln, dürfen sie nicht auf Hörensagen oder unbegründeten Beurteilungen beruhen. Wir alle dürfen in jedem Fall, bei jeder Gelegenheit und in jedem Augenblick unseres Lebens unterschiedliche Ansichten haben. Aus diesem Grund ist es wichtig, dass die Ansichten, auf denen wir unsere Zukunft aufbauen, fundiert und solide sind, denn wenn wir unsere Welt auf einem wackeligen Fundament errichten, stürzt sie unweigerlich in sich zusammen. Wenn Sie das nächste Mal merken, dass Sie eine Bewertung vornehmen, ob es nun um die ethnische Zugehörigkeit geht oder nicht, halten Sie inne und fragen Sie sich: *Warum nehme ich diese Bewertung überhaupt vor? Was will ich damit erreichen, beweisen oder schützen? Worauf gründet sich meine Annahme?* Und am wichtigsten ist: *Bringt sie mich auf dem Weg in die Zukunft voran, die ich mir wünsche?*

Dann werden Sie frei sein.

Dritte Säule

Wir erkannten unsere Emotionen an

4

Beschreibe, wie du dich fühlst

Der Weg zur Überwindung des Rassismus ist zutiefst emotional. Wenn wir in der Zukunft stehen und uns fragen: »Was haben wir *heute* unternommen?«, lautet die Antwort, dass wir eines der grundlegenden Dinge gelernt haben: Verbundenheit zu schaffen. Menschen können keine Verbundenheit zueinander aufbauen, wenn sie ihre wahren Emotionen nicht spüren und nicht richtig zum Ausdruck bringen können. Wir machen diesen Exkurs über Emotionen, weil wir möchten, dass Sie Ihre Emotionen nutzen, um Ihre Verbundenheit zu sich selbst und zu anderen zu vertiefen. Wir möchten, dass Sie lernen, über Differenzen hinweg zu sprechen, und das können Sie nicht, wenn Sie nicht zuerst mit sich selbst eine Verbindung schaffen. Wir möchten, dass Sie alte Muster und konditionierte Reaktionen dechiffrieren, die Ihr Verhalten und Ihre Antworten beeinflussen – egal ob unbewusst oder bewusst.

Emotionen führen zu Verletzlichkeit, Verletzlichkeit führt zu Verbundenheit, und in diesem Raum der Verbundenheit werden wir eine tiefere, facettenreichere Wahrheit über uns selbst und andere ausfindig machen – die Art von Wahrheit, die erforderlich ist, um Rassismus zu beenden.

Im vorangegangenen Kapitel haben wir dargelegt, dass Emotionen als Grundlage für fundierte Wertungen ungeeignet sind. Das bedeutet jedoch nicht, dass Ihre Emotionen keine Rolle spielen, sondern vielmehr, dass Sie einfach die Rolle und Funktion verstehen müssen, die sie in Ihrem Leben spielen.

In diesem Kapitel werden wir Ihnen einen anderen Weg aufzeigen, wie Sie mit Ihren Emotionen umgehen und sie verstehen können, sodass starke Gefühlsregungen Sie nicht davon abhalten, zu wachsen oder sich mit anderen zu verbinden. Sie werden auch lernen, wie Sie anders über Ihre Emotionen sprechen können, als es Ihnen vielleicht »eingetrichtert« worden ist. Ihre Emotionen können für Sie arbeiten und nicht gegen Sie, wenn Sie gelernt haben, sie genauer zum Ausdruck zu bringen.

Zuallererst ist es wichtig, zu verstehen, dass Gefühle nicht zur Wahrheit führen. Wie sollten sie auch? In einem Moment sind Sie glücklich, dann traurig, dann deprimiert, dann müde, dann wieder fröhlich – alles im Verlauf ein und desselben Tages. Emotionen sind ein Spiegelbild ihrer inneren Wetterlage. Wenn Sie die »Wahrheit« mit Ihren Gefühlen verknüpfen, werden Sie bei stürmischem Wetter (Sie ärgern sich, sind traurig, wütend, depressiv; oder etwas Schreckliches in der Welt wühlt Sie auf) aus den Augen verlieren, wer Sie sind, was Sie für möglich halten und wofür Sie sich einsetzen. In diesem Buch fordern wir Sie auf, sich einer neuen Wahrheit über die Menschheit zu verschreiben: dass die Möglichkeit besteht, den Rassismus zu beenden, dass die Zeit reif ist, dass wir diejenigen sind, die dafür verantwortlich sind, ihn zu beenden, und dass wir über Grenzen hinweg zusammenkommen müssen, um dieses Ziel zu erreichen. Aber wenn diese Verpflichtung so unstet wie das Wetter ist, wie soll man dann am Ball bleiben, wenn harte Zeiten kommen, wenn Extremisten die *Center Stage* betreten oder wenn etwas in der Welt passiert, was man nicht will?

Jake, ein Student von uns, engagiert sich sehr für die Überwindung des Rassismus. Aber jedes Mal, wenn er in den Nachrichten einen Bericht über ein rassistisches Hassverbrechen sieht, resigniert Jake. Wir hören dann mehrere Wochen lang nichts von ihm. Es läuft immer nach dem gleichen Schema ab und er sagt Dinge wie: »Als ich letzte Woche die Nachrichten gelesen habe, fühlte ich mich so hoffnungslos. Was hat das alles für einen Sinn? Es wird sich nie etwas ändern.« Viele von uns teilten das Gefühl. Aber die Wahrheit ist, wenn wir unseren Kampf für die Beendigung des Rassismus an die »Hoffnung« knüpfen, dann wird er nie enden. Hoffnung ist, wie jedes andere Gefühl, flüchtig. *Hoffnung ist keine Strategie*. Sie dürfen sich von Ihren Gefühlen nicht diktieren lassen, wie stark Ihr Einsatz für eine Sache ausfällt.

Dennoch sollten Sie Ihre Gefühle nicht ignorieren. Sie sind wichtig. Die Wissenschaftlerin, Professorin und Autorin Dr. Brené Brown zeigte in ihren Forschungen auf, dass wir gerne glauben, wir seien kognitive Wesen, die gelegentlich Gefühle haben. Das sind wir aber nicht, im Gegenteil: Wir sind *emotionale Wesen*, die gelegentlich auch denken. Unsere Emotionen beeinflussen alles, was wir tun. Anstatt also unsere Emotionen zu verdrängen und tief in unserem Unterbewusstsein abzulagern oder uns von ihnen beherrschen zu lassen, müssen wir lernen, für das, was an die Oberfläche dringt, *verantwortlich zu sein*. Unsere Emotionen können uns die Tür zur Verbundenheit öffnen. Aber dazu müssen wir erst lernen, für sie verantwortlich zu sein.

Wie kann man die Verantwortung für seine Emotionen übernehmen? Nun, Dinge zu sagen wie »Seinetwegen fühle ich mich ...« oder »Deswegen fühle ich mich ...«, ist immer ein Zeichen dafür, dass man auf dem Holzweg ist. Die Verantwortung für Ihre Gefühle zu übernehmen, bedeutet, zu verstehen, dass, wenn Worte etwas in Ihnen auslösen, niemand Sie »dazu gebracht hat«, das zu fühlen. Auch wenn es Sie ganz persönlich betrifft, müssen Sie verstehen, dass *Sie aktiviert wurden*. Unabhängig davon, was außen passiert ist, müssen Sie verstehen lernen, dass Ihre Emotionen in Ihnen selbst ablaufen. Natürlich können Menschen schreckliche Dinge sagen und tun, aber letztlich erfolgt die Reaktion darauf *in Ihrem Inneren*, sodass Sie die einzige Person sind, die für Ihre Reaktion in einem bestimmten Moment verantwortlich sein kann. Wenn wir nicht für unsere Gefühle verantwortlich sind, kontrollieren sie uns, was darin endet, dass wir dann Dinge sagen und tun, die wir später bedauern und lieber nicht getan hätten. Je unangenehmer uns ein Gefühl ist, desto tiefer vergraben wir es und versuchen, es möglichst zu vermeiden. Wir neigen eher dazu, reaktionär zu reagieren, wenn wir mit diesem Gefühl konfrontiert werden, oder schieben die Verantwortung dafür auf jemand anderen, der »uns dazu gebracht hat«.

Wie sehr Sie mit Ihren Gefühlen im Reinen sind, hat oft mit Ihren *emotionalen Erfahrungen* zu tun, die auf einer Mischung aus Familie, Kultur, sozialen Normen und möglicherweise erlebten Traumata beruhen. Manche von uns sind in Familien aufgewachsen, in denen uns beigebracht wurde, dass Freude eine akzeptable Empfindung ist, Macht hingegen nicht. Andere wuchsen in Familien auf, in denen Wut sehr viel Raum bekam, Vertrauen oder Liebe aber nicht. Wie war es in Ihrer Familie? Wenn Sie sich Ihrer emotionalen Vergangenheit bewusst werden, können Sie herausfinden, welche Emotionen für Sie schwieriger zu empfinden oder auszudrücken sind. Ihre *emotionale Erfahrung* ist also größtenteils dafür verantwortlich, welche Emotionen Sie fühlen und ausdrücken können und welche nicht. Doch sobald Sie sich dieser Entwicklung bewusst werden, werden Sie davon nicht mehr beherrscht.

Halten Sie jetzt einen Moment inne, und wenn es Ihnen gerade möglich ist, legen Sie Ihre Hände auf die Mitte Ihrer Brust und atmen Sie ein paar Mal tief ein. Beantworten Sie nun für sich diese Frage: *Welche Emotion(en) erlebe ich in diesem Moment?* Lassen Sie sich mindestens ein Wort einfallen, das das Gefühl am besten umschreibt, das in diesem Moment aufkommt. Notieren Sie sich, was Ihnen dazu einfällt; wir werden gleich darauf zurückkommen. Nur zu, machen Sie es jetzt sofort, während Sie diese Zeilen lesen.

Der erste Schritt, um Ihre Beziehung zu Ihren Emotionen zu verbessern, hat mit Sprache zu tun – Sie müssen lernen, die in Ihnen aufsteigenden Emotionen zu benennen und zu kommunizieren. Vielen Menschen fehlen die Worte, wenn sie gebeten werden, ihre Gefühlswelt konkret zu beschreiben oder zu benennen. Tatsächlich haben Studien gezeigt, dass die meisten Menschen im Durchschnitt nur drei emotionale Zustände benennen können: glücklich, traurig und wütend. Andere Studien wiederum haben jedoch bewiesen, dass die Worte, mit denen Sie Ihre Gefühle beschreiben, dazu führen können, dass Sie diese Emotion erleben.[15] Wenn Sie zum Beispiel sagen: »Ich bin traurig«, veranlasst dies Ihr Nervensystem tatsächlich, sich traurig zu fühlen, auch wenn Sie ursprünglich nicht einmal traurig waren. Wenn Sie dagegen sagen: »Ich bin dankbar«, ist es wahrscheinlicher, dass Sie selbst in den schwierigsten Situationen den Silberstreif am Horizont erblicken. **Die Worte, mit denen Sie Ihre Emotionen beschreiben, sind von großer Bedeutung, denn wenn Sie Ihre Gefühle nicht in Worte fassen können, sind Sie auch nicht in der Lage, zu verstehen, was wirklich in Ihnen vorgeht. Auch für andere wird es beinahe unmöglich sein, zu verstehen, was in Ihnen vorgeht.** Oder wie der Philosoph Ludwig Wittgenstein es einst formulierte: »Die Grenzen meiner Sprache bedeuten die Grenzen meiner Welt.«[16]

Wir möchten Ihnen helfen, Ihre Welt zu erweitern, indem wir ein wissenschaftliches und unglaublich nützliches Tool verwenden: das Gefühlsrad. Es gibt viele Varianten, aber wir verwenden in diesem Buch die von Psychotherapeutin Dr. Gloria Willcox entwickelte Variante. Es ist ein visuelles Hilfsmittel, das uns mit den Begriffen ausstattet, die wir brauchen, um unsere Emotionen zu erkennen und mitzuteilen.

Das Gefühlsrad besteht aus einem inneren Kreis, aufgeteilt in sechs Kuchenstücke, mit sechs Primäremotionen: traurig, wütend, ängstlich, freudig, kraftvoll und friedlich. Die beiden äußeren Kreise beschreiben sekundäre und tertiäre Emotionen, die mit den primären Emotionen im Zentrum gekoppelt sind. Diese Ringe helfen Ihnen, Ihre Emotionen klarer zu definieren. Als beispielsweise Diedre ihren Sohn zum ersten Mal am College absetzte, kamen viele Gefühle in ihr auf. Nachdem sie vom Campus weggefahren war, hielt sie wieder an, blieb in ihrem Auto sitzen und legte ihre Hände auf ihr Herz, um zu verstehen, was sie fühlte. Beim Betrachten des Gefühlsrads, von dem sie eine Grafik auf ihrem Handy gespeichert hatte, fiel ihr das Wort *verängstigt* ein. Dann bewegte sie sich auf den zweiten Wortring zu und erkannte, dass sie auch *hilflos* war.

Gefühlsrad von Gloria Willcox

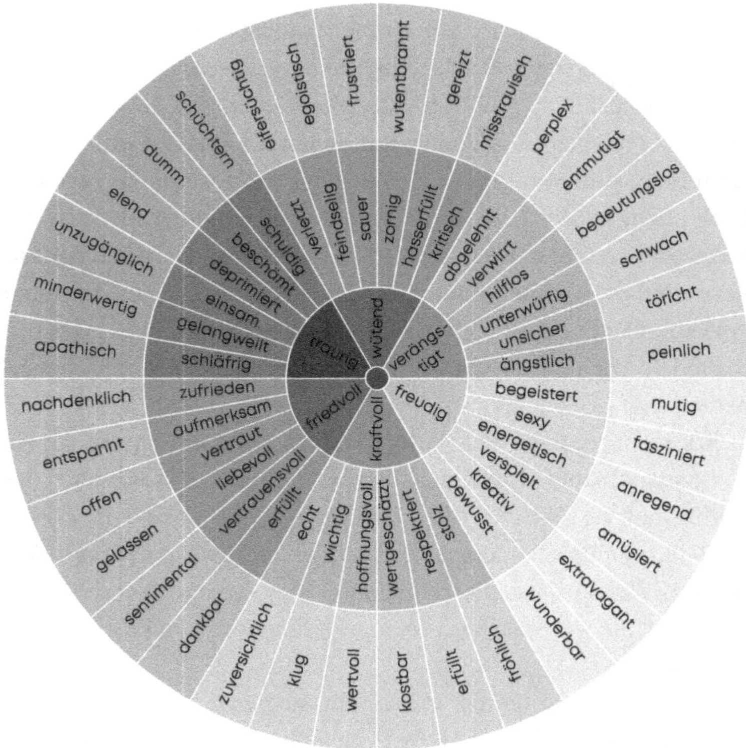

Als sie sich weiter nach außen bewegte, erkannte sie, dass ihre Angst zum Teil darauf zurückzuführen war, dass sie sich *bedeutungslos* fühlte und von ihrem mittlerweile unabhängigen Sohn nicht mehr gebraucht wurde. Ein tieferes Verständnis dieser Emotion half ihr, dem Wort *verängstigt* mehr Qualität und Unterscheidungskraft zu verleihen und den Ursprung ihrer Emotionen zu erforschen, während sie in ihre neue Version in ihrer Rolle als Mutter hineinschlüpfte. Mit ihren Gefühlen, die ihr dabei halfen, zu vermitteln, konnte sie sich selbst effektiver Fragen stellen.

Das Ziel ist es, den Nuancen Ihrer Gefühle eine Sprache zu geben. Sobald Sie die Sprache beherrschen, können Sie beginnen, direkter mit Ihren Gefühlen zu arbeiten. Aber wenn man nicht erkennen kann, was man fühlt, kann man mit den Gefühlen auch nicht umgehen. Um ein Beispiel zu nennen: Jon bemerkte bei der Arbeit, dass er sich seit zwei Wochen jeden Tag träge und müde fühlte. Er war nicht mehr so kreativ und fand einfach keine Inspiration, schlief sogar an seinem Schreibtisch ein, fand aber nicht heraus, warum. In diesen Fällen setzte er sich in sein Auto und machte ein Nickerchen, nachts schlief er wie immer, aber sein Problem bekam er auf diese Weise nicht in den Griff. Er las sich in die Materie über Erschöpfungssyndrome und Schlaf ein und suchte seinen Arzt auf, um seine Schilddrüse untersuchen zu lassen. Ohne Ergebnis. Schließlich kam Jon zu uns, und wir baten ihn, auf die Frage »Wie fühlen Sie sich bei der Arbeit?« mithilfe des Gefühlsrads zu antworten und jeden Begriff einzukreisen, sofern er für ihn zutreffend erschien. Ihm fiel sofort auf, dass »schläfrig« in die Kategorie »traurig« fiel. Aber er bemerkte auch, dass er auch andere Gefühle des Spektrums spürte: apathisch, minderwertig, kritisch, frustriert und gereizt. Anhand dieser Antworten erkannte Jon, dass er »traurig« und zu seiner Überraschung auch »wütend« war. Wir baten Jon, seine Augen zu schließen und diesen Satz zu vervollständigen: »Worüber ich bei der Arbeit wirklich wütend bin, ist __________.« Er erzählte sofort, wie sein Chef vor einem Monat eine große Projektidee von ihm abgewimmelt hatte, an der er monatelang gearbeitet hatte. Jon gab vor, dass es keine große Sache sei, aber jetzt merkte er, wie sehr ihn die Abfuhr verletzt hatte. Jon war nicht nur »müde«, er war wütend und traurig. Auch wenn er sich einredete, dass er »darüber hinweg sei«, wollten ihm seine Gefühle etwas sagen, er musste ihnen nur Gehör verschaffen. Hätte er das nicht getan, wäre er vielleicht auf die Idee gekommen, Energydrinks zu trinken, Schlaftabletten zu nehmen oder weiterhin die Ärzte wegen eines Problems abzuklappern, das er nie hatte. Jon ging zu seinem Chef, um sich offen und ehrlich mit ihm auszusprechen. Am nächsten Tag kehrte seine Frische und Kreativität zurück.

Jetzt sind Sie an der Reihe. Halten Sie einen Moment inne und überlegen Sie, wie Sie sich fühlen. Benutzen Sie nun das Gefühlsrad, um die primäre Emotion in der Mitte zu benennen, mit der Sie sich gerade am ehesten identifizieren können, und zwar basierend auf der Frage, die wir Ihnen bereits zuvor gestellt haben: *Welche Emotion(en) erlebe ich in diesem Moment?* Achten Sie darauf, ob Ihre ursprüngliche Antwort mittlerweile anders ausfällt. Beginnen Sie nun, sich vom inneren Kreis zu den äußeren zu bewegen, und wählen Sie dabei so viele Zuschreibungen aus, wie Sie möchten. Benutzen Sie den ganzen Kreis; Sie müssen sich nicht an einem Kuchenstück festklammern – vielleicht stellen Sie fest, dass Sie mehr primäre Emotionen fühlen, als Ihnen bewusst war, oder mehrere primäre Emotionen gleichzeitig. Sie können auch den umgekehrten Weg einschlagen: Beginnen Sie am äußeren Rand und arbeiten Sie sich zum Mittelpunkt vor.

Ein wichtiger Tipp: Die meisten Menschen beantworten eine scheinbar einfache Frage – »Wie fühlen Sie sich?« – mit einem Satz, der mit den Worten »Ich fühle mich, als ob …« beginnt. Aber wenn die Antwort so eingeleitet wird, ist sie nicht zielführend, weil wir auf diese Weise vermeiden, Verletzlichkeit zu zeigen. In der Regel bedeutet es, dass Sie dabei sind, auf eine Erzählung zuzusteuern, anstatt das echte Gefühl zu beschreiben. Eine Erzählung ist kaum dazu geeignet, um mit Ihren Gefühlen in Kontakt zu kommen oder sie anderen mitzuteilen. Stattdessen beschreibt es *eine Geschichte, die Sie sich selbst erzählen, warum Sie sich so fühlen, wie Sie sich fühlen – und nicht die tatsächliche Emotion, die Sie erleben.* Das Gefühlsrad hilft uns, eine klarere und präzisere Sprache zu verwenden. Eine Möglichkeit, auf die häufig gestellte Frage »Wie fühlen Sie sich?« zu reagieren, besteht darin, Ihre Antwort mit den Worten »Die Gefühle, die ich gerade erlebe, sind …« einzuleiten.

Warum ist es so wichtig, dass Sie diese Frage so präzise beantworten können? Erstens können Sie nicht behandeln, was Sie nicht fühlen, und was nicht behandelt wird, kommt immer wieder auf. Sie werden immer in dieselben nutzlosen Kreisläufe und Muster verfallen, wenn Sie nicht lernen, Ihre Gefühle zu benennen und die Verantwortung dafür zu übernehmen. Das Benennen Ihrer Gefühle gibt

Ihnen einen Schlüssel an die Hand, Teufelskreise zu durchbrechen. Wenn Sie zum Beispiel erkennen können, dass Sie sich schämen, kann die bloße Benennung dieses Gefühls die Möglichkeit eröffnen, Selbstmitgefühl zuzulassen (»Es ist in Ordnung, Fehler zu machen, ich bin auch nur ein Mensch«) und darauf hinzuarbeiten, bestimmte Gewohnheiten (»Ich lerne daraus und mache es beim nächsten Mal besser«) oder Denkmuster zu ändern (»Ich werde weder durch diese eine Erfahrung definiert noch definiert sie mich für immer«). Aber ohne die Möglichkeit, die Emotion zu benennen, bleibt das Tor zur inneren Heilung verschlossen.

Zweitens bildet die Sprache ein Tor zur Verbundenheit. Man kann keine Verbundenheit zu anderen erfahren, wenn man seine Gefühle nicht richtig mitteilen kann. Das ist Wissenschaft.[17] Das Gefühlsrad verschafft uns einfach einen besseren Zugang zu jenem Vokabular, mit dem sich Intimität aufbauen lässt, und hilft uns beim Feinschliff. Bald werden wir Ihnen beibringen, wie man wirklich bedeutsame Gespräche führt, auch über Differenzen hinweg. Aber zuerst müssen Sie erkennen und benennen, was Sie in Ihrem eigenen Inneren erleben, damit Sie diese wahren Emotionen mit anderen teilen und kommunizieren können.

Innere Arbeit

Lassen Sie uns unser Inneres anschauen, indem wir mehr über unsere Emotionen erfahren. Vervollständigen Sie die folgenden Sätze, um mehr über Ihre emotionalen Erfahrungen und ihre Muster zu erfahren.

- Die Emotion, die ich nur schwer ertrage, ist ________ ________________________________.
- Ich glaube, dieses Muster habe ich erlernt/erworben, als ich ________________________________.

- Die Emotion, die mir am leichtesten fällt, ist ______
______.
- Ich glaube, dieses Muster habe ich erlernt/erworben, als ich
______.
- Die Emotion, die ich am meisten vor anderen verberge, ist
______.
- Die Emotion, die ich am meisten vor mir selbst verberge oder unterdrücke, ist ______.
- Die Art und Weise, wie ich normalerweise mit Wut umgehe, ist ______.
- Der Grund dafür, dass ich mit Wut so umgehe, liegt meiner Meinung nach darin, dass ______.
- Die Person oder die Begebenheit, durch die ich gelernt habe, so mit Wut umzugehen, war ______
______.
- Ich möchte an der Art und Weise, wie ich mit meinen Emotionen umgehe, etwas ändern, und zwar ______
______.
- Der erste Schritt könnte sein, ______.

Jetzt, da Sie Ihre emotionale Vorgeschichte besser verstehen und das Gefühlsrad als Hilfsmittel haben, um Ihre Emotionen genauer zu beschreiben, ist es wichtig, dass Sie dieses Tool in allen Bereichen Ihres Lebens einsetzen, vor allem aber, wenn wir mit diesem Buch fortfahren. Sie können es in dem Moment heranziehen, wenn Sie eine innere Veränderung oder starke Emotionen spüren, ob vor oder während eines Gesprächs, oder als kontemplatives Werkzeug, um Ihre Emotionen im Verlauf oder am Ende eines Tages noch mal Revue passieren zu lassen. Sich auf seine Gefühle einzulassen, ist gar nicht so schwer, aber es erfordert Engagement und Achtsamkeit.

Hier ist eine einfache Übung, die Sie anwenden können, wenn Sie in einen »Wetterumschwung« spüren.

Halten Sie zunächst inne. Legen Sie dann Ihre Hände auf die Mitte Ihrer Brust, eine über die andere.

Dann atmen Sie tief ein und fragen Sie sich: »Welche Emotion(en) erlebe ich gerade?« Oft werden Sie feststellen, dass Ihnen die richtigen Worte für eine Antwort fehlen. Aus diesem Grund haben wir eine Version des Gefühlsrads für Sie zum Download bereitgestellt (auf Englisch), die Sie auf Ihrem Gerät speichern können: HowWeEnded-Racism.com/resources.

Schauen Sie sich das Gefühlsrad an und wählen Sie zwei oder drei Begriffe aus, die Ihre momentane Gefühlswelt beschreiben. Sie werden feststellen, dass sich Ihr Zugang zu dem Vokabular, das Sie brauchen, um die Nuancen Ihrer Emotionen zu beschreiben, innerhalb weniger Tage erheblich erweitern wird. Wir haben diese Übung Menschen auf der ganzen Welt »verordnet« und können bestätigen, dass sie funktioniert. Sie werden im Laufe des Buches noch weitere Gelegenheit dazu haben, diese Methode einzustudieren.

In den kommenden Kapiteln zeigen wir Ihnen, wie man Gespräche über Differenzen hinweg führen kann, wie man Vergebung erteilen als auch anbieten kann, wie man Grenzen setzt und vieles mehr. All diese Themen erfordern, dass Sie mit Ihren Emotionen in Berührung kommen. Am besten setzen Sie ein Lesezeichen beim Gefühlsrad oder halten Ihr Handy mit der Grafik griffbereit, da Sie es während unserer gemeinsamen Arbeit wahrscheinlich des Öfteren heranziehen werden.

Shana ist eine starke und erfolgreiche junge Aktivistin, die kein Problem damit hat, ihre Wut und Frustration auszudrücken. Tatsächlich hat sie erlernt, dass sie mittels Wut und Frustration ihren Willen bekommt. Aber während der Arbeit mit uns stellte sie fest, dass selbst nach monatelangen Protestaktionen für ein bestimmtes Ziel, das auch erreicht wurde, ihre erste Reaktion lautete: »Das ist nicht gerecht. Wir sind noch nicht fertig. Es gibt noch viel zu tun.« Als wir Shana diese Übung zur Inneren Arbeit an die Hand gaben, erkannte sie bei der Betrachtung des Gefühlrads, dass sie massive Schwierigkeiten damit hat, Freude, Zufriedenheit und Frieden zu empfinden – vor allem in Bezug auf ihr Engagement hin zu mehr Gerechtigkeit. Zwar spürt sie nach einem Erfolg auch so etwas wie Freude und Glück, unterdrückt diese Gefühle aber sofort wieder. Das wurde ihr erst bewusst, als sie diese Übung machte.

Shana begann, die Ursachen für ihre Unfähigkeit, Freude auszudrücken, zu erforschen. Sie sagte, dass sie sich ihr ganzes Leben lang immer Sorgen darüber gemacht hat, was als Nächstes kommen würde. In ihrer Familie war sie das jüngste und kleinste Mitglied, das stets befürchten musste, dass sich seine Geschwister gegen es verbündeten, wenn sie bei einem Spiel gewann oder in der Schule erfolgreich war; also lernte sie, ihre Siege herunterzuspielen. Als sie als Aktivistin anfing, schien jeder Sieg von einem anderen, drängenderen Problem überlagert zu werden, weshalb sie glaubte, immer auf der Hut sein zu müssen, und sich einredete, dass Freude immer mit einer Art von Bestrafung einherginge. Diese Übung half Shana, zu verstehen, dass die Freude tatsächlich in ihr *aufblühen wollte*, sie aber darauf konditioniert war, sie zu unterdrücken. Und obwohl es immer »genügend zu tun gibt«, erklärten wir Shana, dass es für ihren Heilungsprozess wesentlich ist, ihre Siege auskosten zu dürfen – und Freude, Glück, Frieden und Ruhe zu empfinden. Ohne sich über die Erfolge zu freuen oder sie zu feiern, kann man nicht dauerhaft als Aktivistin bestehen, denn das ist der Treibstoff für die anstehenden Aufgaben.

Wenn wir uns in der Zukunft sehen, auf die Gegenwart zurückblicken und uns fragen: »Was haben wir unternommen, um das Ende des Rassismus herbeizuführen?«, dann besteht eine wesentliche Säule darin, zu erlernen, die Verantwortung für unsere Gefühle zu übernehmen. Auf diese Säule stützt sich unsere ganze übrige Arbeit.

5

∞

Gefühle zu Rassismus

Wenden wir uns nach innen und beginnen wir mit einer Frage, zu der uns die Autorin und Aktivistin Rev. Angel Kyodo Williams inspiriert hat: *Was ist Ihre allererste Erinnerung an die Erkenntnis, dass es eine Theorie zur Klassifizierung von Menschen in »Rassen« gibt, weshalb bestimmte Gruppen von Menschen aufgrund ihrer Herkunft und ethnischen Identität anders behandelt werden sollten?* Beschreiben Sie die Erfahrung und vor allem, wie Sie sich dabei gefühlt haben. Wenn Sie das Erlebte im Geiste nacherzählen, mit welchen Wörtern aus dem Gefühlsrad würden Sie Ihre Gefühle beschreiben? Wenn Sie jetzt Schwierigkeiten haben, eine exakte Emotion wahrzunehmen, versuchen Sie sich daran zu erinnern, wie Sie sich damals just in diesem Moment gefühlt haben. Spulen Sie zurück und legen Sie eine Pause ein.

Rassismus hat auf uns alle einen Einfluss. Um ihm ein Ende zu setzen, dürfen wir nicht nur auf andere zeigen, sondern müssen uns angesichts unserer eigenen Erfahrung beteiligen – mit unserem Herzen.

Wir sind auf den Begriff der Wahrheit eingegangen und haben uns den Unterschied zwischen Betrachtungen und Bewertungen angeschaut. Dann haben wir uns eingehend mit der Rolle von Emotionen befasst und wie man sie benennen und kommunizieren kann. In der realen Welt jedoch sind Betrachtungen, Bewertungen und Emotionen nicht fein säuberlich unterteilt – sie existieren gleichzeitig und vermengen sich manchmal zu einem derartigen Kuddelmuddel, das uns verwirrt zurücklässt. Die Realität, der wir uns stellen müssen, wenn wir uns für das Ende des Rassismus einsetzen wollen, sieht wie folgt aus: Wenn wir nicht zwischen der *Wahrheit* und *unserer emotionalen Reaktion* auf die Wahrheit differenzieren, kann es passieren, dass wir die Wahrheit verdrängen, nur weil wir mit den Emotionen, die mit ihr einhergehen, nicht umgehen können.

Der Hauptzweck des restlichen Kapitels besteht darin, Wahrheit und Emotionen übereinanderzulegen und alles, was wir gerade gelernt haben, in einen Kontext zu betten, der sich speziell auf ethnische Zugehörigkeit bezieht. Wir werden in diesem Kapitel keine Beobachtungen aufstellen, sondern nur Bewertungen vornehmen. So können Sie lernen, mit den Gefühlen umzugehen, die bei Ihnen aufkommen, wenn Sie mit schwierigen Wahrheiten über die Geschichte des Rassismus konfrontiert werden – einiges wird Sie vielleicht überraschen, anderes wird Ihnen vielleicht bekannt vorkommen.

Dies ist eine Übung für die reale Welt. Es gibt jedoch einige wichtige Hinweise, die wir Ihnen nennen möchten. Erstens kann die Lektüre dieses Kapitels und die Durchführung dieser Übungen für manche verstörend oder beunruhigend sein oder einen Trigger darstellen (vor allem, wenn Sie alleine lesen), da wir über rassistische Praktiken und Sklaverei berichten. Deshalb möchten wir eine Warnung aussprechen. Geben Sie auf sich selbst acht und machen Sie eine Pause oder einen Schritt zurück, wenn Ihnen danach zumute ist.

Zweitens: Obwohl sich diese Übung hauptsächlich auf den Rassismus in den Vereinigten Staaten bezieht, können Sie das, was Sie hier lernen, in jedem Teil der Welt anwenden.

Drittens werden Sie vielleicht feststellen, dass der kurze Abriss der Geschichte, den wir hier präsentieren, viele Lücken aufweist. Das liegt daran, dass sich in jedem Land die ethnischen Zugehörigkeiten und somit auch die rassistischen Dynamiken unterscheiden, und wenn wir eine historische Abhandlung über das Thema Rassismus schreiben würden, sähe das Buch ganz anders aus. Der Zweck dieser Übung ist nicht, Ihnen eine ausführliche Geschichtsstunde zu erteilen, sondern Ihnen zu helfen, *Ihre Gefühle zu spüren, ohne sie zu unterdrücken, und Ihre Gefühle zu benennen.* In diesem Kapitel geht es nicht darum, Ihnen etwas über Rassismus beizubringen, sondern über Sie selbst. Sie werden Ihre eigenen Emotionen kennenlernen, während Sie mit den Wahrheiten über das Thema Rassismus umgehen. Vielleicht überraschen Sie sich selbst. Vielleicht werden Sie wütend? Traurig? Beschämt? Unbeteiligt? Erstarren Sie innerlich? Nehmen Sie eine Verteidigungshaltung ein? Bringen diese Gefühle Ihren Wunsch, den Rassismus zu beenden, ins Schwanken?

Wenn wir diese Übung in unseren Workshops durchnehmen, ärgert sich trotz all der oben genannten Erläuterungen jemand und fragt unweigerlich: »Warum haben Sie [fügen Sie einen historischen Moment Ihrer Wahl ein] nicht thematisiert?« Wenn Sie sich diese Art von Frage stellen, dann schleicht sich eine emotionale Erfahrung ein, die Sie davon überzeugen will, mit dem Finger auf uns zu zeigen und davon abzulenken, dass Sie etwas *Herausforderndes in sich selbst spüren.*

Viertens und letztens möchten wir klarstellen, dass dieser Abschnitt kein Diskurs über Black Lives Matter oder All Lives Matter ist oder ein Diskurs über linke, liberale oder konservative Werte. Wir verstehen und hoffen, dass Menschen mit unterschiedlichem Hintergrund und unterschiedlichen Überzeugungen von unterschiedlichen Enden des Spektrums hier mitlesen. **Alle Überzeugungen – auch die uns entgegenstehenden – müssen mit an den runden Tisch, wenn wir den Rassismus beenden wollen.**

Wir werden Ihnen spezielle Hinweise geben, die Ihnen dabei helfen, Ihre Emotionen während des gesamten Kapitels im Auge zu behalten. Achten Sie auf die subtilen Veränderungen in dessen Verlauf. Greifen Sie unbedingt auf das Gefühlsrad (siehe Seite 70) zurück und versuchen Sie, über die Benennung Ihrer ersten oberflächlichen Emotion hinauszugehen, denn unserer Erfahrung nach wurzelt diese Emotion meist in etwas Tieferem. Dieses tiefere Gefühl anzuzapfen, erfordert manchmal ziemlich viel Mut. Nutzen Sie jeden aufkommenden Satz, jede Frage und jedes Gefühl als möglichen Zugang zu Ihrem Herzen.

Wir werden Sie nun auf eine Reise zur Erforschung Ihrer emotionalen Empfänglichkeit mitnehmen, indem wir uns die Geschichte des Rassismus in den Vereinigten Staaten näher anschauen. Wir werden nur auf *Betrachtungen* zurückgreifen, die es uns erlauben, dass wir uns auf dieselbe Wahrheit stützen. Auch wenn Sie glauben, dass Sie schon viel wissen, und egal, wie viel historischen Kontext Sie bereits mitbringen, fühlen Sie Ihren Gefühlen nach. Vielleicht finden sich Wahrheiten, die Sie überraschen werden.

Los geht's. »Es ist noch gar nicht so lange her, dass hier in den Vereinigten Staaten von Zeit zu Zeit Native Americans gehäutet und deren Haut zu Zügeln verarbeitet wurden. Andrew Jackson, der US-Präsident, der die Zwangsumsiedlung der indigenen Bevölkerung aus ihrer angestammten Heimat während des *Trail of Tears* überwachte, benutzte Zügel aus der Haut der Ureinwohner, wenn er ausritt.«[18]

Dieses Zitat aus Isabel Wilkersons Buch *Kaste* ist ein Beispiel dafür, wie die heutigen US-Amerikaner dazu neigen, die barbarischen Traditionen vergangener Zeiten als weit zurückliegende Geschichte zu betrachten. Dabei ist es noch gar nicht so lange her, dass hier in den Vereinigten Staaten die Haut von Native Americans zu Zügeln verarbeitet wurde – sogar vom Präsidenten der Vereinigten Staaten selbst, Andrew Jackson, der die Demokratische Partei gründete.

☑ EMOTIONALER CHECK-IN

Finden Sie heraus, wie Sie sich nach der Lektüre des obigen Absatzes fühlen. Nehmen Sie sich einen Moment Zeit, um das Gelesene zu verdauen, und versuchen Sie, den Inhalt mit dem Herzen und nicht nur mit dem Verstand zu erfassen. Benutzen Sie das Gefühlsrad, um eine oder mehrere Emotionen zu benennen, und horchen Sie in sich hinein, ob Sie fühlen können, wo in Ihrem Körper Sie die Emotion körperlich spüren. Nehmen Sie eine gewisse Anspannung im Brustkorb wahr, krampft sich Ihr Magen zusammen, halten Sie den Atem an? Legen Sie Ihre Hände an die Stelle Ihres Körpers, wo Sie das Gefühl spüren, und atmen Sie ein paar Mal tief durch.

Fahren wir mit unserer Reise in die Vergangenheit fort. 1619 war jenes Jahr, in dem die ersten Afrikaner und Afrikanerinnen in den neu gegründeten Kolonien in Amerika versklavt wurden. Die Nachkommen dieser versklavten Menschen wurden erst nach dem Bürgerkrieg im Jahr 1865 befreit, also fast zweieinhalb Jahrhunderte später. Vergegenwärtigen Sie sich das eine Sekunde lang. Es vergingen fast 250 Jahre, in denen es einer ganzen Bevölkerungsgruppe nicht erlaubt war, eine Ausbildung zu erhalten, Vermögen zu besitzen, Handel zu treiben, sich an der Wirtschaft zu beteiligen oder über ihren eigenen Körper zu verfügen. Die Versklavten in Amerika wurden als Eigentum betrachtet. Sechsjährige Kinder konnten gekauft, verkauft und gehandelt werden und wurden oft nackt vor den Augen ihrer Eltern und ihrer Familie auf Hackklötze gelegt, wobei ihre Genitalien mit den Fingern von Dutzenden weißer Männer untersucht wurden, um ihre Fruchtbarkeit zu ermitteln und den Verkaufspreis festzulegen. Wenn ihre Eltern es wagten, eine Träne zu vergießen oder nicht etwa permanent zu lächeln, wurden sie zur Strafe ausgepeitscht.

☑ EMOTIONALER CHECK-IN

Nehmen Sie sich einen Moment Zeit, um das Gelesene zu verdauen, und versuchen Sie, es mit dem Herzen und nicht nur mit dem Verstand zu erfassen. Benutzen Sie das Gefühlsrad, um eine oder mehrere aufkommende Emotionen zu benennen. Können Sie spüren, wo in Ihrem Körper die Emotion auftritt, so wie Sie es vorhin getan haben? Legen Sie Ihre Hand auf diesen Körperteil und atmen Sie ein paar Mal tief durch. Hören Sie nicht auf zu lesen, wenn Sie sich unwohl fühlen – Sie können das Unbehagen aushalten. Das ist der Punkt, an dem Sie zu wachsen beginnen.

Als die versklavten Menschen im Jahr 1865 (und danach) befreit wurden, hatten sie nur wenige Ressourcen und wenige bis gar keine Vorteile, die ihnen dabei halfen, sich in der neuen Wirklichkeit zurechtzufinden. Die meisten konnten die Sprachen der Kolonialmächte weder lesen noch schreiben noch verfügten sie über eigene Mittel – nicht, weil sie dazu nicht in der Lage waren, sondern weil es ihnen nicht gestattet war, etwas zu besitzen. Dennoch wurde den ehemals versklavten Menschen gesagt: »Ihr seid jetzt frei.« Da viele der ehemaligen Sklaven also weder über irgendwelche Ressourcen, Bildung, Geld oder Eigentum verfügten, erklärten sich die Vereinigten Staaten bereit, jedem Nachkommen eines versklavten Menschen als Entschädigung vierzig Morgen Land (ein Morgen entspricht etwa 4000 Quadratmetern) und ein Maultier anzubieten – wohlgemerkt, darunter fielen in der damaligen Zeit nur die männlichen Nachkommen. Die meisten versklavten Menschen sahen jedoch nichts von dieser Entschädigung, und die wenigen, die sie erhielten, wurde sie schließlich wieder entzogen. Um genau zu sein, waren vierzigtausend Freigelassene auf vierhunderttausend Hektar Land angesiedelt worden; aber der Erlass wurde im Herbst 1865 aufgehoben, und die Vereinigten Staaten übereigneten das Land entlang der Küsten von South Carolina, Georgia und Florida an die Plantagenbesitzer zurück, denen es ursprünglich gehört hatte. Das Land, das Schwarzen Familien zugesprochen worden war, wurde an weiße Landbesitzer restituiert, die ehemals der Konföderation angehört hatten.[19]

☑ EMOTIONALER CHECK-IN

Halten Sie inne. Vergegenwärtigen Sie sich die Realität dessen, was Sie gerade gelesen haben. Versuchen Sie, sich in diese Lage zu versetzen. Seien Sie mit Ihrem Herzen dabei. Seien Sie verletzlich. Urteilen Sie nicht über die aufkommenden Gefühle. Benutzen Sie das Gefühlsrad, um Ihre Emotionen herauszufiltern, und legen Sie eine Hand auf die Stelle(n) Ihres Körpers, wo Sie sie spüren. Atmen Sie wieder ein paar Mal tief durch. Sie arbeiten an Ihren Fähigkeiten. Bleiben Sie bei diesen Emotionen. Wir sind bei Ihnen.

Als die Freigelassenen begannen, Gemeinden zu gründen, Handel zu treiben und sich ein besseres Leben aufzubauen, akzeptierten viele frühere Sklavenhalter die neue Realität nicht, die mit Ende der amerikanischen Sklaverei eingetreten war. Sie drohten damit, die neuen

Schwarzen Gemeinden niederzubrennen, ihr Eigentum zu zerstören und ihre Einwohner zu töten. Die Situation wurde so feindselig, dass von 1865 bis 1877 überall in den Südstaaten Bundestruppen zur Friedenssicherung stationiert wurden. Sie sollten gewährleisten, dass die weißen den Schwarzen Bewohnern des Südens nicht wieder die Sklaverei aufzwangen.

Sie erinnern sich vielleicht daran, dass während der Unruhen, die sich zeitgleich mit der Corona-Pandemie im Jahr 2020 ereigneten, in vielen amerikanischen Städten Bundestruppen stationiert wurden, die mit Gewehren und Panzern an Straßenecken patrouillierten – was nur wenige Monate dauerte. Das Ende der Sklaverei dauerte zwölf Jahre lang und ist als *Reconstruction* bekannt: In dieser Zeit wurden die neuen Anti-Sklaverei-Gesetze durch Bundestruppen durchgesetzt. Schwarze Amerikaner erhielten erfolgreich die Möglichkeit, Städte, Unternehmen und Gemeinden zu gründen. In dieser Zeit bauten ehemalige Sklaven ihre eigene *Black Wall Street* in Tulsa, Oklahoma, und gründeten Schwarze Colleges.

Im Jahr 1877 sah sich der angehende Präsident Rutherford B. Hayes jedoch mit einem Skandal konfrontiert, der ihn die bevorstehende Wahl hätte kosten können. Um zu verhindern, dass der Skandal publik wurde und seine Siegeschancen schmälerte, ließ er sich von den weißen Südstaatlern bestechen, die das Wahlvolk kontrollierten. Die weißen Südstaatler versicherten Hayes, den Skandal geheim zu halten, solange der Präsident alle Bundestruppen abzöge, die zum Schutz der Schwarzen in den Südstaaten stationiert waren. Unmittelbar danach wurden viele der Schwarzen Geschäfte und Gemeinden, also die ganze Arbeit von zwölf Jahren, zerstört oder niedergebrannt.

☑ EMOTIONALER CHECK-IN

Nehmen Sie sich einen Moment Zeit, um das Gelesene zu verdauen, und versuchen Sie, es mit dem Herzen und nicht nur mit dem Verstand zu erfassen. Benutzen Sie das Gefühlsrad, um Ihre Emotionen zu identifizieren, und legen Sie eine Hand auf die Stelle(n) Ihres Körpers, wo Sie sie spüren. Legen Sie

Ihre Hand auf diesen Körperteil und atmen Sie in dieses Gefühl hinein. Wir sind fast am Ziel. Lassen sie diese Emotionen zu und verweilen Sie darin. Wir werden bald erklären, warum.

Diese neu eingetretenen Umstände – ein Süden ohne Bundestruppen, weiße Südstaatler, die kaum Konsequenzen zu befürchten hatten, und die Unruhe der Schwarzen, deren Gemeinden zerstört worden waren – ebneten den Weg für gewalttätige Auseinandersetzungen sowie für die Verabschiedung von Gesetzen, deren Umsetzung »den Frieden wahren« sollte und als *Black Codes* in die Geschichte einging. Dabei handelte es sich um »restriktive Gesetze, die die Freiheit der Afroamerikaner einschränken und ihre Verfügbarkeit als billige Arbeitskräfte nach der Abschaffung der Sklaverei sicherstellen sollten.«[20] Ein Beispiel aus South Carolina: Schwarzen war es verboten, andere Tätigkeiten als Farm- oder Hausarbeit zu verrichten. Hier einmal der Wortlaut eines in den Vereinigten Staaten *geltenden* Gesetzes: »Kein Farbiger darf das Handwerk oder das Geschäft eines Handwerkers, Mechanikers oder Ladenbesitzers oder irgendein anderes Gewerbe, eine andere Beschäftigung oder ein anderes Geschäft als das eines Landarbeiters oder das eines Dieners [...] ausüben, bis er eine Genehmigung von einem Richter des Bezirksgerichts erhalten hat, die nur für ein Jahr gültig ist.«[21] Die Genehmigung kostete jährlich einhundert Dollar, was einem niedrigen vierstelligen Dollarbetrag entspricht; interessanterweise wurde diese Gebühr nur bei Schwarzen erhoben; weiße Bürger mussten weder eine solche Genehmigung erwerben noch eine solche Gebühr entrichten. Und selbst wenn es einem Schwarzen gelang, die nötigen Mittel zu beschaffen, musste er den Antrag von einem weißen Richter in einem von Weißen geführten Justizsystem, das das Gesetz überhaupt erst verabschiedet hatte, genehmigen lassen.

Um diese ganze Geschichte im Kontext zu sehen, stellen Sie sich einen Moment lang vor, Sie wären eine ehemals versklavte Person, die lesen gelernt hat und sich in Tulsa, Oklahoma, zum Apotheker ausbilden ließ. Sie bauten sich ein eigenes Geschäft auf, ihre Apotheke florierte, um die Schwarze Gemeinde zu unterstützen, nur damit dieses Geschäft eines Nachts, während sie schliefen, niedergebrannt wurde; die Regierung nahm Ihnen (aufgrund der Black Codes) rechtlich die Möglichkeit, wieder von vorn anzufangen, sodass Ihnen nichts anderes übrig blieb, als sich wieder in die Dienste einer weißen Familie zu begeben, um Ihre Familie zu unterstützen.

☑ EMOTIONALER CHECK-IN

Nehmen Sie sich einen Moment Zeit, um das Gelesene zu verdauen, und versuchen Sie, es mit dem Herzen und nicht nur mit dem Verstand zu erfassen. Benutzen Sie das Gefühlsrad und benennen Sie eine oder mehrere Emotionen; spüren Sie in sich hinein, wo in Ihrem Körper Sie die Emotion fühlen. Seien Sie bei diesen Emotionen, Sie schaffen das. Atmen Sie ein paar Mal tief durch.

Das Konzept der »Rasse« ist historisch ein relativ neues Phänomen. Davor fühlten sich die Menschen Stämmen, Königreichen, Religionen, sozioökonomischem Status und einer Unzahl anderer Identitäten zugehörig. Obwohl man natürlich Unterschiede im Aussehen der Menschen erkennen konnte – klein oder groß, hell- oder dunkelhäutig, rotes oder braunes Haar –, existierte kein Konzept von »Rasse«. Doch im Verlauf des 18. Jahrhunderts begannen Gelehrte, Menschen anhand von körperlichen Merkmalen wie Augenfarbe, Hautfarbe und sogar Schädelgröße in Gruppen einzuteilen (die schließlich zu »Rassen« wurden). Als bekanntester Vertreter wäre hier der Schwede Carl von Linné zu nennen, Begründer der biologischen Systematik, der 1735 in seinem Werk *Systema Naturae* die Menschen nach ihrer geografischen Herkunft in »Varietäten« einteilte und ihnen Farben zuwies. Eine spätere Klassifizierung stammte von dem deutschen Professor Johann Friedrich Blumenbach, der auf der Grundlage von Schädelmaßen ebenfalls »Varietäten« von Menschen entwickelte und dann eine Skala (von hässlich bis schön) auf der *Grundlage seiner eigenen persönlichen Vorlieben* (Einschätzungen) von Schönheit erstellte. In seine Kategorie »hässliche Schädel« fielen afrikanische und asiatische Schädel. In die Kategorie »schönster Schädel« schaffte es der einer osteuropäischen Frau, die aus dem Südkaukasus stammte. Dies inspirierte später die Terminologie, die wir bis heute verwenden: *kaukasisch.* Dieser Begriff geht also auf die Einschätzung eines einzigen Professors zurück.

In den 1930er-Jahren war dieses neue Konzept der »Rasse« zur Dehumanisierung einer ganzen Gruppe von Menschen so wirksam geworden, dass sich selbst die NSDAP unter Adolf Hitler von dem »Weltmarktführer« für kodifizierten Rassismus, den Vereinigten Staaten von Amerika, fasziniert zeigte. Das ging so weit, dass die Nazis Spione in die Vereinigten Staaten entsandten; sie sollten herausfinden, wie es der herrschenden Kaste in Amerika gelingen konnte, eine ganze Gruppe von Menschen aufgrund von etwas so scheinbar Irrationalem wie der Hautfarbe zu entmenschlichen. Es ist eine historische Tatsache, dass sich das Naziregime (und damit seine Gesetze und die Ermordung von Millionen von Juden und Jüdinnen) vom amerikanischen Rassismus inspirieren ließ und sich dort vieles abgeschaut hat.[22]

☑ EMOTIONALER CHECK-IN

Nehmen Sie sich einen Moment Zeit, um das Gelesene zu verdauen, und versuchen Sie, sich mit dem Herzen und nicht nur mit dem Verstand hineinzufühlen. Ziehen Sie das Gefühlsrad zurate, um eine oder mehrere aufkommende Emotionen auszumachen; können Sie spüren, wo in Ihrem Körper Sie die Emotion fühlen? Vielleicht fallen Ihre Gefühle jetzt stärker aus, aber machen Sie einfach weiter und benennen Sie sie. Sie schaffen das! Legen Sie eine Hand auf die Stelle Ihres Körpers, an der die Emotionen am stärksten spürbar sind, und atmen Sie ein paar Mal tief durch.

Wenn wir einen Blick auf die jüngere Geschichte werfen, so gibt es in den Vereinigten Staaten auch heute noch Gesetze, die in einem rassistischen Kontext entstanden sind. Wenn man beispielsweise eine Schule besuchen möchte, der mehr Ressourcen zur Verfügung stehen, muss man umziehen oder braucht eine Anschrift in jenem Bezirk, um sich in der jeweiligen Schule einschreiben zu können. Der Grund: In vielen Bundesstaaten stammen mehr als 30 Prozent der Mittel für öffentliche Schulen aus den in einer bestimmten Region erhobenen Grundsteuern. Mit anderen Worten: In den meisten Bundesstaaten erhalten Schulen in Gemeinden mit niedrigeren Steuereinnahmen weniger Geld pro Schüler, weniger Lehrer und weniger Ressourcen und Material.

In wohlhabenderen Gebieten werden die Schulen besser gefördert. Auch wenn dies für viele in den Vereinigten Staaten zur Norm geworden ist, ist kein Land auf der ganzen Welt mehr auf Grundsteuern zur Finanzierung des Bildungswesens angewiesen als die USA.[23]

Auch wenn Gesetze wie diese oftmals nicht als offen »rassistisch« betrachtet werden, sondern als eine Folge von Wohlstand und Wirtschaft, so wurden diese und viele ähnliche Regelungen während der Jim-Crow-Ära als Reaktion auf die Rassentrennung aus einem einzigen Grund geschaffen: um sicherzustellen, dass die Steuergelder der weißen Gemeinden nicht in die Bildung Schwarzer Schüler und Schülerinnen fließen. Aufgrund des Wohlstandsgefälles, das durch die zurückgenommenen Schadensersatzregelungen, das Ende der *Reconstruction* und die *Black Codes* fortwährend weiterbestand, profitierten die weißen Gemeinden von den besser finanzierten und leistungsfähigeren Schulen. Dies ist genau das gleiche System, nach dem die Vereinigten Staaten heute regiert werden. Obwohl die Rassentrennung 1964 in den Schulen aufgehoben wurde, blieb dieses zur Aufrechterhaltung der Ungleichheit geschaffene Gesetz weitestgehend erhalten und ist für amerikanische Familien bis heute Realität.

☑ EMOTIONALER CHECK-IN

Nehmen Sie sich einen Moment Zeit, um das Gelesene zu verdauen, und versuchen Sie, sich mit dem Herzen und nicht nur mit dem Verstand hineinzufühlen. Benutzen Sie das Gefühlsrad, um eine oder mehrere der aufkommenden Emotionen zu benennen, und versuchen Sie zu spüren, an welcher Stelle Ihres Körpers Sie die Emotion empfinden. Legen Sie Ihre Hände auf diesen Teil Ihres Körpers, wenn Sie ihn ausmachen können. Atmen Sie ein paar Mal tief durch. Sie schaffen das.

Es gibt noch viele weitere Geschichten, die hier aufgeführt werden könnten, von anderen People of Color und indigenen Völkern in Amerika, zusammen mit den Geschichten italienischer, irischer und weißer Amerikaner und Amerikanerinnen, die ihre eigenen Kämpfe auszufechten hatten – nicht mit der Absicht, sie miteinander zu *vergleichen*, sondern als Hinweis darauf, dass das Konzept der »Rasse« *uns alle* auf viele verschiedene Arten beeinflusst hat.

Doch hier endet unsere kurze, wenn auch nicht einfache Übung, unsere Gefühle zu ermitteln. Nehmen Sie sich einen Moment Zeit, und erkennen Sie für sich an, dass Sie gerade sehr viel darüber gelernt haben, wie emotional Sie auf herausfordernde Wahrheiten über die Auswirkungen von Rassismus reagieren. Wie sahen Ihre emotionalen Reaktionen aus? (Wenn Sie möchten, konsultieren Sie ruhig noch mal das Gefühlsrad.) Vielleicht waren Sie traurig, wütend, beschämt oder schockiert. Bestimmte Gefühle haben Sie vielleicht sogar überrascht. Aber je mehr wir uns mit unseren Emotionen auseinandersetzen, desto besser verstehen wir sie und können bereits antizipieren, wie sie unsere Entscheidungen beeinflussen und unser Handeln prägen.

Innere Arbeit

Vervollständigen Sie die folgenden Sätze, um über die gerade gemachte Erfahrung nachzudenken und zu ergründen, was Sie über sich selbst gelernt haben. Es kann hilfreich sein, innezuhalten, die Augen zu schließen und bei jedem neuen Satz in Ihren Körper hineinzuhorchen und Ihre Gefühle zu erspüren.

- Die emotionalen Reaktionen, die ich fühle, wenn ich das alles lese, sind ______________________________.
(*Benutzen Sie das Gefühlsrad.*)
- Ich spüre diese Emotionen am stärksten in meinem Körper an ______________________________.
- Mein Wohlbefinden, wenn ich diese Gefühle erlebe, ist ______________________________.
- Wenn diese bestimmten Gefühle in anderen Bereichen meines Lebens auftauchen, dann mache ich normalerweise ______________________________.
- Wenn unangenehme Gespräche über das Thema Rassismus aufkommen, reagiere ich normalerweise, indem ich ______________________________.
- Mir ist klar geworden, dass ______________________________.

Viele Teilnehmende in unseren Workshops sind schockiert und traurig, wenn sie diese Geschichten zu hören bekommen. Andere sind verwirrt oder apathisch, oder sie distanzieren sich; wieder andere empfinden eine große Anzahl an Gefühlen, die sie nur schwer beschreiben können. Was auch immer Sie fühlen, hat seine Berechtigung, aber wir möchten Sie auffordern, die Antwort »nichts« nicht zu akzeptieren. »Nichts« zu fühlen oder nach obiger Lektüre zu sagen »wusste ich alles schon«, bedeutet, dass eine gewisse Distanzierung stattgefunden hat, die auch eine Reaktion auf ein Trauma sein könnte. »Nichts« zu fühlen, stößt das Tor zu Abkopplung weit auf. Wir wissen, dass die Reaktion, »nichts zu fühlen«, vielen als wohlvertrauter Panzer dient. Doch um den Rassismus zu beenden, müssen wir diese Rüstung ablegen. Aus unserer Verwundbarkeit werden wir die meiste Kraft ziehen.

Wir wissen, dass diese Übung ziemlich aufwühlend sein kann, also nehmen Sie sich jetzt einen Moment Zeit, um in die Gegenwart zurückzukehren. Schauen Sie sich um und nehmen Sie Ihre Umgebung wahr. Atmen Sie ein paar Mal tief durch. Denken Sie daran, dass es Millionen unglaublicher Menschen auf der Welt gibt, die Großartiges leisten, um uns voranzubringen. Die Tatsache, dass wir in einer Welt leben, in der ein Buch mit dem Titel *eine welt ohne rassismus* überhaupt veröffentlicht wird, ist ein Wunder. Sie sind jetzt hier. Wir werden uns weiterhin gemeinsam erheben.

Dieser kurze Exkurs hat Ihnen gezeigt, wie Sie Ihre Emotionen wahrnehmen; Sie haben versucht, sie in Ihrem Körper zu lokalisieren, und sie im Zusammenhang mit den herausfordernden Wahrheiten über das Thema Rassismus benannt; Sie haben sie ausgehalten, statt sie zu unterdrücken. Wenn Sie diese Übung persönlicher gestalten möchten, nehmen Sie sich doch ein paar Augenblicke Zeit, um zu erfahren, wie sich die Geschichte in Ihrem Winkel der Erde abgespielt hat. Das könnte die rassistische Geschichte Ihres Landes, Ihrer Stadt, Ihres Arbeitsplatzes oder sogar in Ihrer Familie oder Kultur sein. Sie haben jetzt die handwerklichen Mittel, um sich damit auseinanderzusetzen. Wenn Sie dieses Kapitel zu Ende gelesen haben, nehmen Sie sich ein paar Minuten Zeit, um im Internet zu recherchieren oder das Gespräch mit einem Familienmitglied zu suchen. Seien Sie allzeit gegenüber Ihren Gefühlen präsent, und wenn Sie recherchieren, dann nicht nur mit dem Verstand, sondern erlauben Sie Ihren Emotionen, sich zu entfalten, ohne sie zu unterdrücken, so wie Sie es hier einstudiert haben. Diese Fähigkeit sollten Sie so gut wie möglich beherrschen.

Um dem Rassismus ein Ende zu setzen, müssen Sie an Ihrer Fähigkeit arbeiten, unbequeme Gefühle auszuhalten. Sie werden für den Rest Ihres Lebens immer wieder mit Wahrheiten konfrontiert werden, die vielleicht wie eine Zumutung erscheinen mögen. Doch nun, mit etwas Übung, wissen Sie, welche Emotionen aufkommen könnten, denn Sie haben etwas über sich selbst gelernt. Wenn Sie das nächste Mal etwas schwer Verdauliches über Rassismus erfahren oder hören – oder über irgendetwas anderes, das für Sie problematisch ist –, dann achten Sie einmal darauf, ob Ihre Reaktion ähnlich ausfällt wie die, die Sie hier gerade erlebt haben, oder nicht. Wir hoffen, dass Sie mit dieser Übung lernen können, Ihre aufkommenden Gefühle in gewisser Weise zu antizipieren, damit Sie nicht von ihnen überrumpelt werden, wenn es mal schwierig wird, und die Chancen besser stehen, *dass Sie in einer Situation präsent bleiben*, wenn Sie die Wahrheit eines anderen oder eine neue Wahrheit über die Welt hören. Wir werden mehr darüber erfahren, wenn wir uns mit den Themen Vergebung sowie mit Gesprächen über Differenzen hinweg beschäftigen. In jedem einzelnen Moment erschaffen wir einen neuen Verlauf der Geschichte. Wir müssen mit allem Gegenwärtigen präsent sein – auch mit den schwierigen Dingen –, denn alles, was wir von uns wegschieben, wird uns weiterhin verfolgen.

Vierte Säule

Wir vernetzten uns untereinander

6

∞

MWe werden

Wenn wir aus der Zukunft zurückblicken, in der der Rassismus beendet ist, und uns fragen: »Was haben wir *heute* unternommen, um das Ende des Rassismus herbeizuführen?«, dann ist die Antwort eine Wahrheit, die im Zentrum der Bewegung zur Beendigung des Rassismus liegt und um die sich alles dreht. Diese zentrale Wahrheit ist von grundlegender Bedeutung für die Rahmenbedingungen, die zur Erreichung des Ziels erforderlich sind. Bevor wir jedoch zum Kern dieser Wahrheit kommen, an der sich alles ausrichtet, müssen wir mit einigen weit verbreiteten Missverständnissen aufräumen. Wir beginnen mit »Einssein« und »Abgrenzung«.

Eine Idee, die oft von Menschen angepriesen wird, die global den Wandel herbeiführen wollen, ist die Vorstellung, dass »wir alle eins sind«. Es mag zwar stimmen, dass wir alle »eine« Menschheit sind, aber wir sind der Auffassung, dass der Satz »wir sind alle eins« oft mehr schadet als nützt. Erstens wird er oft benutzt, um die – sehr realen und schlimmen – Unterschiede und Ungerechtigkeiten in der Welt zu ignorieren. Wir hören privilegierte Menschen, die von ganz oben herabrufen: »Wir sind alle eins«; was sie dabei aber nicht sehen, ist die Sicht der vielen marginalisierten Menschen.

Zweitens: »Wir sind alle eins« beinhaltet die Aussage, dass wir alle gleich sind, und das sind wir eindeutig nicht. Am entgegengesetzten Ende von »Einssein« steht die »Abgrenzung«. Das Einssein postuliert, dass wir gleich sind; Abgrenzung bedeutet, dass wir Menschen aufgrund unserer persönlichen Einstellungen, unseres Hintergrunds, unserer Überzeugungen in zwei verschiedene Gruppen – in »In-Groups« und »Out-Groups« – einteilen. Weder »Einssein« noch

»Abgrenzung« sind erstrebenswert. Wir sind weder »eins« und noch sind wir irgendwie »anders«. Die Wahrheit, die wir Ihnen nahebringen möchten, ist viel nuancierter als jede dieser Ansichten.

Dr. Daniel J. Siegel – ein guter Freund von uns, ein Pionier der interpersonellen Neurobiologie und Autor des Buches *IntraConnected* – hat uns ein Konzept beigebracht, das er »*Intra*connection« nennt, nicht zu verwechseln mit dem gängigeren Begriff »*Inter*connection«. Der Unterschied zwischen den beiden Begriffen lässt sich folgendermaßen beschreiben:

- **Inter**connection: Die Verbundenheit zwischen getrennten Teilen.
- **Intra**connection: Die Verbundenheit zwischen etwas, das bereits *ganz ist.*[24]

Interconnection ist das falsche Wort, um eine Realität ohne Rassismus zu schaffen, weil es sich auf den Wunsch bezieht, »getrennte Teile« zu verbinden, weshalb man also automatisch von einer inhärenten Unverbundenheit (*Diskonnektivität*) ausgehen müsste. Diese Sprache schafft eine falsche Realität, in der jeder und jede von uns »getrennt« ist, anstatt uns die *Wahrheit* vor Augen zu führen, die darin besteht, dass wir Teil eines größeren kollektiven Ökosystems sind, in dem jedes Lebewesen ein anderes beeinflusst. Das ist kein spirituelles Geschwafel, sondern weithin akzeptierter Stand der Wissenschaft. Die Vorsilbe inter- selbst suggeriert bei uns eine inhärente Eigenschaft, nicht miteinander verbunden zu sein. Aber die Forschung hat bestätigt, dass die Idee der Trennung eine Täuschung des modernen Geistes ist.[25] Wissenschaftler (und Mystiker!) nennen dieses Phänomen »die Illusion des Getrenntseins«.

Eine der größten Lebensweisheiten vieler indigener Kulturen ist das Verständnis, dass wir nicht nur mit allen Dingen *verbunden* sind, sondern wir *vielmehr alle Dinge sind.* Verwechseln Sie diese Idee nicht mit »Einssein«. Was wir hier andeuten, ist mehr als Einssein – es ist *Ganzheit*, die voraussetzt, dass wir trotz all unserer Individualität Teil eines Ganzen sind. Aus diesem Grund ist der Begriff ***intra-***

connection (statt ***inter**connection*) eine so wichtige Unterscheidung. **Intra**connection berücksichtigt die Tatsache, dass das »Selbst«, das »Ich«, das »Mich/Mir«, mit dem wir uns selbst beschreiben, Teil eines Ganzen ist, das eng mit einem größeren Netzwerk anderer Lebewesen und dem Planeten verbunden ist.

Mit **Intra**connection nehmen wir eine andere Haltung ein, wenn es darum geht, »über Differenzen hinweg« Brücken zu bauen: Wir versuchen, tiefere und stärkere Bindungen innerhalb von etwas zu schaffen, das bereits ganz ist, auch wenn andere scheinbar eine »unterschiedliche« Auffassung haben oder anders handeln als wir.

Um diesen Prozess voranbringen zu können, müssen wir von einem Standpunkt der Ganzheitlichkeit aus agieren; nur so können wir verstehen, dass wir alle bereits mehr als verbunden und Teil desselben Systems und desselben Ganzen sind. Wir müssen über *Einssein* und *Abgrenzung* hinausgehen und zur Ganzheit gelangen. Bei der Überwindung des Rassismus geht es nicht darum, all unsere Kulturen, Werte, Traditionen und Unterschiede in einen Mixer zu geben, um einen homogenen Einheitsbrei zu panschen. Wir müssen unsere Verschiedenheit ehren, und Ganzheitlichkeit ermöglicht uns das. Das Einssein nicht. Denken Sie an Ihren pulsierenden, atmenden Körper. Er besteht aus unterschiedlichen Organen mit unterschiedlichen Funktionen, die gleichberechtigt nebeneinander existieren und wichtig für unser Überleben und unsere Gesundheit sind. Erst wenn diese in jeder Hinsicht gleichgestellten Organe in einem größeren, ganzheitlichen, miteinander verbundenen Organismus zusammenarbeiten, können sie ihre Funktionen entfalten.

Wenn wir diese Wahrheit anerkennen und so leben, dass das Ganze *bereits* ein Teil von uns ist und wir Teil des Ganzen sind und *dass andere Menschen auch ein Teil dieses größeren Organismus sind, von dem wir auch ein Teil sind*, dann wird sich die Perspektive für unsere Arbeit kolossal verschieben. Anstatt verzweifelt zu »versuchen«, eine Verbindung zu anderen Menschen herzustellen, die – eine Unverbundenheit vorausgesetzt – anders sind als wir, *müssen wir den Fokus darauf legen, die inhärente Verbindung zu stärken, die bereits vorhanden ist*, selbst wenn diese Verbundenheit schwach oder unbemerkt geblieben ist oder seit Jahrzehnten oder Generationen beschädigt ist. *Sie haben eine Verbindung zu den Menschen, auch wenn die Differenzen unüberbrückbar scheinen.* Um die Gesellschaft voranzubringen, geht es nicht nur darum, das anzusprechen, was wir als ungenügend empfinden, oder eine Lücke zu füllen, sondern vielmehr darum, auf dem aufzubauen, was bereits vorhanden ist. Und da gibt es viel mehr, als man vielleicht auf den ersten Blick sieht oder uns auf Spaltung bedachte Medien suggerieren mögen.

Solange wir Menschen weiterhin glauben, dass wir unverbunden und nicht Teil eines Ganzen sind, werden wir weiterhin inmitten eines kollektiven Traumas leben. Und wenn nicht mehr von uns das Handwerkszeug erlernen, sich über all die von uns geschaffenen Differenzen hinweg die Hand zu reichen – über Black Lives Matter und All Lives Matter, Republikanern und Demokraten, Rechten und Linken, Befürwortern und Gegnern von irgendetwas hinweg –, dann fällt es nicht schwer, zu sehen, wohin wir uns bewegen. Wird in exzessivem Maße Abgrenzung und Othering betrieben[26], dann besteht für die Gesellschaft die Gefahr darin, dass das menschliche Gehirn das ausschaltet, was Dr. Siegel »Mindsight-Circuits« nennt: »Wenn diese Schaltkreise deaktiviert sind, behandeln Menschen andere Menschen wie ein Stück Dreck.«[27] Wir haben dies bei der Kolonisierung, in Nazi-Deutschland, bei der Sklaverei und in vielen anderen Fällen in der Geschichte gesehen. **Diese fürchterliche Fähigkeit des Menschen, sich so stark zu differenzieren, dass er den anderen nicht mehr als Menschen wahrnimmt, ist eine Schwachstelle unseres Gehirns.**

Mit dem Blickwinkel der inneren Verbundenheit müssen wir uns jedoch fragen: »Wenn ich Teil eines Ganzen bin, wie könnte ich Menschen mit anderen Überzeugungen als ich, Menschen mit einer anderen Hautfarbe oder Menschen mit einer anderen Parteizugehörigkeit entmenschlichen, wenn diese Menschen doch eigentlich ich sind? Wie könnte ich den Planeten zerstören, wenn der Planet doch eigentlich ich ist?« Das ist nicht anders, als würden Sie beschließen, dass sich Ihr Herz zu sehr von Ihren anderen Organen unterscheidet und folglich nichts in Ihrem Körper verloren hat. Ihr Herz ist genauso Sie selbst, wie Ihre Leber und Ihre Lunge Sie selbst sind. Ihr Körper ist also ein ganzheitliches, zusammenhängendes System, das sich aus gleichgestellten, ausdifferenzierten Organen zusammensetzt, die voneinander abhängig sind und einander bedürfen.

Uns ist klar, dass es eine ziemliche Herausforderung ist, andere Menschen als einen Teil des eigenen Selbst zu sehen, wenn Sie der Meinung sind, ebendiese Menschen fügen Ihnen oder den von Ihnen geliebten Menschen Leid zu (dazu später mehr). Aber die Teilnehmenden in unserer Studie, die in der Lage waren, dies umzusetzen, waren mit am erfolgreichsten. Wir haben in unserer Forschungsarbeit gelernt, dass wir uns gegenseitig wachrütteln und diese Art von Wahrheit zurufen müssen, wollen wir die Welt voranbringen und visionären Aktivismus in die Tat umsetzen: dass wir als eine Menschenfamilie mit vielen verschiedenen, einzigartigen Mitgliedern ganz sind. Wir sind bereits ganz (ob wir uns nun gegenseitig bekämpfen oder nicht), und es ist an der Zeit, dass eine Gruppe von uns mit dem nötigen Rüstzeug loszieht, die Verbundenheit in der Gesellschaft zu vertiefen. Sie sind ein Teil dieser Gruppe.

Um diese Idee der inneren Verbundenheit zu verkörpern, hat Dr. Siegel den Begriff »MWe« geprägt, der zugegebenermaßen zunächst (vor allem im Deutschen) ziemlich lächerlich klingt, aber ziemlich tiefgründig ist. Viele Bücher, die sich damit beschäftigen, wie man als Person oder Gesellschaft wachsen kann, suggerieren, dass wir vom »Ich« zum »Wir« übergehen sollten. Aber die Forschungslage zu dem Thema beweist, dass das ein katastrophaler Vorschlag ist. In der Wissenschaft ist man sich einig, dass ein Ich-zentriertes-Dasein (in der man sich in erster Linie auf das eigene Ich konzentriert) zu einer übermäßigen Differenzierung führt. Würden wir jedoch in gleichem Maße eine Wir-Perspektive einnehmen (in der man sich in erster Linie auf das Kollektiv konzentriert und der Einzelne vernachlässigt wird), wäre das im Ergebnis ebenfalls eine ungesunde Gesellschaft. Wir sollten also nicht die Auflösung des Selbst anstreben, sondern eine *Erweiterung* des Selbst, indem wir eine Beziehung zwischen Ich und Wir schaffen – eine geschlossene Front, in der wir das Ich ehren, respektieren und lieben und uns gleichzeitig um das Wir kümmern, es ebenso lieben und respektieren.

Me + We = MWe

MWe ist ein Begriff, der uns noch des Öfteren in diesem Buch begegnen wird (klingt ziemlich seltsam, das ist uns auch klar, aber Sie werden sich schon daran gewöhnen), um uns daran zu erinnern, dass wir alle miteinander verbunden sind und untrennbar in Beziehung zueinander stehen. Nicht aus dem MWe-Bewusstsein heraus zu leben, wäre so, als würden Feuerwehrleute während eines Waldbrandes versuchen, zwischen Mammutbäumen und Kiefern zu differenzieren, um zu entscheiden, welche Baumart wichtiger ist und gerettet werden müsste. Obwohl Mammutbäume feuerfeste Stämme haben (man kann dies als »privilegierte Stellung« im Wald bezeichnen), würde die Anweisung an einen Feuerwehrmann, die Mammutbäume zu ignorieren, dazu führen, dass der gesamte Wald niederbrennt. Wir stehen derzeit in Flammen, doch wir bekämpfen uns gegenseitig und streiten darüber, wessen Leid gewichtiger ist. Anstatt das Feuer selbst zu bekämpfen, sind wir Bäume, die gegen Bäume kämpfen, während in und um uns die Flammen wüten. Anstatt Wasser zu sein, sind wir lieber Moleküle, die Partei ergreifen. Es ist an der Zeit, uns zu vereinen, um Wasser zu werden – und das Feuer zu löschen.

Innere Arbeit

Wir sind in der Tat ausdifferenzierte Individuen, aber innerhalb desselben vereinten Systems. *Intraconnected* – untrennbar verbunden. Selbst in unseren Unterschieden sind wir ganz. Nutzen

Sie die folgenden Anregungen, um Ihre Beziehung zu innerer Verbundenheit und Ganzheit zu erkunden.

- Eine Gruppe, die ich oft als »anders« betrachte, ist ____.
- Wenn ich etwas genauer hinschaue, könnte ich mit dieser Gruppe __________________________ gemeinsam haben.
- Eine Gruppe, bei der ich das Gefühl habe, dass sie mich oder meine Kultur »ausgrenzen«, ist ________________.
- Das sorgt bei mir für ein Gefühl des ________________.
- Wenn ich »ausgegrenzt« wurde, sind die Gefühle, die in mir aufkommen, _________________________________.
- Normalerweise reagiere ich darauf, indem ich ____.
- Was dazu kommt, dass ich die Reaktionen anderer Menschen verstehe, auch wenn sie andere Werte, Überzeugungen oder Meinungen vertreten als ich, ist ____.
- Ich wünsche mir wirklich für die Welt, dass ____.
- Was ich an mir selbst ändern kann, um im größeren Einklang mit dem zu sein, was ich mir für die Welt wünsche, ist ____.

Während wir weiter an den Kernkonzepten feilen und die Bedingungen festlegen, die in unserer Mission zur Beendigung des Rassismus entstehen müssen, **ist es wichtig, zu verstehen, dass Sie jene Bereiche Ihrer individuellen Kultur, Traditionen, Werte oder Überzeugungen, die Ihnen etwas bedeuten, nicht aufgeben müssen, um das Ziel zu erreichen – solange sie dem Kollektiv nicht schaden oder die Gesundheit und Ganzheit des menschlichen Ökosystems gefährden**, können Sie Ihren Beitrag zu unserer Aufgabe leisten.

Sie können die Facetten, die Sie an Ihrem individuellen Ich lieben, beibehalten und gleichzeitig anerkennen, dass alles in Beziehung zu einem größeren Wir steht. Alles, was Ihre Kultur ausmacht – Musik, Essen, Kleidung, Bräuche und sogar religiöse und spirituelle Ausrichtung –, ist als Reaktion auf jemand anderen oder durch eine Beziehung zu jemand anderem entstanden.

Das mexikanische Essen, das wir heute kennen, ist im Prinzip eine Fusionsküche: Es entstand aus der Verschmelzung alter vorkolonialer Zivilisationen, die bis ins Jahr 7000 v. Chr. zurückreichen, mit spanischen, französischen und italienischen Einflüssen, während einige traditionelle afroamerikanische Speisen in den USA auf die Gräuel der Sklaverei zurückgehen. Die amerikanische Country-Musik hat ihre Wurzeln im Schwarzen Jazz und Blues, ist aber gleichzeitig mit Einflüssen keltischer und irischer Fiddle-Songs durchsetzt. Das Christentum ist mit dem Judentum verwandt, das Judentum mit dem Islam und so weiter. Keines der Dinge, die man gemeinhin als »meine Kultur« bezeichnen könnte, existiert also wirklich derart isoliert, wie die Leute oft denken, denn es würde sie gar nicht außerhalb des Kontextes ihrer Beziehung zu etwas anderem (oder vielen anderen Dingen) geben. Es gäbe kein Selbst, mit dem man sich identifizieren könnte, ohne die Bezogenheit zu mindestens einem anderen Selbst. Ohne Differenzierung gibt es kein Selbst, aber ohne andere ist auch keine Differenzierung möglich. Sie können nicht Sie selbst sein und den Rest von uns rausrechnen.

Der menschliche Verstand neigt dazu, die Menschen in In-Groups- und Out-Groups zu unterteilen – wenn wir alle begreifen, dass übermäßige Differenzierung ein Teil der menschlichen Natur ist, dann sollten wir nicht einfach so weitermachen und diese Neigung als »einfach dem Menschen eigen« abtun, während wir weiterhin in verfeindeten Lagern ausharren. Das Verständnis dieser inhärenten Verletzlichkeit stattet uns mit mehr Verantwortung aus, weil wir anerkennen, dass unsere Arbeit über die Beendigung des Rassismus hinausgeht. **Wir sind hier, um unsere Spezies weiterzuentwickeln.**

Das ist es, was es buchstäblich bedeutet, *die Menschheit voranzubringen*. Und das gelingt uns über *Verbundenheit*.

Eine der Praktiken, die wir gerne in Workshops unterrichten und auch persönlich anwenden, heißt »Genau wie ich«. Es handelt sich dabei um eine Meditationspraxis, die ursprünglich aus den spirituellen Lehren von Ram Dass und Mirabai Bush stammt.[28] Um uns gemeinsam auf diese Übung vorzubereiten, sollten wir zunächst über dieses Zitat des Dalai Lama nachdenken: »Die Erkenntnis, dass die andere Person genauso ist wie ich, bildet die Grundlage für unser Mitgefühl, und zwar nicht nur gegenüber den Menschen in unserem Umfeld, sondern auch gegenüber unserem Feind. Wenn wir an unseren Feind denken, denken wir normalerweise daran, ihn zu verletzen. Versuchen Sie stattdessen, sich zu vergegenwärtigen, dass der Feind auch ein menschliches Wesen ist.«

Die »Genau wie ich«-Übung ist recht simpel und besteht aus der Wiederholung einer Handvoll kraftvoller Sätze, wobei eine leicht abgewandelte Version des von Ram Dass und Mirabai Bush gelehrten Texts verwendet wird. Bevor Sie jedoch beginnen, möchten wir Sie bitten, an jemanden zu denken, den Sie lieben. Tun Sie es jetzt. Denken Sie an jemanden, den Sie sehr lieben. Lesen Sie nun die folgenden Sätze mit dieser Person im Kopf.

Diese Person hat einen Körper und einen Verstand, genau wie ich.
Diese Person hat Gefühle, Emotionen und Gedanken, genau wie ich.
Diese Person hat in ihrem Leben körperliche und emotionale Schmerzen und Leid erfahren, genau wie ich.
Diese Person war irgendwann einmal traurig, enttäuscht, wütend oder verletzt, genau wie ich.
Diese Person hat sich unwürdig oder unzulänglich gefühlt, genau wie ich.
Diese Person macht sich Sorgen und ist manchmal verängstigt, genau wie ich.

Diese Person hat sich nach Freundschaft gesehnt, genau wie ich.
Diese Person lernt gerade etwas über das Leben, genau wie ich.
Diese Person möchte von anderen umsorgt und freundlich behandelt werden, genau wie ich.
Diese Person möchte sich sicher fühlen und nicht verletzt werden, genau wie ich.
Diese Person möchte frei von Leid und Schmerz sein, genau wie ich.
Diese Person möchte sich zugehörig fühlen, genau wie ich.
Diese Person möchte sich in ihrer eigenen Haut wohlfühlen und mit ihrem Körper zufrieden sein, genau wie ich.
Diese Person möchte mit dem zufrieden sein, was das Leben ihr gegeben hat, genau wie ich.
Diese Person wünscht sich, glücklich zu sein, genau wie ich.
Diese Person wünscht sich, geliebt zu werden, genau wie ich.

Lassen Sie nun einige Wünsche für das Wohlbefinden aufkommen:

Ich wünsche mir, dass diese Person die Kraft und die Ressourcen hat sowie die Unterstützung bekommt, um die Schwierigkeiten im Leben zu meistern.
Ich wünsche mir, dass diese Person frei von Schmerz und Leid ist.
Ich wünsche mir, dass diese Person glücklich ist.
Ich wünsche mir, dass diese Person ihren Frieden gefunden hat.
Ich denke daran, dass diese Person ein Mensch ist, genau wie ich.

Halten Sie jetzt einen Moment inne. Legen Sie Ihre Hand auf Ihr Herz. Jetzt werden wir die Übung noch einmal durchführen. Aber dieses Mal denken Sie an jemanden, mit dem Sie so Ihre Probleme haben, vielleicht sogar an jemanden, der Sie in irgendeiner Form mit Rassismus, Diskriminierung, Abgrenzung oder Voreingenommenheit konfrontiert. Wählen Sie aber nicht die Person aus, die ein No-Go für Sie darstellt. Wählen Sie auf einer Skala von 1 bis 10, wobei die 10 die größte Herausforderung wäre, eine Person auf der Skala von einer 5 oder 6, und lesen Sie die obigen Aussagen noch einmal. Anschließend stellen Sie sich folgende Fragen:

Wie haben Sie sich gefühlt, als Sie sich die Person in Erinnerung gerufen haben? War es einfach oder schwierig? Welche Gefühle haben Sie dabei empfunden? Können Sie sie identifizieren?

Wenn irgendwelche ablenkenden Gedanken aufkamen, welche waren das? Tauchten zwischen Ihren Gedanken irgendwelche gemeinsamen Themen auf?

Was war der schwierigste Teil, was am leichtesten? Haben Sie festgestellt, dass sich im Laufe der Übung Ihre Gefühle verändert haben? Wurden sie intensiver? Oder schwächer?

Was haben Sie gefühlt, nachdem Sie dieser Person Glück, Sicherheit und Gesundheit gewünscht haben?

Um zu verstehen, warum diese Übung bei Menschen, denen wir voreingenommen gegenüberstehen oder denen wir ein bestimmtes Narrativ zugewiesen haben, schwierig sein kann, müssen wir bedenken, dass Denk- und Verhaltensmuster wie Flusstäler sind, die sich tief in die Landschaft hineingegraben haben. Je tiefer die Täler, desto wahrscheinlicher ist es, dass sich das Wasser auch weiterhin seinen Weg durch die Schlucht bahnt. Deshalb neigen wir dazu, mit bestimmten Menschen immer wieder denselben Streit anzuzetteln, oder wir sehen uns unfähig, uns vom vertrauten Drehbuch zu lösen. Auf Mitgefühl basierende Praktiken wie »Genau wie ich« verbessern unsere Fähigkeit, diese Flusstäler klarer zu sehen, uns von ihnen zu lösen und bewusst einen besseren, zielgerichteteren Weg zu wählen.

Wenn wir diese Übung in Gruppen unterrichten, bitten wir die Teilnehmenden manchmal, sich paarweise gegenüberzusetzen. Wir lassen sie diese Übung mit mehreren Partnern machen, immer und immer wieder, um zu betonen, dass jeder einzelne Mensch »genau wie ich« ist. Diese wunderbare Übung kann jedoch auch allein durchgeführt werden, indem man sich eine beliebige Person vor Augen führt, an die man denken möchte. Das kann eine Person sein, die Sie lieben, ein Bekannter oder sogar jemand, den Sie nicht persönlich kennen (z. B. eine Persönlichkeit aus der Politik). Diese Übung kann auch angewendet werden, wenn man jemandem neu begegnet; und sie ist besonders nützlich, wenn wir feststellen, dass wir dabei sind, ein Urteil zu bilden, oder gar Angst oder Abneigung gegen eine Person in uns aufkommt. Dieser wirkungsvolle Reminder hilft uns dabei, uns zu vergegenwärtigen, dass auch diese Person »genau wie ich« ist; wir können uns neu ausrichten und einen Neustart wagen, anstatt wieder den ausgetretenen Pfad zu beschreiten, unbewusst zu handeln oder zu reagieren.

Wenn wir unsere sehr realen und manchmal unfairen Unterschiede anerkennen, bleiben uns drei Möglichkeiten. Wir können sie ignorieren und so tun, als wären »wir alle eins«, wir können Mauern hochziehen und Menschen als »anders« bezeichnen, oder wir können einander in die Augen sehen und fragen: »Wie kann ich dich besser verstehen, und indem ich das tue, auch mich besser verstehen?« Die dritte Möglichkeit ist der Weg der *Verbundenheit*.

Sie werden jetzt vielleicht denken: Ist dieser Ansatz zu *idealistisch*? Nein. Er ist strategisch. Für unsere Ganzheit einzutreten, bedeutet nicht, dass wir immer milde gestimmt, sanftmütig und schüchtern sein müssen, dass wir mit allen Meinungen einverstanden sind oder verabscheuungswürdige Taten stillschweigend dulden. Aber es bedeutet, dass wir in unserer Arbeit mit allen Menschen auf *Verbundenheit* abzielen müssen. Die *Verbundenheit* darf niemals vergessen werden; sie muss in alles, was wir tun, integriert werden, auch in unseren Ärger. Wie das Sprichwort lehrt, ist der Weg nach oben oftmals hart und beschwerlich, aber die Aussicht großartig. Wenn wir uns auf den Königsweg begeben, bedeutet das nicht, dass wir besser sind als die anderen. Es bedeutet, dass wir für einen höheren Integrationsstatus stehen, dass wir nicht auf die Täuschung hereinfallen, sondern dass wir aus dem MWe heraus agieren und für die Wahrheit unserer **Intra**connection gegenüber allen Dingen einstehen.

Einssein ist nicht die größte Tugend, die nötig ist, um den Rassismus zu beenden, sondern Verbundenheit. Man kann keine Verbindung mit etwas herstellen, mit dem man bereits eins ist. Wenn wir uns in die Zukunft projizieren und uns fragen: »Was haben wir unternommen, um den Rassismus zu beenden?«, dann glauben wir, dass das, was wir jetzt zu Beginn des 21. Jahrhunderts getan haben, darin bestand, zu lernen, die Verbundenheit zu stärken. Wir müssen anfangen, zu verstehen, dass wir in einer Welt ohne Rassismus eine Gräueltat nicht als etwas betrachten, das irgendwelchen »anderen« widerfährt, sondern als etwas, das uns alle betrifft. Es beginnt mit dem grundlegenden Gelöbnis und der Überzeugung, dass alle Menschen Empathie und Freundlichkeit verdient haben. Es beginnt damit, wenn wir diese Zeile aus einem Gedicht, das in einer Völkermord-Gedenkstätte in Ruanda eingraviert ist, zur Gänze verinnerlicht und verstanden haben: »Wenn du mich gekannt hättest und dich selbst wirklich kennen würdest, hättest du mich nicht getötet.« Dieses Wissen setzt Ganzheitlichkeit voraus.

Wir bitten Sie nun, ein Gelübde abzulegen: dass Sie beginnen, die Welt durch die Brille der inneren Verbundenheit zu sehen und Ihre Einschätzungen, Aussagen und Emotionen so einzusetzen, dass die Verbundenheit gestärkt wird. Dass Sie es jetzt bei jedem, dem Sie begegnen, umsetzen. Dass Sie Ihre Emotionen verarbeiten, sodass Sie das Tor zu einer tieferen Verbundenheit aufstoßen können. Dass Sie die Wahrheit anerkennen werden, dass wir verschieden *und* ganz sind, und dass Sie, auch wenn es schwerfällt, mit Ihrem ganzen Herzen danach streben werden, noch vor allem anderen die Verbundenheit zu suchen. Die Verbundenheit ist der rote Faden, der sich durch das ganze Buch zieht. Verbundenheit ist das, was uns voranbringen wird.

Fünfte Säule

Wir verrichteten Schattenarbeit

7

Was befindet sich in Ihrem Schatten?

Wenn wir uns in der Zukunft befinden, im Jahr 2050, und uns fragen: »Was haben wir *heute* unternommen, um das Ende des Rassismus herbeizuführen?«, dann treten wir in die nächste Phase unserer gemeinsamen Reise ein: in die *Schattenarbeit.* Schattenarbeit ist tiefgründig; und wie der Name schon sagt, geht es darum, sich mit den verborgenen Bereichen unseres Selbst zu beschäftigen – jenen Bereichen, von denen wir uns normalerweise gern abwenden oder die im Dunkeln bleiben und im Laufe des Lebens einfach zu ignorieren sind. Den Schatten zu ignorieren, bedeutet jedoch nicht, dass er nicht da ist. Während Sie daran arbeiten, sich selbst zu verändern und die Vision für eine Menschheit ohne Rassismus zu verinnerlichen, wird Ihr Schatten oftmals dazwischenfunken und aus dem Verborgenen danach trachten, Ihr Leben zu sabotieren, ohne dass Sie es überhaupt merken – deshalb heißt er ja auch Schatten. Wenn Sie sich darauf einlassen, sich mit Ihrem Schatten zu beschäftigen und ihn zu verstehen, befreien Sie sich von Ihren Gewohnheiten und Verhaltensmustern – vor allem jener, die unbewusst sind –, sodass sie Ihr Schicksal nicht länger kontrollieren. Schattenarbeit befreit Sie. So leben Sie nicht länger auf Autopilot und treffen neue Entscheidungen, die nicht von verborgenen Charakterzügen und Motiven durchdrungen sind, die einen Einfluss auf Sie ausüben.

Manche Menschen haben Angst, sich mit ihrem Schatten auseinanderzusetzen, weil sie sich nicht dem stellen wollen, was da vielleicht im Verborgenen schlummert. Es könnte schmerzhaft sein oder eine Fülle von Emotionen ans Tageslicht befördern, die Sie nur ungern erleben wollen. Manche reden sich damit heraus, dass sie sich bereits einer guten Sache verschrieben haben, ein Phänomen, das wir häufig bei Menschen in pädagogischen Einrichtungen, im Aktivismus, in der Sozialarbeit, bei der Organisation von Gemeinden oder in Diversity-Teams in Unternehmen beobachten können, die ihre persönliche Arbeit übergehen, weil sie »sich darauf konzentrieren, anderen zu helfen«, oder »nicht egoistisch sein wollen«. Wenn wir jedoch die Innere Arbeit übergehen, können wir uns der äußeren Welt nie authentisch als die beste Version von uns selbst präsentieren. Die beste Version der Welt beginnt mit der besten Version von uns selbst und das gilt auch für eine Welt ohne Rassismus. **Wenn wir uns nicht dazu verpflichten, uns der Schattenarbeit zu widmen, werden unsere Bemühungen, die Welt zu einem besseren Ort zu machen, durch unsere nicht verheilten inneren Wunden beeinträchtigt**. Ein »guter« Mensch zu sein, ein Mensch, der hilft und sich einer besseren Welt verschrieben hat, entbindet nicht von dieser Arbeit. Im Gegenteil, wir müssen sogar noch mehr tun, denn je heller unser »Licht« in der Welt erstrahlt, desto dunkler ist oft unser Schatten. Wir können keine dauerhaften Veränderungen in der äußeren Welt herbeiführen, wenn wir nicht zuerst die Veränderung in uns selbst suchen. Mit der Hinwendung zur Schattenarbeit können wir gewährleisten, dass unsere gute Arbeit nicht sabotiert wird.

Themen im Zusammenhang mit Rassismus führen oft dazu, dass wir aus unserem Schatten heraus reagieren und handeln. Haben Sie sich schon einmal aufgeregt und Dinge gesagt, die nicht mit dem übereinstimmen, was Sie von sich selbst wissen? Oder drehen Sie sich vor Angst im Kreis, weil Sie sich nicht trauen, etwas zu sagen, vor allem, wenn Sie etwas sehen, von dem Sie wissen, dass es falsch ist? Wie sieht es mit ungesunden Machtdynamiken aus, seien sie nun von Ihnen praktiziert oder erduldet? Oder haben Sie Schwierigkeiten, Grenzen zu setzen? Oder werden Sie sogar von Wut übermannt? Erstarren Sie in Perfektionismus und haben Angst, etwas zu unternehmen, wenn es nötig ist? Das sind nur einige der Anzeichen dafür, dass Ihr Schatten die Kontrolle innehat. Wenn Sie sich trotz Ihrer Bemühungen, zu wachsen oder sich zu verändern, ständig mit unerwünschten Situationen konfrontiert sehen, können Sie sicher sein, dass Ihr Schatten Sie fest im Griff hat. Auch wenn andere Menschen eine Rolle in den herausfordernden Situationen spielen, denen Sie in Ihrem Leben begegnen werden, macht uns die Schattenarbeit darauf aufmerksam, dass wir uns fragen sollten: **Welche Rolle spiele ich dabei, dass diese Probleme so beharrlich auftreten und nicht verschwinden?** Um dem Rassismus ein Ende zu setzen, fordert uns die Zukunft auf, nicht mehr aus unserem Schatten heraus zu reagieren, vor allem nicht in Gesprächen über Rassismus. Man kann keine anspruchsvollen Gespräche führen oder eine Verbundenheit über Differenzen hinweg aufbauen, wenn man jedes Mal aus seinem Schatten heraus agiert, sobald einen etwas aufregt. Sie können keine Versöhnung oder Vergebung erfahren oder neue Lösungen herbeiführen, wenn Ihr Schatten Sie stets kontrolliert.

Nachdem Sie nun gelernt haben, wie Sie mit Emotionen umgehen können, die eine Herausforderung für Sie darstellen, sind Sie bereit, mit uns in die Höhle hinabzusteigen, in der Ihr Schatten haust. Sobald Sie Ihren Schatten verstehen, kann er sich nicht mehr von hinten an Sie ranschleichen. Wenn Sie sich seiner bewusst sind, können Sie von einem wahrhaftigeren, authentischeren Standpunkt aus handeln, fast so, als würden Sie aus einer Trance erwachen.

Was genau ist also der Schatten? Wenn wir unsere Studierenden fragen, erhalten wir oftmals Antworten wie:

- Traumata
- Unsere Vergangenheit
- Alles, womit wir uns nicht auseinandersetzen wollen
- Unsere dunkle Seite
- Was wir an uns selbst nicht sehen
- Einnahme der Opferrolle
- Alles, was wir verstecken, verdrängen oder verleugnen
- Schlechte Angewohnheiten

- Das Ego
- Einschränkende Glaubenssätze
- Wovor wir weglaufen
- Chaos
- Negative Gedanken

Entgegen der allgemeinen Meinung geht es bei der Schattenarbeit nicht nur darum, schlechte, schmerzhafte oder traumatische Dinge auszugraben. Auch wenn schmerzhafte oder traumatische Erlebnisse *in* unserem Schatten gespeichert sein mögen, *definieren* sie ihn nicht. Unsere Definition des Schattens basiert auf dem, was wir von der Referentin und Yoga-Lehrerin Sianna Sherman gelernt haben. Wir definieren den Schatten als *alles in Ihrem Leben oder in Ihrer Welt, das Sie noch nicht bewusst ausgeleuchtet haben.* Bitte beachten Sie, dass der Schatten und die Schattenarbeit nicht dasselbe sind. Jeder Mensch hat einen Schatten, unabhängig davon, ob er sich dafür entscheidet, daran zu arbeiten, oder nicht. Schattenarbeit ist jedoch die bewusste Entscheidung, sich auf das Unbekannte und Unbequeme einzulassen. Es bedeutet, den Mut zu haben, den Strahl einer Taschenlampe auf die unbewussten und verborgenen Bereiche Ihres Lebens zu richten, sodass sie Sie nicht mehr kontrollieren und Ihre Bemühungen um Veränderung sabotieren. Wir dürfen die Finsternis nicht dämonisieren.

Historisch gesehen hat es sehr viel Schaden angerichtet, die Dunkelheit zu verteufeln. (Vielleicht fällt Ihnen auf, dass die Angst vor der Dunkelheit Parallelen zur Rassifizierung von Hautfarbe aufweist.) Doch die Dunkelheit ist ein intrinsischer Bestandteil des Prozesses, durch den wir selbst in einen neuen Zustand des Seins eintreten. Wie die Aktivistin und Autorin Valarie Kaur schreibt, muss die Dunkelheit keine Grabstätte sein, die das *Ende* signalisiert, sondern kann der Schoß des Ursprungs mit der Aufschrift *Anfang* sein. Auch wenn ein Eintauchen in den Schatten manchmal schmerzhafte, traumatische oder peinliche Dinge zutage fördert (vielleicht fragen Sie sich jetzt, warum wir sie überhaupt aufdecken wollen), ist der

Grund simpel, warum wir das machen: *Ohne unseren Schatten zu erforschen, können wir unsere Großartigkeit nicht freilegen.*

Emily, eine unserer Studentinnen, kam nach einem Workshop auf uns zu und sagte: »Ich muss euch etwas gestehen.« Wir sahen sie beide perplex an. Sie fuhr verlegen fort, und zwar im Flüsterton, sodass niemand im Raum sie hören konnte: »Ich habe kein großes Trauma. Ich bin in einer liebevollen Familie aufgewachsen, mit vielen Privilegien. Ich bin auf eine tolle Schule gegangen, ich führe eine liebevolle Ehe, meine Eltern waren emotional immer da, und es ist mir fast peinlich, das zu sagen, aber ich habe wirklich kein großes Trauma. Bedeutet das, dass ich keine Schattenarbeit machen muss?« Die meisten Menschen setzen den Schatten mit Traumata gleich, so wie Emily es getan hat. Aber wenn Traumata mit dem Schatten gleichgesetzt würden, dann wären die Menschen, die die wenigsten leidvollen Erfahrungen gemacht haben, die »Erleuchtetsten«. Doch offensichtlich ist das nicht der Fall, im Gegenteil, es fällt diesen Menschen manchmal schwer, tief in die Schattenarbeit einzusteigen, weil sie in ihrem Leben weniger zu verarbeiten hatten. In jedem Fall sind Traumata und Schatten nicht dasselbe, und wir graben viel tiefer, denn wir versuchen, unsere *Konditionierung* zu finden. *Konditionierung ist unsere innere Kultur.* Es ist das, was unser Verstand uns über »die Art, wie die Dinge liegen« mitteilen will.

Wie wir von dem Autor und Experten für Schattenarbeit Robert Augustus Masters gelernt haben, kommt Konditionierung auf viele Arten zustande – durch unsere Familien, Lebenserfahrungen, Beziehungen, gesellschaftlichen Erwartungen und natürlich durch Traumata und vieles mehr. Konditionierungen können zu jedem Zeitpunkt unseres Lebens in uns programmiert werden, von der Kindheit bis ins hohe Alter. Doch nicht jede Konditionierung ist automatisch schlecht; aber die, die sich in unserem Schatten verbirgt, ist oft am schädlichsten, weil sie zu unbewussten Entscheidungen und Handlungen führt, ohne dass wir uns deren bewusst sind – während wir denken, wir seien »frei« in unserem Tun. Stellen Sie sich vor, Sie wären eine Marionette, die scheinbar frei agiert, in Wirklichkeit aber an unsichtbaren Fäden hängt und von einem Puppenspieler kontrolliert wird. Ihr Schatten ist Ihr Puppenspieler, die unsichtbaren Fäden sind die Konditionierung. Schattenarbeit bedeutet nicht, »die Fäden zu kappen«. *Schattenarbeit bedeutet, sich mit dem Puppenspieler anzufreunden*. Wenn wir unter der unbewussten Kontrolle des Puppenspielers stehen, kommen wir aus den individuellen und kollektiven (Teufels-)kreisen nicht heraus, wir stecken fest. Wir behandeln ständig die Symptome, während wir denken, dass wir unterschiedliche Entscheidungen treffen; und doch finden wir keinen Ausweg aus unseren Umständen. Wenn dies der Fall ist, hat der Schatten die Kontrolle. Diese Karikatur mit dem Titel »Die Illusion der Wahlfreiheit«[29] aus dem Jahr 2009 ist eines der besten Beispiele zur Illustration der Konditionierung:

Illusion der Wahlfreiheit

Unabhängig davon, ob noch mehr Gänge hinzugefügt werden oder welche Wahl die Kuh trifft, sie endet auf der Schlachtbank. Damit wir das Schicksal der Kuh ändern können, müssen sich die Umstände für die Kuh ändern. Mit anderen Worten: Bleiben die Bedingungen für die Kuh gleich, werden die Entscheidungen der Kuh immer zu demselben Ergebnis führen. **Damit unsere Entscheidungen zu einem anderen Ergebnis führen, müssen wir die Bedingungen ändern, unter denen diese Entscheidungen getroffen werden.** Das ist der Zweck der Schattenarbeit – sie verändert die *internen Bedingungen*, unter denen unsere Entscheidungen getroffen werden. Das Gleiche gilt für das Kollektiv. Es ist aussichtslos, die externen Bedingungen unserer Gesellschaft jemals zu ändern, wenn wir uns nicht dazu verpflichten, die internen Bedingungen zu ändern, unter denen diese Entscheidungen überhaupt erst getroffen werden. *Damit die Hoffnung besteht, etwas im Äußeren zu verändern, müssen wir uns verpflichten, etwas im Inneren zu verändern.* Wenn wir kollektive Schattenarbeit leisten – also den Heilungsprozess als Gruppe oder innerhalb eines Unternehmens, einer Gesellschaft oder Nation befeuern –, verändern sich die Bedingungen, und wir erhalten neue Wahlmöglichkeiten, die vorher nicht verfügbar waren.

Unsere Konditionierung kann sich auf so viele Arten zeigen. Zum Beispiel: Sie haben sich immer dafür entschieden, klein beizugeben, weil Sie das älteste Kind waren und Geschwister hatten, die eifersüchtig auf Sie waren; Sie haben Ihre Meinung zurückgehalten, weil Sie als Kind gescholten wurden, wenn Sie Ihre Stimme erhoben haben; Sie haben geradezu erratische Wutanfälle, weil Sie sich dieses Kommunikationsmuster von Ihren Eltern abgeschaut haben; Sie denken, dass Menschen aus bestimmten Ethnien faul sind, weil Sie es als Kind so gelernt haben; oder Sie setzen keine eindeutigen Grenzen, weil Sie in Ihrer Kindheit miterlebt haben, wie sich ein Elternteil dem anderen Elternteil gegenüber unterwürfig verhalten hat. Die Liste ließe sich beliebig fortsetzen.

Obwohl das Ziel der Schattenarbeit in diesem Buch darin besteht, ein tieferes Verständnis für unsere individuellen und kollektiven Konditionierungen zu entwickeln, wollen wir uns nicht darin verlieren. Tagebuch schreiben, meditieren, beten, Rituale pflegen, zur Therapie gehen oder an Anti-Diskriminierungs-Workshops teilnehmen sind großartige Möglichkeiten, aber sie allein werden Ihnen nicht helfen,

Ihr Leben oder die Gesellschaft zu verändern. Sie können an Diversity-Workshops teilnehmen, jahrelang zur Therapie gehen, jeden Aspekt verstehen, wie Ihre Konditionierung zustande kam, *und sich dennoch nie von der Konditionierung selbst lösen.* Die Schattenarbeit lässt Sie die Mechanismen und Beweggründe hinter den Entscheidungen, die Sie treffen, verstehen. Das Ziel der Schattenarbeit besteht darin, dass Sie sich Ihrer selbst so bewusst werden, dass Sie in der Lage sind, in Koexistenz mit dem Schatten zu leben *und gleichzeitig andere Entscheidungen zu treffen.* Denn sind wir mal ehrlich: Jede Person, jede Familie, jede Gruppe, jedes Land und jede Nation wird immer einen Schatten haben, geprägt durch die Vergangenheit. Wir können die Vergangenheit nicht einfach verschwinden lassen, sind ihr aber auch nicht auf Gedeih und Verderb ausgeliefert. Wir können jedoch individuell und kollektiv die Kontrolle übernehmen, indem wir uns entscheiden, uns unserer Geschichte zu stellen und die von ihr verursachten Wunden zu heilen, sodass sie uns nicht mehr kontrolliert oder so dramatischen Einfluss auf unsere Zukunft hat.

Kim, eine Frau in den Vierzigern, wuchs in einem Elternhaus mit zwei älteren Halbschwestern auf. Ihre Schwestern waren einige Jahre älter als sie und schauten auf sie herab, traktierten Kim sogar körperlich, wenn sie sie ärgerten. Um sich vor der körperlichen und seelischen Gewalt zu schützen, sah Kim nur eine einzige Möglichkeit, wie sie ihre Schwestern aufhalten konnte. Sie schrie, brüllte und wurde ihrerseits ihnen gegenüber gewalttätig. Kims Konditionierung war wie folgt: »Wenn du dich nicht groß machst und brüllst und schreist, um dich zu verteidigen, werden dich die Leute übergehen, vor allem, wenn du kleiner oder jünger bist oder auch nur so wirkst.« Nun, als Erwachsene war Schreien und Brüllen Kims Modus Operandi, ihre innere Kultur – so »war sie einfach«. Obwohl sie wusste, dass dieses Verhalten viele Probleme in ihrem Leben verursachte, hatte sie Schwierigkeiten, ihre Wut zu regulieren.

Wenn es jemand auch nur wagte, sie schief anzuschauen, schnauzte sie ihn an, zum Beispiel in Lebensmittelläden, Cafés, auf Konzerten und Veranstaltungen. Manchmal richtete es sich sogar gegen ihre

Freunde und Freundinnen. Kim erwarb sich den Ruf als »Frau, mit der mit der man sich nicht anlegen sollte«. Aufgrund der Kindheitserlebnisse mit ihren älteren Schwestern verlor Kim, wenn eine Person sie ihrer Meinung nach von oben herab behandelte, bevormundete oder nicht als erwachsene Person ernst nahm, sofort die Beherrschung: Sie brüllte herum, wurde aggressiv und gab sich kämpferisch, und das in Situationen, in denen es laut Kim »absolut unangebracht war«. Sie bekam Probleme auf der Arbeit, und nach jedem Vorfall schwor sich Kim, sich nie wieder so zu verhalten. »Es war, als wäre ich wie in Trance«, so Kim, und es schien, als könne sie einfach nicht anders. Das ist ein Zeichen dafür, dass der Schatten die Kontrolle innehat!

Eines Tages kam es mit der Kassiererin in Kims örtlichem Lebensmittelladen, die nach einer Doppelschicht ziemlich müde war und einen schlechten Tag hatte, zu einem Zwischenfall. Die Kassiererin war nicht gerade höflich; durch ihren herablassenden Ton wurde Kim so wütend, dass sie über die Kasse langte und die Frau schubste, weshalb man sie beinahe verhaftet hätte. Sie war so entsetzt, dass sie beschloss, etwas zu tun, um dieses Verhaltensmuster zu durchbrechen. Als Kim an unserem Programm teilnahm, entdeckte sie, dass ihre Konditionierung »Wenn ich nicht taff bin, schubsen mich die Leute herum, als wäre ich ein Kind« und »Gewalt und Aggression sind die einzigen Mittel, um gehört zu werden« besagte. Es spielte keine Rolle, was die tatsächliche Situation hergab, Kim zog weiterhin jede Situation in ihrem Leben heran, um ihre Konditionierung auszuformen. Die Brille, durch die sie die Welt betrachtete, führte immer dazu, dass sie sich in einer selbsterfüllenden Prophezeiung wiederfand. Ihr Brillengestell ist die Konditionierung.

Selbst eine erschöpfte Kassiererin bekam die nicht verheilten Wunden, die Kim von ihren Schwestern davongetragen hatte, zu spüren. Anstatt einer rosaroten Brille trug Kim eine *abgedunkelte Brille* mit konditionierten Linsen, die ihr die gefühlte und gesehene Erfahrung der Welt diktierten. Sie erkannte, dass ihre Konditionierung sie oft daran hinderte, jede Situation als das zu sehen, was sie war. Stattdessen drehte sich alles um sie und deshalb verhielt sie sich immer wieder aufs Neue so aggressiv. Wie bei der Kuh in der Karikatur spielte es keine Rolle, welche Daten (Fakten) in Kims Narrativ einflossen, ihr Schatten kam immer wieder zum selben Ergebnis und bestärkte sie in ihren Vorstellungen von der Welt und »wie die Dinge nun mal sind«. Einmal aus der Trance aufgewacht, erklärte Kim, sie sei sich ziemlich sicher (wenn auch nicht hundertprozentig), dass nur sehr wenige der Situationen, in denen sie aggressiv wurde, tatsächlich etwas mit bösen Absichten ihr gegenüber zu tun gehabt hätten.

Wenn wir unsere Schattenarbeit schwänzen, sehen wir die Welt nicht so, wie sie ist. Wir sehen sie gefärbt durch unsere Wunden. Kim hatte dieses Problem (dank dem sie fast ins Gefängnis gekommen wäre!) nicht, weil sie es »wollte«, sondern weil sie einfach nicht aufhören konnte, was uns zu der Frage veranlasst: Welcher Teil von Kim hat die Entscheidungen getroffen? Bewusst entschied sie sich nicht dazu, gewalttätig und aggressiv zu sein, es war ihre Konditionierung. Trotz bester Vorsätze sabotierte ihr Schatten sie und traf Entscheidungen für sie. Damit sich die Dinge änderten, musste Kim sich erst der Brille bewusst werden, die sie trug, und verstehen, dass auch andere Brillen verfügbar sind, die ihre Weltsicht und damit ihr Verhalten verändern würden.

Unsere Konditionierung prägt unser Bild von der Welt. Sie ist die Linse, durch die wir die Welt sehen und die Geschehnisse interpretieren. Sie kann steuern, was wir tun, wovon wir uns angezogen fühlen, wen wir hassen, wen wir lieben und so weiter. Solange wir uns nicht mit Schattenarbeit beschäftigen, können wir die Welt nicht so sehen, wie sie wirklich ist. Unsere Konditionierung, die auf uns zurückfällt, setzt uns Scheuklappen auf und verzerrt den Blick. Indem wir Schattenarbeit machen, lernen wir, klar zu sehen. Das ist wahre Achtsamkeit. Die Dinge über unsere Konditionierung hinaus zu sehen, ist eines der Hauptziele unserer gemeinsamen Arbeit und unabdingbare Grundlage, um den Rassismus zu beenden.

Praktische Übung: Aus der eigenen Reaktivität lernen

Nehmen Sie sich jetzt einen Moment Zeit, um diese Frage zu beantworten: *Auf welche Arten von Situationen reagieren Sie am stärksten?* (Hinweis: Reaktivität kann sich auf vielerlei Weise zeigen – Angst, Abschottung, Abgrenzung, passiv-aggressives Verhalten, Verteidigung und vieles mehr.) Zum Beispiel, wenn jemand Sie ignoriert oder über Sie hinwegredet; wenn Sie denken, dass jemand böse auf Sie ist, oder Sie nicht wissen, woran Sie sind; wenn jemand eine rassistische, völlig unangebrachte Äußerung tätigt; wenn jemand narzisstisch ist; wenn jemand Ihnen kritisches Feedback gibt; wenn andere ihre Wut zeigen … und so weiter. Nachdem Sie sich einige Szenarien überlegt haben, wählen Sie das aus, bei dem Sie am stärksten reaktiv sind, und beantworten die folgenden Fragen: (1) Was tun Sie automatisch, wenn Sie reaktiv werden? Was genau passiert? (2) Wo spüren Sie das in Ihrem Körper? (3) Wenn Sie sich jetzt in dieser Situation vorstellen, *wie alt* fühlt sich der Teil von Ihnen, der sich entscheidet, so zu reagieren? (4) Was ist Ihre erste Erinnerung an dieses Gefühl? (5) Was würde die gänzlich bewusste, reife und erwachsene Version von Ihnen zu diesem reaktiven Teil sagen, wenn Sie ihm einen weisen Ratschlag geben sollten?

Oft können wir aus unserer Reaktivität viel darüber lernen, was uns wichtig ist, welche ungelösten Traumata wir mit uns mitschleppen und wo wir beim Heilungsprozess ansetzen müssen. Auf diese Weise muss uns unsere Reaktivität nicht zwangsläufig kontrollieren – sie kann stattdessen unsere Mentorin sein.

Innere Arbeit

Was verbirgt sich noch in Ihrem Schatten? Lassen Sie uns nachforschen, und vervollständigen Sie die Sätze, um einen Blick auf die verborgene Konditionierung zu werfen, die Sie vielleicht antreibt.

- Ich halte vor anderen über mich geheim, dass ____________________________.
- Eine Facette meiner Persönlichkeit, die ich an mir nicht mag, ist ____________________________.
- Die Art und Weise, wie sich diese Facette meiner Persönlichkeit in meinem Leben zeigt, ist ____________________________.
- Was ich in meinem Leben im Moment vermeide, ist ____________________________.
- Der wahre Grund, warum ich das vermeide, ist ____________________________.
- Das *Narrativ*, das ich mir einrede, warum ich den Rassismus *nicht beenden* kann, ist ____________________________.
- Andere Bereiche in meinem Leben, in denen sich dasselbe Narrativ zuträgt, sind ____________________________.
- Diese Muster nahmen ihren Anfang, als ____________________________.
- Wie sich diese Muster auf meine Fähigkeit auswirken könnten, meine Vision für mein Leben und die Welt zu verwirklichen, ist ____________________________.
- Was ich wirklich für mein Leben und die Welt will, ist ____________________________.

- Ich bin bereit für ______________________________
  ____.

Shelly lehrt und schreibt oft darüber, dass ihr mangelnder Selbstwert nach wie vor einer ihrer größten Baustellen ist, an der sie ständig arbeitet. Es zeigt sich bei ihr in Form der Frage: Bin ich es wert? Obwohl sie es sich auf intellektueller Ebene eingesteht, gibt es, wie sie es oft beschreibt, »einen unsichtbaren Sog – in meinen Zellen, in meiner DNA – der mich davon überzeugt, dass ich es nicht bin«. Um den Ursprung dieses Sogs zu verstehen, musste Shelly in ihren Schatten eintauchen – und was sie dort fand, war die kollektive Geschichte und damit der kollektive Schatten aller Frauen in ihrer Familie über Generationen hinweg. Sie begann, das generationenübergreifende Trauma zu verstehen, das weitergegeben werden kann, wenn jemand aus einer Familie von Geflüchteten stammt, und das gleich mehrfach. Im Fall ihrer Familie sah es so aus, dass ihre Vorfahren ständig gezwungen waren, sich eine neue Heimat zu suchen, in der sie jedoch unerwünscht waren oder es für sie zu gefährlich in dem Land wurde. Flucht und Entwurzelung war die Folge. Durch Nachforschungen über die Geschichte ihrer Familie, intensive Gespräche mit älteren lebenden Familienmitgliedern, Tagebuchschreiben und regelmäßige Therapien tauchte Shelly in einen Kodex aus Konditionierungen ein, der sich aus der Unterdrückung über Hunderte oder Tausende von Jahren ergeben hatte – in ihrem Fall nicht nur als Jüdin und Flüchtling, sondern auch als Frau.

Einige der spezifischen Fragestellungen, die Shelly nutzte, um sich mit ihrem Schatten und den Auswirkungen auf ihr Selbstwertgefühl zu befassen, lauten:

- Eine negative Sache, die ich oft zu mir selbst sage, ist __________
  ____
  ____.

- Dieses Muster des mangelnden Selbstwertgefühls lässt sich wie folgt bis innerhalb der Geschichte meiner Familie zurückverfolgen: ____.
- Die grundlegenden Ursachen oder Umstände, mit denen meine Familie in der Vergangenheit konfrontiert war und die dieses Denkmuster verursacht haben, könnten ______________________ ____ sein.
- Dieses Muster hat sich in mir breitgemacht, indem __________ ____.
- Die konkrete(n) Situation(en), in der/denen ich meinen Selbstwert am meisten herabsetze, ist/sind ______________________ ____.
- Wenn dieses Muster das nächste Mal auftaucht, kann ich es stattdessen durch diesen Satz oder diese Handlung ersetzen: ______ ____.

In Shellys Fall waren es ihre Großmütter, deren Lebensumstände durch eine strenge Auslegung der Religion und der kulturellen Normen im Nahen Osten diktiert wurden – sie waren so konditioniert, dass sie unfähig waren, zu glauben, sie seien wertvoll und besäßen eine Stimme, die es verdient, gehört zu werden. Shelly erfuhr über die Konditionierung ihrer Mutter, dass sie ihre Stimme nicht so laut wie die der Männer um sie herum erheben durfte und dass ihre Bedürfnisse an letzter Stelle kamen. Shelly, die in die Vereinigten Staaten eingewandert ist, trug eine Brille, die ihr vorgaukelte, dass sie niemals dazugehören würde. Es gab zwar viele Narrative, aber alle Geschichten mütterlicherseits über mehrere Generationen hinweg hatten eine Sichtweise gemeinsam: »Ich bin nicht genug«. So war es keine Überraschung, dass sie immer damit zu kämpfen hatte, ihren eigenen Selbstwert anzuerkennen.

Diese Überbleibsel aus den Kämpfen unserer Vorfahren sind real und wirken sich erwiesenermaßen auf unsere Konditionierung aus, die sich oft auf vielfältige Weise zeigt. Während sich einige Konditionierungen sicherlich durch unsere eigenen Lebenserfahrungen in unseren Schatten fräsen (Erziehung), können die Traumata unserer Eltern die Funktionsweise unserer Gene verändern. Das erklärt, warum die Erfahrungen unserer Vorfahren in uns weiterleben können, lange nachdem eine Bedrohung verschwunden ist, bis wir schließlich feststellen, wie einige der Traumata unserer Eltern an die Oberfläche gespült werden und versuchen, durch uns Heilung zu erfahren.[30] Die Hingabe an die in der Schattenarbeit erlernten Praktiken hat es Shelly ermöglicht, innerlich zu heilen. Die gleiche Möglichkeit steht Ihnen zur Verfügung. Sie heilen Generationen vorwärts und rückwärts.

Justin vermied die Schattenarbeit eine ganze Zeit lang, vor allem, weil er dachte, es sei sinnlos, in der Vergangenheit zu wühlen, weil er so hart daran gearbeitet hatte, »über ihr zu stehen«. Als er jünger war, war seine Sichtweise: »Ich habe dieses Chaos hinter mir gelassen, also brauche ich nicht dorthin zurückzukehren. Ich muss mich lediglich darauf konzentrieren, Liebe und Licht zu verkünden.« Aber eines Tages, nachdem er sich bei seiner Freundin und Coach Sianna Sherman über die toxischen Muster in seinen Beziehungen beschwert hatte, sagte Sherman zu ihm: »Je größer das Licht, desto größer der Schatten.« Vereinfacht ausgedrückt: Wenn eine Person ein großes Licht umgibt, wirft sie auch einen großen Schatten, den sie umso besser kennenlernen muss. Wenn nicht, könnte ihre Konditionierung alle Bemühungen sabotieren. Das ist der Grund, warum so viele Staatsoberhäupter, Prominente, Politiker und Politikerinnen und spirituelle Gurus in große Skandale verwickelt sind, die große Schattenaspekte ihrer Persönlichkeit offenbaren, die völlig unvereinbar mit dem zu sein scheinen, wie sie sich der Öffentlichkeit präsentieren. Diese Skandale, an denen einige unserer Vorbilder beteiligt waren, lassen uns ratlos zurück, und wir fragen uns: »Wie kann das sein?« Wenn Sie die Aufgabe übernehmen wollen, Gutes zu tun und echte Veränderungen in der Welt, in Ihrer Familie, an Ihrem Arbeitsplatz oder in Ihrer Gemeinde zu bewirken – wenn Sie ein Licht für andere sein wollen –, dann müssen Sie auch Verantwortung für Ihren Schatten übernehmen. Ohne Schattenarbeit können Sie zum Gegenteil der Veränderung werden, die Sie bewirken wollen. Deshalb dürfen wir hinsichtlich des eklatanten, verabscheuungswürdigen und öffentlich akzeptierten Rassismus der Vergangenheit nicht einfach »hinwegsehen« oder »weitermachen«, auch wenn sich die Zeiten und Gesetze vielerorts zum Besseren gewendet haben. Wie Justin gelernt hat, beschäftigt man sich nicht mit der Vergangenheit, um sie auszugraben, sondern, um zu verhindern, dass sie sich auf die Zukunft auswirkt. Hier sind ein paar weitere Fragestellungen, die Ihnen dabei helfen können, auszugraben, was Sie vielleicht zu vermeiden versuchen.

- Eine vergangene Erfahrung in meinem Leben, an die ich oft nicht denken möchte, wenn sie in meinen Gedanken auftaucht, ist ______________________________.
- Das Narrativ, das ich mir vergegenwärtige, warum ich nicht daran denken kann oder sollte, ist ______________________________.
- Was meiner Vorstellung nach passieren könnte, wenn ich mir erlaube, mehr daran zu denken: ______________________________.
- Ich habe Angst davor, dass ______________________________.
- Diese vergangene Erfahrung wird oft in mir durch ______________________________ ausgelöst.
- Die Verbindung zwischen dieser Erfahrung und dem, was jetzt in meinem Leben passiert, ist ______________________________.
- Wenn ich mir erlauben könnte, mit dieser Erfahrung vertrauter zu werden, könnte ich ______________________________.
- Wenn ich mich von der Angst vor dieser Erfahrung befreien könnte, wirkt es sich möglicherweise wie folgt positiv auf mein Leben aus: ______________________________.

Die Schattenarbeit, die wir in diesem Kapitel gemacht haben, bereitet den Weg für alles, was noch kommen wird. Wenn Sie sich das nächste Mal dabei ertappen, wie Sie auf eine Weise handeln oder reagieren, die nicht mit der Vision übereinstimmt, die Sie sich für Ihr

Leben oder die Welt vorgestellt haben, halten Sie inne. Atmen Sie ein paar Mal tief durch. Dann stellen Sie sich diese Frage: *Welcher Teil von mir trifft diese Entscheidung?* Die Pause gibt Ihnen die Möglichkeit, Ihren Schatten in diesem Moment kennenzulernen und sich wieder auf Ihre wahre Vision zu konzentrieren. Erinnern Sie sich in diesen Momenten daran, was Ihnen wichtig ist, wofür Sie stehen und welche Zukunft Sie schaffen wollen. Es ist wichtig, dass Sie Ihren Schatten *anerkennen* und ihm danken, denn zu einem bestimmten Zeitpunkt war es wahrscheinlich notwendig, diese Reaktionen und diese Muster zu etablieren, um Ihnen zu helfen und Sie zu schützen. Aber vielleicht brauchen Sie das nun nicht mehr, vielleicht *entscheiden Sie sich dieses Mal anders,* und zwar von einem Punkt aus zu handeln, der mit dem übereinstimmt, was Sie *wirklich* sein wollen und sind. Ihr Schatten kann Ihnen helfen, Ihre nicht verheilten Wunden und die Muster zu verstehen, die einmal dazu dienlich waren, Sie zu schützen. Aber er muss Sie nicht länger kontrollieren.

Ihr Schatten ist nicht losgelöst von Ihnen, sondern Teil von Ihnen. Sie wollen ihn nicht loswerden, sondern *verstehen.* Indem Sie sich mit ihm anfreunden und ein Bündnis mit ihm schließen, statt ihn zu bekämpfen, zu verbannen oder auf ihn einzuschlagen, hört Ihr Schatten auf, Sie zu kontrollieren; stattdessen bildet er die Grundlage für ein viel höheres Maß an Integration als je zuvor. So wird die Dunkelheit zur Schöpfung, die all jene Schätze hervorbringt, die Sie suchen. Indem Sie sich von Ihren Konditionierungen lossagen, stehen Ihnen neue Möglichkeiten zur Verfügung, die Sie vorher nicht sehen konnten – das ist ein Teil dessen, was wir damit meinen, das Unmögliche *möglich* zu machen. Aber das ist noch nicht alles. Wenn Sie lernen, sich Ihrem eigenen Schatten zu stellen, werden Sie auch die Schatten anderer Menschen besser verstehen. Diese Verbindung wird Ihnen helfen, Mitgefühl und Verständnis aufzubringen, über Differenzen hinwegzusehen, zu vergeben und Verbundenheit zu schaffen, wo sie einst unmöglich schien. Wenn Sie die Brille Ihrer vergangenen Konditionierung abnehmen, können Sie beginnen, klar zu sehen. Sie können die Innere Arbeit mit der äußeren Welt verbinden. Sie können aufhören, die gleichen Muster zu wiederholen, die den Rassismus überhaupt erst entstehen lassen. Sie können damit beginnen, den Rassismus zu beenden.

8

Generationsübergreifender Wandel

Wie wir bereits erwähnt haben, wird sich Ihre Konditionierung auf das Kollektiv auswirken, wenn Sie Ihre persönliche Schattenarbeit nicht leisten. Die Umkehrung gilt ebenfalls. Wenn Sie sich nicht mit dem kollektiven Schatten befassen, dringt er in Ihr persönliches Wachstum und Ihre Selbstfürsorge ein; die Folge sind spirituelle oder emotionale Ausweichmanöver, schlechtere Ergebnisse und Hinwendung zum Egoismus, die alle dieselben Kreisläufe und Muster aufrechterhalten, die sie loszuwerden versuchen. Um den Rassismus zu beenden, müssen wir sowohl die persönlichen als auch die kollektiven Schatten betrachten. Wenn wir in der Zukunft stehen und fragen: »Was haben wir *heute* unternommen?«, lautet die Antwort, dass wir aufgehört haben, so zu tun, als gäbe es den kollektiven Schatten nicht, und ihn stattdessen frontal angegangen sind.

Wenn wir unseren kollektiven Schatten bei der Wurzel packen, können wir die Ursachen unserer größten Probleme angehen. Was versteckt sich in dem Schatten, der die Menschen dazu bringt, in ihrem eigenen Leid auszuharren, statt einen neuen Weg einzuschlagen? Warum ziehen die Menschen weiterhin Abspaltung der Integration vor? Welche Konditionierung veranlasst uns, für Gesetze sowie politische Führer und Maßnahmen zu stimmen, die eindeutig nicht in unserem Interesse sind und zu unserem eigenen Leid und dem der anderen beitragen? Wenn wir nicht untersuchen, was hinter den Symptomen steckt, die sich in Form von Politikern und Politikerinnen, politischen Maßnahmen und Gesetzen zeigen, werden wir immer wieder dieselben »Lösungen« anwenden und eine andere Gruppe unterdrücken und ausgrenzen, während wir uns einreden, dass die Dinge »besser« geworden sind, während sie sich hingegen für eine andere Gruppe zum Schlimmeren gewendet haben. Erinnern Sie sich daran, dass wir uns nicht vorgenommen haben, »die Dinge besser zu machen«. So etwas wie einen »besseren« Rassismus gibt es nicht. *Wir sind an einem Zeitpunkt angelangt, bei dem das Ziel ist, den Rassismus zu beenden.* Da besteht ein Unterschied.

Es gibt mehrere Möglichkeiten, sich dem Thema des kollektiven Schattens und wie er unsere individuellen Aussichten auf Heilung beeinflusst hat, zu nähern. Aber der tiefgründigste Ansatz könnte darin bestehen, das Phänomen des generationenübergreifenden Traumas zu erörtern, ein Bereich, mit dem sich die Epigenetik beschäftigt. Nichts passt besser zum Thema Schatten als unser »unsichtbarer« DNA-Code, der einen so großen Einfluss auf unser Leben hat und die Art, wie wir »sind«.

Wir machen nun einen wissenschaftlichen Exkurs, also haben Sie bitte Geduld mit uns. Das neue und aufstrebende Gebiet der Epigenetik befasst sich mit der Frage, wie sich Umwelteinflüsse auf unsere Gene auswirken können. Epigenetische Studien der letzten Jahre zeigen, dass wir Stress oder Traumata erben können, obwohl wir sie nie unmittelbar erlebt haben, und dass dies beeinflussen kann, wie sich unser individuelles genetisches Programm entfaltet – mit anderen Worten, in welcher Form die Genexpression ausfällt. Diese Studien zeigen auch, dass zu viel Stress im Mutterleib die fötale Gehirnentwicklung beeinträchtigen kann. Folglich sind wir bis zu einem gewissen Grad nicht das Produkt des genetischen Codes unserer Vorfahren, sondern auch das Ergebnis der Erfahrungen unserer unmittelbaren Vorfahren.[31] Einfach ausgedrückt: Ein Generationentrauma und die Umgebung nach Ihrer Geburt können die Ausprägung Ihrer Gene beeinflussen.[32]

Zunächst müssen Sie das Konzept des intergenerationellen Traumas verstehen, d. h. ein Trauma, das von einer Generation an die nächste weitergegeben wird. So kann beispielsweise ein Trauma, das Ihr leiblicher Elternteil erlebt hat, Ihr genetisches Material beeinflussen. Ein Trauma, das Sie in Ihrer frühen Kindheit erfahren haben, kann auch die Art und Weise verändern, wie Ihre Gene exprimiert werden; Ihr Epigenom erfährt Umgestaltungen, die verantwortlich dafür sind, inwieweit ein bestimmtes Gen exprimiert wird. Vereinfacht ausgedrückt ist die Genexpression ein Prozess, der es einer Zelle ermöglicht, auf veränderte Rahmenbedingungen zu reagieren. Stellen Sie sich den Genexpressionsprozess als einen An/Aus-Schalter vor, der letztendlich die Art und Weise beeinflusst, wie sich ein Gen in uns bemerkbar macht. Unsere Genexpression entspricht unseren sichtbaren und unsichtbaren »Eigenschaften« in der Welt.

Ein Trauma entsteht, wenn ein Stressor oder eine Erfahrung nicht richtig integriert werden kann. Cortisol ist ein Hormon, das der Körper während einer Stresssituation (oder eines Traumas) ausschüttet. Wenn wir zu viel Cortisol ausscheiden, lagert es sich in unseren Knochen, unserem Blut und bei Frauen in der Schwangerschaft im Fruchtwasser ab. So wird das Trauma, das eine Person während der Schwangerschaft erlebt (das sogar ein ungelöstes Trauma aus der Zeit vor der Schwangerschaft sein kann), über das Fruchtwasser auf die nächste Generation vererbt.[33]

Wenn wir also über die Übertragung von intergenerationellen Traumata sprechen, können wir direkt beim Mutterleib beginnen. Das Fruchtwasser ist eine von mehreren Möglichkeiten, wie Traumata von Generation zu Generation weitergegeben werden. Wenn wir uns das Fruchtwasser als eine lebensspendende Flüssigkeit vorstellen, in der ein unschuldiges Kind wächst und gedeiht, dann verändert die Art und Weise, wie die Eltern auf bestimmte Stresssituationen reagieren, diese Flüssigkeit, was sich wiederum unmittelbar auf die genetische Beschaffenheit des Kindes auswirkt. Auf der genetischen Ebene gibt es verschiedene Chromosomen, die sich im Mutterleib als Reaktion auf die Hormone im Fruchtwasser ein- und ausschalten. Die Bausteine, aus denen sich das Kind entwickelt, werden von den Stresshormonen im Fruchtwasser gesteuert, und dies kann eine Generation weitergegeben werden.

Bevor die Wissenschaft auf dem Gebiet der Genetik endlich aufholte, herrschte die Meinung vor, dass die DNA nach der Geburt nicht mehr verändert werden kann; der genetische Code, mit dem man geboren wurde, sei »in Stein gemeißelt«. Neuere Studien auf dem Gebiet der Epigenetik zeigen jedoch, dass Konditionierung, aber auch äußere Einflüsse – Natur und Erziehung – in der frühkindlichen Entwicklung weiterwirken und unsere Gene verändern. Die unterschiedlichen Erfahrungen, die Kinder in der frühen Kindheit machen, können ihre genetische Ausprägung verändern, selbst wenn sie im Mutterleib einer ungünstigen und stressigen Umgebung ausgesetzt waren. Dies erklärt, warum eineiige Zwillinge, die genetisch identisch sind, sich unterschiedlich verhalten, andere Fähigkeiten wie auch sich gesundheitlich unterschiedlich entwickeln können – die Art und Weise, wie ihre Gene zum Ausdruck kommen, beruht zum Teil auf der Erziehung und nicht ausschließlich auf der Natur, wie man früher dachte. Das ist eine große Neuigkeit, denn zugegeben, Traumata werden zwar genetisch vererbt, *aber* diese Gene können sich je nach Umwelt und Erfahrungen unterschiedlich ausprägen. Doch unsere Gesellschaft ändert sich nur selten, wenn unsere innere Welt gleich bleibt. Mit anderen Worten: Die Konditionierung lässt sich ändern, wenn wir die Bedingungen ändern; und die Bedingungen können sich dann ändern, wenn wir unsere Konditionierung ändern.

Diese neuen Forschungsergebnisse machen unserer Ansicht nach unglaublich Hoffnung. Dachten wir früher, dass die genetische Konditionierungen, die wir bei der Geburt geerbt haben, unser ganzes Leben lang bleibt, ist das in Wirklichkeit überhaupt nicht der Fall. Jüngste Forschungsergebnisse zeigen, dass wir negative Veränderungen in der Art und Weise, wie sich Gene ausdrücken, rückgängig machen und die gesunde Wirkungsweise dieser Gene *nach der Geburt* tatsächlich wiederherstellen können. Das Epigenom kann durch Dinge wie positive Erfahrungen, unterstützende Beziehungen und Lernmöglichkeiten verändert werden. Mit diesem Wissen wird verständlich, warum die Aufgabe noch wichtiger ist, die wir jetzt – gemeinsam – in Angriff nehmen. Wir arbeiten daran, dass das, was wir an unsere Nachkommen weitergeben, sich positiv auf ihre Entwicklung auswirkt.

Wenn wir mit diesen Werkzeugen umzugehen lernen und die Ressourcen entwickeln, um die Innere Arbeit zu leisten, die erforderlich ist, um die Auswirkungen genetischer Traumata rückgängig zu machen, können wir eine neue Laufbahn einschlagen. Es beginnt mit jedem von uns. **Wir behandeln jene Wunden, die unsere Vorfahren nicht heilen konnten, sodass diejenigen, die in der Zukunft leben werden, nicht mehr in denselben (Teufels-)Kreisen gefangen sind und unsere Traumata aufgebürdet bekommen.** Der andere Grund, warum uns diese Forschung große Hoffnung gibt, besteht darin, dass wir jetzt wissen, dass wir (ob mit oder ohne eigene Nachkommen) dazu beitragen können, Stress in der Umwelt zu reduzieren und positive Beziehungen in unserem Umfeld zu unterstützen. Die Professorin für Neuroepigenetik an der Universität Zürich, Dr. Isabelle Mansuy, konstatierte, dass »die Auswirkungen von Traumata, die an die Nachkommen weitergegeben werden können, durch eine positive Erfahrung rückgängig gemacht werden [können]«.[34] Auf diese Weise hat jeder von uns die Möglichkeit, von seiner Warte aus die Wunden von ehemaligen und zukünftigen Generationen zu heilen.

Sara, eine Teilnehmerin an einem unserer Retreats, hat ihren Vater nie kennengelernt, und da ihre Mutter inzwischen verstorben ist, wusste sie nur sehr wenig über ihn. Als wir begannen, mit ihr kollektive Schattenarbeit zu praktizieren, war sie neugierig darauf, wie sie ohne zusätzliche Informationen das generationenübergreifende Trauma verstehen konnte, das vielleicht väterlicherseits vererbt wurde. Für die Vorbereitung auf die nächste Übung ist es wichtig, zu wissen, dass viele Menschen in diese oder eine ähnliche Kategorie fallen – mit einer Grauzone hinsichtlich ihrer biologischen Herkunft. Wenn wir also das Wort *Vorfahren* verwenden, sollten Sie sich nicht auf eine biologische Abstammungslinie beschränken. Die Epigenetik Ihrer persönlichen Biologie ist wichtig, aber ebenso die kollektiven intergenerationellen Traumata, die wir als *Identitätsvorfahren* bezeichnen, also die Vorfahren in Ihrem sozialen Umfeld und anderer Identitäten.

Wenn Sie sich zum Beispiel als queer bezeichnen, könnten Sie jemanden aus der LGBTQIA+-Bewegung als Vorfahren betrachten. Oder Sie sehen in einem Bürgerrechtsführer, einer Suffragette oder Zugehörigen einer bestimmten spirituellen Gemeinschaft einen Vorfahren. Justin denkt zum Beispiel oft an Oprah Winfrey als Identitätsvorfahrin, deren persönlicher Heilungsprozess sich auf die Nachkommen von Millionen von Menschen auswirkt. Auch wenn Sie vielleicht nicht Ihre gesamte biologische Familiengeschichte kennen, konzentrieren Sie sich vielleicht auf den Bereich, der als gesichert gilt, anstatt auf das, was Sie »nicht wissen«, wenn Sie Ihre Wissenslücken über Ihre Vorfahren füllen. Dass Sara ihren Vater nicht kannte, empfand sie zunächst als solch eine Wissenslücke, aber wir ermutigten sie, sich daran zu erinnern, dass sie mit einer großen Anzahl anderer Menschen verbunden war, die ohne Vater aufgewachsen waren, und an den Schmerz und die daraus gewonnene Widerstandskraft. Für Sara entstand eine neue Identitätsgruppe, die es zu erkunden galt. Unabhängig davon, was Ihnen Ihrer Meinung nach genommen wurde, gibt es vor Ihnen eine große Anzahl von Menschen, die mit ähnlichen Problemen zu kämpfen hatten. Was könnten Sie von ihnen lernen?

Ihre Visualisierungsübung zur unendlichen Ahnenreihe

Die Übung ist adaptiert von Dr. Sará King. Um die geführte Audioversion (auf Englisch) dieser Übung anzuhören, gehen Sie zu HowWeEndedRacism.com/resources.

Stellen Sie sich einen Moment lang die vielen Generationen an Vorfahren vor, die vor Ihnen lebten, eine nach der anderen, die sich hinter Ihnen bis ins Unendliche ausdehnen. Stellen Sie sich vor, dass Sie sich von Ihrem jetzigen Standort aus an diese Ahnenreihe anlehnen und spüren, dass Sie von ihr gestützt werden.

Wenn Sie beispielsweise bequem sitzen, können Sie sich jetzt auch buchstäblich zurücklehnen. Lehnen Sie sich an diejenigen an, die vor Ihnen kamen.

Stellen Sie sich gleichzeitig die vielen Nachkommen vor – familiär, gesellschaftlich oder identitätsbezogen –, die in der Zukunft von Ihnen beeinflusst werden und einer nach dem anderen vor Ihrem inneren Auge erscheinen. Spüren Sie, dass Sie sich jetzt im Zentrum der Unendlichkeit befinden, genau zwischen dieser unendlichen Gruppe von Vorfahren hinter Ihnen und der unendlichen Gruppe von Nachkommen vor Ihnen. Sie sind das Verbindungsglied zwischen ihnen.

Behalten Sie diese Unendlichkeits-Version im Kopf und stellen Sie sich diese Fragen:

1. Wenn es eine Botschaft Ihrer Vorfahren an Sie gäbe, wie würde sie lauten?
2. Haben Sie eine Botschaft an Ihre Vorfahren?
3. Welche Botschaft möchten Sie den zukünftigen Generationen mitgeben?
4. Welche Botschaft hat die zukünftige Generation für Sie?

Genau hier an Ihrem Standpunkt – im Zentrum der Unendlichkeit – beginnt die Transformation.

Innere Arbeit

Vervollständigen Sie die Sätze, um darüber nachzudenken, wie sich der kollektive Schatten auf Sie ausgewirkt hat. Vielleicht gelingt es Ihnen eher, wenn Sie innehalten, die Augen schließen und zu dem Unendlichkeitsbild aus der Visualisierung zurückkehren. Denken Sie bei der Bearbeitung der folgenden Sätze daran, dass der Begriff »Vorfahre« für die biologische *oder* identitätsbezogene Abstammung verwendet werden kann. Ergründen Sie eine oder beide Möglichkeiten.

- Die Botschaft, die meine Vorfahren für mich bereithalten könnten, lautet ________________.
- Was ich über das Leben meiner Vorfahren weiß und noch heute Auswirkungen auf mich haben könnte, umfasst ________________.
- Das generationenübergreifende Trauma, das meine Vorfahren erlebt haben könnten, ist ________________
- Wenn ich über meine Vorfahren nachdenke, ist die spezifische Art von Leid, die sie der Welt zugefügt haben könnten, ________________.
  (Seien Sie konkret. Wenn Sie es nicht wissen, nehmen Sie sich einen Moment Zeit, es nachzuschlagen.)
- Eine Möglichkeit, wie ich dafür Sorge trage, dass dieses Leid vielleicht in meiner Familie oder meinem sozialen Umfeld weiterbesteht, ist ________________.
- Die Widerstandskraft und Stärke, die wir von unseren Vorfahren mitbekommen haben, liegt oft im Verborgenen. Was meine Vorfahren durchgemacht haben, das mir meine heutige Widerstandskraft mitgegeben hat, besteht im ________________.
- Ich kann diese Stärke nutzen, um mir in meinem Leben zu helfen, indem ich ________________.
- Ich kann diese Stärke nutzen, um mich weiterhin für die Beendigung des Rassismus einzusetzen, indem ich ________________.
- Die Botschaft, die ich für die Zukunft habe, ist ________________.

Obwohl wir uns in diesem Kapitel stark auf Traumata und Stress konzentriert haben, sollten wir nicht vergessen, dass Stress auch ein motivierender Faktor sein kann. Er kann uns anspornen weiterzumachen. Unsere Vorfahren haben viele Prüfungen bestehen müssen, wodurch sie posttraumatische Entwicklung und Resilienz mitbekommen haben. Denken Sie daran, dass im Schatten unsere größten Gaben verborgen liegen. **Betrachten Sie Ihre Vergangenheit nicht nur als Quell des Schmerzes, sondern auch als Quell der Kraft**. Auf diese Weise vereinigen sich Licht und Schatten hin zu großer Weisheit.

Um den Rassismus zu beenden, müssen wir uns der Konditionierung und Programmierung bewusst werden, die wir von unseren Vorfahren geerbt haben, sowie die externe Konditionierung, die viele von uns als »den Lauf der Dinge« akzeptiert haben. Dies hat Auswirkungen auf alles, was wir für die Zukunft schaffen. Sie sind zwar weder für die Traumata in Ihrer Vergangenheit noch für die Ihrer Vorfahren verantwortlich, aber Sie können für Ihre Entscheidung zur Verantwortung gezogen werden, ob Sie den Schatten auch weiterhin ignorieren und aus einem unbewussten Zustand heraus handeln.

Der Schlüssel zur Schaffung einer gerechteren Gesellschaft beginnt mit der Erkenntnis, woher unsere Voreingenommenheit herrührt, damit wir ihr entgegenwirken können.[35] Wir wissen mit Sicherheit, dass ungelöste Traumata und zerstörerische Glaubenssysteme von Generation zu Generation weitergegeben werden, wodurch rassistische und soziale Ungerechtigkeiten sowie der Kreislauf aus Gewalt fortbestehen. Wir können nicht kontrollieren, was wir auf unserem Weg mitbekommen, aber wir *können* zwei Dinge kontrollieren: was wir mit dem weitergegebenen Wissen anfangen, das uns gegeben wurde, und welches Wissen wird an unsere eigenen Nachkommen weitergeben. Es heißt, dass »die Kinder unsere Zukunft seien«. Je weniger abfallartigen Ballast unsere Kinder schultern müssen, desto mehr können sie sich darauf konzentrieren, eine neue Welt zu erschaffen und nicht mehr ständig die Folgen der Vergangenheit ausbügeln zu müssen.

9

Das Große P

Wir haben Ihnen bis hierhin unsere Auffassung von Wahrheit und die Unterscheidung zwischen Fakten und dem subjektiven Narrativ, das wir aus diesen Fakten ableiten, dargelegt. Von diesem Punkt der Wahrheit aus haben wir Ihnen einen kurzen Überblick über die Geschichte des Rassismus in den USA gegeben und uns darin geübt, unsere Gefühle wahrzunehmen, zu identifizieren und auszuhalten. Wir haben gesehen, wie wichtig es ist, in die dunkelsten Winkel des Schattens vorzustoßen und uns mit dem zu verbinden, was wir normalerweise verstecken, indem wir einige unserer verborgenen Konditionierungen aufdecken – während wir uns gleichzeitig mit der Resilienz und Stärke verbinden, die uns unsere Ahnen mitgegeben haben. Wir haben unsere Rolle in dem bewussten Heilungsprozess unserer Ahnenreihe angenommen und für zukünftige Generationen bekräftigt, angefangen bei uns, genau hier im Zentrum der Unendlichkeit. Es ist unerlässlich, dass jeder in der »erwachten Kultur«, die wir mitgestalten, all diese Fähigkeiten mitbringt und auch anwendet. Wenn wir darüber nachdenken, welche Rahmenbedingungen geschaffen werden mussten, um den Rassismus zu beenden, sind diese Tools jene Säulen, die das Fundament dafür gelegt haben, es über die Ziellinie zu schaffen. Während wir uns in den vorangegangenen Kapiteln auf Achtsamkeit und bestimmte Fähigkeiten konzentriert haben, die wir stärken müssen, geht es im letzten Teil von Säule 5 darum, was wir loslassen müssen. Wir beginnen mit dem, was wir *Das Große P* nennen. Das Große P sind *Privilegien* – ein Begriff, von dem Sie sicher schon einmal gehört haben (und der in Konzepten zum Thema »Rasse« oft benutzt wird), aber wir versprechen Ihnen, dass wir das Thema anders angehen, als Sie vielleicht erwarten.

In einem unserer Online-Workshops äußerte Marsha, eine Schwarze Frau, gegenüber Anna, einer weißen Frau, dass sie frustriert darüber sei, dass weiße Menschen im Allgemeinen nicht verstehen, wie privilegiert sie sind. Um das zu veranschaulichen, gab Marsha ein Beispiel für die Angst, die sie jeden Tag verspürte, wenn sie ihren Sohn von der Schule abholte, wobei der Schulweg durch eine überwiegend weiße Nachbarschaft führte. Als Schwarze Frau fürchtete sie um ihr Leben und das ihres kleinen Sohnes, vor allem, wenn sie einen Polizisten hinter sich fahren sah, was ihrer Meinung nach häufig vorkam, weil in ihrer Gemeinde im Vergleich zu den Nachbargemeinden überproportional viele Polizisten patrouillierten. Anna gegenüber drückte sie ihre Frustration mit den Worten aus: »Ich glaube nicht, dass weiße Menschen jemals verstehen werden, wie schwer das ist.«

Anna, der die Tränen in die Augen schossen, antwortete: »Ich arbeite in einer Industriestadt mit einer Fabrik, die vor einigen Jahren geschlossen wurde. Mein Mann hat mich für eine Frau in einer anderen Stadt verlassen, in der er einen neuen Job gefunden hatte. Ich lebe jetzt in einem Trailer, allein mit meinem fünfjährigen weißen Sohn, in einer Gemeinde, die von der Opioid-Krise heimgesucht wird. Die Fenster an den Gebäuden sind mit Brettern vernagelt, die Polizei glänzt durch Abwesenheit. Es gibt hier buchstäblich keine Polizei.« Anna hielt inne, Tränen liefen ihr über das Gesicht, und fuhr fort: »Ich schlafe mit einer Schrotflinte neben meinem Bett, um mich und meinen fünfjährigen Sohn vor Einbrechern zu schützen. Allein diesen Monat kam die Schrotflinte zweimal zum Einsatz. Bitte nenn mich nicht privilegiert.«

Marsha und Anna saßen schweigend da, emotional sehr aufgewühlt, und waren sich beide bewusst, dass sie an einem Scheideweg standen. In diesem entscheidenden Moment konnte das Gespräch zweierlei Richtungen einschlagen: Die beiden konnten weiterhin versuchen, sich darin zu überbieten, wer mehr Leid ertragen musste und wessen Situation schlimmer war, und darüber streiten, wer mehr oder weniger Privilegien hatte; oder sie konnten sich darauf einlassen, die in ihren persönlichen Geschichten innewohnende Verbundenheit zu finden. Anstatt gegeneinander zu kämpfen, könnten sie eine gemeinsame Basis gegen die Systeme finden, die sie beide unterdrücken.

Anna und Marsha teilen das Narrativ, beide engagierte und hartnäckige alleinerziehende Mütter zu sein, die unter widrigen Umständen alles für ihre Söhne geben, um ihnen die Chance auf ein besseres Leben zu ermöglichen. Diesen beiden sehr unterschiedlichen Frauen bietet sich eine Chance: Sie können sich für die Verbundenheit entscheiden und sich zusammenschließen, um die nötige Stärke zu finden, oder sie können die gefühlte Kluft weiter vertiefen und sich auf ihre gefühlten Unterschiede konzentrieren. Gerade wegen des Prozesses, den wir als Nächstes in Angriff nehmen werden, waren Anna und Marsha in der Lage, den zielführenden Weg einzuschlagen. Auch wenn Anna immer noch so privilegiert ist, dass sie den Strafverfolgungsbehörden vertrauen kann, während Marsha dies nicht kann, wird durch ihre Gemeinsamkeiten die Fassade der »Unterdrückungsolympiade« eingerissen, wie wir es nennen, die nur dazu führt, sich weiter voneinander zu entfernen.

Die Unterdrückungsolympiade zwingt die Menschen in einen Wettstreit, um abzuwiegen, wessen Leid mehr Gewicht hat. In dem Wettstreit kann niemand gewinnen; eine Gruppe versucht ständig, ihr Leiden über das aller anderen zu stellen, mit dem Ziel, man möge doch die »schlimmsten« Traumata anerkennen. Dieser Wettstreit ist ein Ablenkungsmanöver, das uns davon abhält, **gemeinsam zu der Erkenntnis zu kommen, dass wir uns besser zusammentun können, anstatt uns zu vergleichen, um die Systeme zu verändern, die das Leid überhaupt erst verursachen.** Traumata und Leid sind relativ – und werden es immer sein. Unser Workshop, den wir mitgestaltet und mitmoderiert haben, bot Anna und Marsha einen sicheren Raum, in dem sie ehrliche und schwierige Gespräche führen konnten, ohne zu bewerten und bewertet zu werden. Er ermöglichte es ihnen, ihre Berührungspunkte aufzuarbeiten und zu finden. In der »realen«

Welt schrecken wir meistens davor zurück, solche Gespräche fortzusetzen oder sie überhaupt zu führen. Wenn wir uns jedoch dazu verpflichten, die Tools anzuwenden, die wir in diesem Buch erlernt haben, können wir unser Unbehagen überwinden. In der Regel stellt sich heraus, dass die vermeintlich unüberbrückbare Kluft zwischen uns gar nicht so tief klafft, wie wir denken. Manchmal existiert diese Kluft zwischen uns nicht einmal.

Sechs Monate nach unseren Workshops führen wir in der Regel weitere Fokusgruppen und Interviews durch. Dabei haben wir festgestellt, dass Anna und Marsha eine tiefe und wahrhaftige Freundschaft geschlossen haben – geboren aus ihrem gemeinsamen Schmerz und ihrem tagtäglichen Kampf. Wo sie noch Differenzen haben, sehen sie diese nicht als unüberwindbare Gräben, sondern als Anknüpfungspunkte für weitere Gespräche. Die beiden arbeiten jetzt über Parteizugehörigkeit und Staatsgrenzen hinweg zusammen, um Anstrengungen und politische Kandidaten zu unterstützen, die sich dafür einsetzen, ihre Gemeinden zu einem besseren und sichereren Ort für alle zu machen. Sie vergeuden ihre Zeit nicht länger damit, ihr Leiden gegenseitig aufzuwiegen oder andere Personen als »besser« oder »schlechter« zu bezeichnen. Setzt die Verbundenheit von Marsha und Anna jeglichem Rassismus ein Ende? Nein. Aber kann Rassismus jemals ohne eine Verbundenheit wie jene zwischen Marsha und Anna enden? Auf keinen Fall. Wir alle sind Marsha und Anna. Wir müssen die Fassade unserer Unverbundenheit einreißen und mit dem Geplänkel um die Leid-Nebenkriegsschauplätze aufhören, damit wir zusammen jene Systeme dechiffrieren und zum Einsturz bringen, die all dieses Leid überhaupt erst verursachen. Das ist der einzige Weg, wie der Rassismus jemals enden wird. Stufenweise. Einer nach dem anderen. Es beginnt mit Ihnen.

Im gegenwärtigen Kontext der Vereinigten Staaten denken die meisten US-Amerikaner beim Wort *Privilegien* sofort an »weiße Privilegien«, aber wir möchten Ihren Horizont erweitern.

Unabhängig davon, wie Sie normalerweise über Privilegien denken oder woher Sie kommen, nehmen Sie sich jetzt einen Moment

Zeit und schauen Sie sich die Privilegien-Skala unten an. Wenn Sie eine Stecknadel, die Ihre Privilegien repräsentiert, auf dieser Skala platzieren müssten, wo würde sie Ihrer Meinung nach landen?

Privilegien-Skala 1

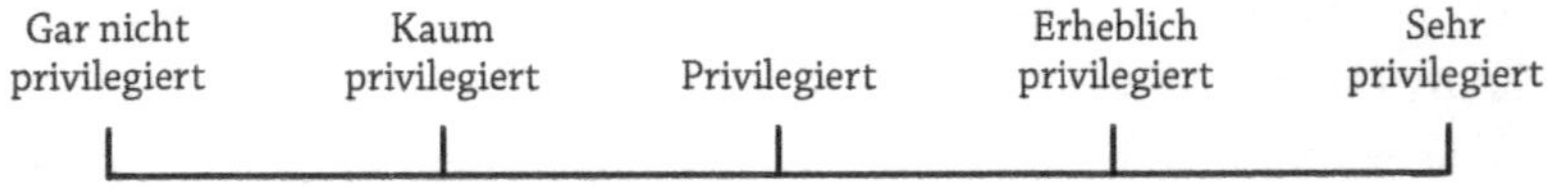

Behalten Sie Ihre Antwort im Hinterkopf. Unsere gesamte Sichtweise auf das Konzept Privilegien änderte sich, als wir mit diesem Zitat der Aktivistin Janaya Future Khan in Berührung kamen:

> Bei Privilegien geht es nicht darum, was man durchgemacht hat, sondern darum, was man nicht durchmachen musste.[36]

Nehmen Sie sich einen Moment Zeit, um diese Aussage noch einmal zu verinnerlichen: »Bei Privilegien geht es nicht darum, was man durchgemacht hat, sondern darum, **was man nicht durchmachen musste.**« Privilegien aus dieser Perspektive zu betrachten, ist für unsere Bewegung zur Beendigung des Rassismus von wesentlicher Bedeutung. Wie wir bereits erwähnt haben, werden in der Unterdrückungsolympiade Menschen gegeneinander ausgespielt, indem sie ihr Leid und ihre Traumata vergleichen. Die eine Seite beschuldigt die andere, privilegiert zu sein, und wenn die andere sich verteidigt, klingt das in etwa so: »Aber meine Familie hat den Holocaust miterlebt …« oder »Aber ich bin queer …« oder »Aber meine Familie musste in dieses Land einwandern …« oder eine Version von »Ich bin wahrlich nicht privilegiert; meine Familie musste wirklich hart dafür arbeiten!« oder »Mir wurde nichts in die Wiege gelegt!« oder »Ich habe auch viel Schreckliches erlebt«.
Wenn wir unser Leid vergleichen, zementieren wir die Unterschiede zwischen uns und sabotieren unsere Fähigkeit zur Verbundenheit.

Die Wahrheit ist, dass jeder Mensch auf diesem Planeten irgendwann in seinem Leben Leid erfahren hat oder erfahren wird. Jeder Mensch vor uns und jeder Mensch nach uns wird in irgendeiner Form Leid oder Traumata erfahren. Es ist garantierter Bestandteil der menschlichen Existenz, die wir alle teilen. Die meisten von uns werden in Familien und Ahnenreihen hineingeboren, die schwierige Zeiten durchmachen und durchgemacht haben, und ja, für einige Familien waren die Zeiten noch härter als für andere. Das ist erwartbar und das müssen wir gemeinsam anerkennen. *Jeder Mensch hat schon einmal etwas durchgemacht.* Zu sagen, dass jemand wegen eines erlittenen Traumas oder einer inneren Wunde nicht traurig sein sollte, weil es jemand anderem (oder einem selbst) noch schlechter geht, ist in etwa so, als würde man sagen, dass jemand nicht glücklich sein darf, weil es eine Person gibt, der es noch besser geht.

Wenn wir anfangen, unser Leid zu vergleichen, dann hegen wir Groll gegenüber dem anderen, fühlen uns unverbunden, werden wütend oder haben das Gefühl, dass wir uns immer weiter voneinander entfernen. Es werden Mauern hochgezogen, und wo Mauern stehen, können keine Brücken gebaut werden. Das ist das Gegenteil von dem, was wir wirklich wollen, nämlich Verbundenheit, Einfühlungsvermögen und das Gefühl, dass wir wertgeschätzt werden. Wir alle möchten, dass die eigene persönliche Geschichte wichtig ist. Wir alle möchten gehört und gesehen werden. Deshalb ist der Ansatz von Janaya Future Khan zum Thema Privilegien so wichtig.

Lesen wir ihn noch einmal: »Bei Privilegien geht es nicht darum, was man durchgemacht hat, sondern darum, was man nicht durchmachen musste.« Dieser Ansatz betrachtet Privilegien als etwas, *was wir nicht erleiden mussten*, und wandelt die Unterdrückungsolympiade in eine Übung des Mitgefühls, bei der wir das Leid eines anderen betrachten und sagen können: »Ich kann mir nicht vorstellen, wie mein Leben aussähe, wenn ich so etwas hätte ertragen müssen.«

Der Privilegien-Test

Unsere nächste Aufgabe besteht darin, den Privilegien-Test zu machen, ein Instrument, das wir von einer beliebten Übung namens »Privilege Walk« übernommen haben, die man leicht online finden kann, wenn man nach dem Begriff sucht. In diesen Videos werden die Teilnehmenden aufgefordert, einen Schritt vorwärtszugehen, stehen zu bleiben oder einen Schritt zurück zu machen, je nachdem, wie die Antwort auf bestimmte Fragen zum Thema Privilegien ausfällt. In unserer abgewandelten Version führen wir einen Test mit einem Punktesystem durch. Manche sehen diesen Test als verwerflich an, weil Menschen, die weniger privilegiert sind, als Beispiele herangezogen werden; aber wir werden diese Übung ganz anders angehen und zeigen, wie man mit ihrer Hilfe den »Leidens-Wettstreit« in Verbundenheit und Handlungsfähigkeit umwandeln kann.

Wenn Sie sich auf diese Übung einlassen, bedenken Sie bitte Folgendes: Bei jedem »Schritt«, den Sie machen, gibt es immer jemanden, der einen Schritt in die entgegengesetzte Richtung macht. Verinnerlichen Sie das. Es ist leicht, sich darauf zu konzentrieren, »was ich durchgemacht habe«, aber lassen Sie uns bei dieser Übung stattdessen das Augenmerk darauf legen, *was Sie noch nicht durchgemacht haben*. Als Bonus können Sie diese Übung mit einem Partner oder in einer Gruppe machen, aber sie ist auch effektiv, wenn Sie sie alleine durchführen. Fühlen Sie in jedem Fall in sich hinein, während Sie die einzelnen Aussagen durchlesen.

DER PRIVILEGIEN-TEST

Eine Druckversion (in englischer Sprache) ist auf HowWeEndedRacism.com/resources verfügbar.

Aufgabe: Bewerten Sie jede der 33 Aussagen ganz persönlich:

+1 für einen Schritt vorwärts oder -1 für einen Schritt zurück (wenn die Aussage auf Sie zutrifft)

0 Punkte, wenn Sie keinen Schritt vor oder zurück machen (wenn die Aussage nicht auf Sie zutrifft)

Wir werden das Gleiche tun. Zählen Sie am Ende des Tests Ihre Punkte zusammen. Anschließend erklären wir Ihnen, was als Nächstes kommt.

1. Wenn Ihre Eltern nachts und am Wochenende gearbeitet haben, um den Lebensunterhalt zu sichern, gehen Sie einen Schritt zurück.

   Shelly Tygielski (ST) = 0, Justin Michael Williams (JMW) = -1, Du = ____

2. Wenn Sie allein einkaufen gehen können und relativ sicher sein können, dass Sie weder verfolgt noch belästigt werden, gehen Sie einen Schritt vor.

   ST = +1, JMW = 0, Sie = ____

3. Wenn Sie sich in der Welt bewegen können, ohne Angst vor sexuellen Übergriffen haben zu müssen, machen Sie einen Schritt nach vorne.

   ST = 0, JMW = +1, Sie = ____

4. Wenn Sie cisgeschlechtlich sind (d. h., Ihr wahrgenommenes Geschlecht entspricht Ihrem Geburtsgeschlecht), gehen Sie einen Schritt vor.

   ST = +1, JMW = +1, Sie = ____

5. Wenn Sie Ihre Zuneigung zu Ihrem Partner in der Öffentlichkeit zeigen können, ohne Angst vor Spott oder Gewalt zu haben, gehen Sie einen Schritt vor.

   ST = +1, JMW = 0, Sie = ____

6. Wenn bei Ihnen jemals eine körperliche oder kognitive Krankheit/Behinderung diagnostiziert wurde, gehen Sie einen Schritt zurück.

   ST = -1, JMW = 0, Sie = _____

7. Wenn die erste Sprache, die in Ihrem Haushalt gesprochen wurde, in dem Sie aufwuchsen, nicht die Amtssprache des Landes war, in dem Sie lebten, gehen Sie einen Schritt zurück.

   ST = -1, JMW = 0, Sie = _____

8. Wenn Sie jemals versucht haben, etwas an Ihrer Sprache oder Ihrem Auftreten zu verändern, um glaubwürdiger zu wirken, gehen Sie einen Schritt zurück.

   ST = -1, JMW = -1, Sie = _____

9. Wenn Sie überall im Land die Haarpflegeprodukte, die Sie brauchen, und/oder Kosmetika, die zu Ihrer Hautfarbe passen, leicht finden können, gehen Sie einen Schritt vor.

   ST = +1, JMW = 0, Sie = _____

10. Wenn Sie als heterosexuell durchgehen können, gehen Sie einen Schritt vor.

    ST = +1, JMW = 0, Du = _____

11. Wenn Sie sich in Ihrer Kindheit für Ihre Kleidung oder Ihr Zuhause geschämt haben, gehen Sie einen Schritt zurück.

    ST = 0, JMW = -1, Sie = _____

12. Wenn Sie selten gebeten werden, für alle Menschen Ihrer Ethnie zu sprechen, gehen Sie einen Schritt vor.

    ST = +1, JMW = 0, Sie = _____

13. Wenn Sie die Person, die Sie lieben, von Gesetzes wegen heiraten können, unabhängig davon, wo Sie leben, gehen Sie einen Schritt vor.

    ST = +1, JMW = 0, Sie = _____

14. Wenn Sie um ein Gespräch mit einer »zuständigen Person« bitten und sich relativ sicher sein können, dass diese Person Ihrer Ethnie angehört, gehen Sie einen Schritt vorwärts.

    ST = +1, JMW = 0, Du = _____

15. Wenn Sie oder Ihre Eltern eine Scheidung durchgemacht haben, gehen Sie einen Schritt zurück.

    ST = -1, JMW = -1, Du = _____

16. Wenn Sie das Gefühl hatten, dass Sie als Kind ausreichend Zugang zu gesunden Lebensmitteln hatten, gehen Sie einen Schritt vor.

    ST = +1, JMW = +1, Sie = _____

17. Wenn Sie sich einigermaßen sicher sind, dass Sie aufgrund Ihrer Fähigkeiten und Qualifikationen für einen Job eingestellt werden würden, gehen Sie einen Schritt vor.

    ST = 0, JMW = 0, Sie = _____

18. Wenn Sie es sich nie gut überlegen müssen, ob Sie die Polizei rufen, wenn es Probleme gibt, gehen Sie einen Schritt vor.

    ST = +1, JMW = 0, Sie = _____

19. Wenn Sie einen Arzt aufsuchen können, wann immer Sie es für nötig halten, gehen Sie einen Schritt vor.

    ST = +1, JMW = +1, Sie = _____

20. Wenn Sie jemals die einzige Person Ihrer Ethnie in einem Klassenzimmer oder am Arbeitsplatz waren, gehen Sie einen Schritt zurück.

    ST = 0, JMW = -1, Sie = _____

21. Wenn Sie eine Hochschulausbildung haben, gehen Sie einen Schritt vor.

    ST = +1, JMW = +1, Sie = _____

22. Wenn Sie für Ihre Ausbildung einen Kredit aufgenommen haben, gehen Sie einen Schritt zurück.

    ST = -1, JMW = -1, Sie = _____

23. Wenn Ihre Eltern oder Erziehungsberechtigten eine Universität besucht haben, gehen Sie einen Schritt vor.

    ST = 0, JMW = 0, Sie = _____

24. Wenn Sie für religiöse Feste, die keine gesetzlichen Feiertage sind, immer von der Arbeit freigestellt werden, gehen Sie einen Schritt vor.

    ST = 0, JMW = +1, Sie = _____

25. Wenn Sie rechtliche oder medizinische Hilfe benötigen und Sie sicher sein können, dass Ihre Ethnie kein Grund für eine Benachteiligung ist, gehen Sie einen Schritt vor.

    ST = +1, JMW = 0, Sie = _____

26. Wenn Sie jemals Urlaub außerhalb Ihres Heimatlandes gemacht haben, gehen Sie einen Schritt vor.

    ST = +1, JMW = +1, Sie = _____

27. Wenn Sie sich sicher sind, dass Ihre Familie in der Lage wäre, Sie finanziell zu unterstützen, wenn Sie in eine finanzielle Notlage geraten würden, gehen Sie einen Schritt vor.

ST = +1, JMW = 0, Sie = _____

28. Wenn Sie jemals für Ihre Bräuche, Kleidung oder Traditionen in einem Klassenzimmer oder am Arbeitsplatz kämpfen oder dafür eintreten mussten, gehen Sie einen Schritt zurück.

ST = -1, JMW = -1, Sie = _____

29. Wenn es in Ihrem Haus in Ihrer Kindheit mehr als fünfzig Bücher gab, gehen Sie einen Schritt vor.

ST = +1, JMW = 0, Sie = _____

30. Wenn Sie sich in der Grundschule mit der Kultur oder der Geschichte Ihrer Vorfahren beschäftigt haben, gehen Sie einen Schritt vor.

ST = 0, JMW = +1, Sie = _____

31. Wenn ein Elternteil von Ihnen jemals gegen seinen Willen entlassen wurde oder arbeitslos war, gehen Sie einen Schritt zurück.

ST = 0, JMW = -1, Sie = _____

32. Wenn in Ihrer Kindheit die meisten Spielzeuge, Bücher oder visuellen Medien, zu denen Sie Zugang hatten, Darstellungen von Menschen/Puppen/Figuren enthielten, die nicht wie Sie aussahen, gehen Sie einen Schritt zurück.

ST = 0, JMW = -1, Sie = _____

33. Wenn Sie Zugang zu sauberem Wasser haben, gehen Sie einen Schritt vor.

ST = +1, JMW = +1, Du = _____

Bevor Sie Ihre Punkte zusammenzählen, halten Sie bitte einen Moment inne. Legen Sie Ihre Hände einen Augenblick auf Ihr

Herz. Überprüfen Sie – wir haben es bereits getan –, wie Sie sich emotional fühlen. Welche Emotionen sind für Sie jetzt präsent? (Sie können auch das Gefühlsrad auf Seite 70 heranziehen.) Atmen Sie ein paar Mal tief durch. Können Sie die Emotionen in Ihrem Körper lokalisieren?
Wie hoch ist Ihre Gesamtpunktzahl?

Sie = (____)

Hier ist unsere:

ST = (11)
JMW = (0)

Nehmen Sie noch einmal die Privilegien-Skala zur Hand und schauen Sie, wo Sie stehen: Sind Sie dort gelandet, wo Sie es erwartet hätten, oder ganz woanders? Fast alle von uns sind auf die eine oder andere Weise privilegiert. Wenn wir einmal verstanden haben, wie viele Privilegien wir unabhängig von unserer Ethnie genießen, können wir dieses Verständnis als Sprungbrett nutzen, um eine authentische Verbundenheit zu schaffen, die der Schlüssel zur Beendigung des Rassismus ist.

Privilegien-Skala 2

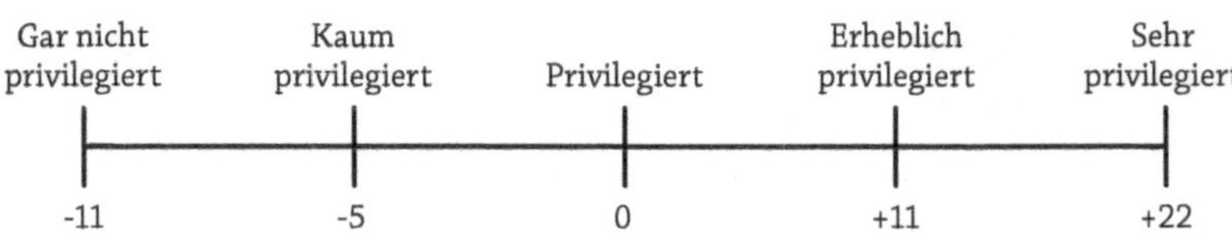

Wie gut ist es Ihnen bei dieser Übung gelungen, sich nicht auf das zu konzentrieren, *was Sie durchgemacht haben*, sondern auf das, *was Ihnen erspart geblieben ist*? Die Übung, die wir gerade gemacht haben, ist nur ein Tool, mit dem Sie etwas über sich selbst lernen können. Was haben Sie also gelernt? Was veranlasst Sie dazu, das Verständnis dem Vergleich vorzuziehen? Wie geschickt sind Sie darin,

Empathie für andere aufzubringen, obwohl Sie mit Ihren eigenen Problemen zu kämpfen haben? Dies ist eine wesentliche Fähigkeit, die wir erwerben und etablieren müssen, um den Rassismus zu beenden.

Innere Arbeit

Vervollständigen Sie die folgenden Sätze, um ein tieferes Verständnis für Ihre Beziehung zu der neu gewonnen Definition zu entwickeln: Ein Privileg ist nicht das, was man durchgemacht hat, sondern das, was man nicht durchmachen musste.

- Das Gefühl, das ich nach dieser Übung habe, ist ________ ____________________________________.
- Etwas, das ich an dieser Übung als Herausforderung empfunden habe, ist ____________________ ____________________________________.
- Meine Fähigkeit, mich während dieser Übung auf das Leid anderer Menschen (»was ich nicht durchmachen musste«) zu konzentrieren, war ____________________ ____________________________________.
- Wenn ich mir andere Menschen vorstelle, die viele Schwierigkeiten überwinden mussten, mit denen ich nicht konfrontiert war, fühle ich ____________________ ____________________________________.
- Meine Fähigkeit, Mitgefühl für deren Leid zu empfinden und meines gleichzeitig anzuerkennen, ist ____________ ____________________________________.
- Ich habe über mein eigenes Leid erkannt, dass __________ ____________________________________.
- Was ich über Privilegien verstanden habe, was ich vorher so nicht gewusst habe, ist ____________________ ____________________________________.

- Aus dieser Übung nehme ich am meisten mit, dass ______
____.

Bei vielen Menschen löst diese Übung eine Reihe von Emotionen aus, von Traurigkeit bis hin zu Dankbarkeit und allen Facetten, die dazwischenliegen. Unsere Schülerin Lori war traurig und schämte sich dafür, wie viele Privilegien sie hatte, ohne sich dessen bewusst zu sein; Daveed hingegen zeigte sich begeistert, weil er mehr Punkte erzielte, als er sich als queerer Latinx-Einwanderer vorgestellt hatte. Sam machte diese Übung mit ihrem Freundeskreis und schämte sich, weil ihr nie bewusst war, dass so viele ihrer engen Freundinnen und Freunde mit so viel zu kämpfen hatten, während sie annahm, sie sei die Einzige. Als wir mit Brian und seinem Führungsteam diese Übung praktizierten, hatte er Tränen in den Augen. Brian sagte, dass seine Punktzahl im Vergleich zu seinen Kollegen zwar eine der niedrigsten war, er aber nicht umhin komme, anzuerkennen, was er »nicht durchmachen musste«. Ihm wurde klar, dass er trotz der großen Schwierigkeiten in seinem Leben für so vieles dankbar sein konnte, es aber oft übersehen hatte.

Eine der differenzierteren (und wahrscheinlich wichtigsten) Emotionen, die wir ansprechen wollen, ist eine, die bei vielen Menschen auftritt, auch wenn sie oft Angst haben, es zuzugeben: ***Abwehrhaltung***. Manche errichten nach dieser Übung eine Art Mauer, die in der Regel aus Aussagen besteht wie »Aber warum haben Justin und Shelly im Test nichts über [Fügen Sie hier Ihre schwierige Situation ein] erwähnt?« oder »Warum ist die Waage nicht ausgeglichen?« oder »Die Aufgabenstellung war verwirrend, weil sich mein Leben jetzt sehr von dem unterscheidet, als ich jünger war, sodass ich mir nicht sicher war, wie ich einige Fragen beantworten sollte«. Sind bei Ihnen Fragen oder Bedenken dieser Art aufgetreten? Wenn ja, gut. Wenn nicht, lesen Sie trotzdem aufmerksam, denn das Verständnis dieser subtilen Abwehrreaktion ist entscheidend für Sie, wenn Sie anderen bei dabei helfen wollen, unseren Umgang untereinander zu verändern.

Sie sollten es sich so vorstellen: Wenn Sie, nachdem Sie das Buch bis hierhin gelesen haben, immer noch das Gefühl haben, wie Sie nach einer einfachen Übung die Mauern hochziehen, dann stellen Sie sich einmal vor, wie sich andere Menschen fühlen, wenn sie beschämt, getadelt und beschuldigt werden, in ihrem wirklichen Leben »zu privilegiert« zu sein, vor allem, wenn sie noch nie die Arbeit gemacht haben, die wir in diesem Buch gemeinsam durchgenommen haben. Vielleicht können Sie, ein Mensch, der bewusst genug lebt, um ein Buch mit diesem Titel in die Hand zu nehmen, und sich trotzdem in die Defensive gedrängt fühlt, leichter nachvollziehen, dass andere sich auch so fühlen könnten. Es ist kein Wunder, dass Menschen dazu neigen, Mauern um sich herum zu errichten. Sie würden lieber vor schwierigen Themen weglaufen. Wenn wir unsere eigenen Abwehrmechanismen bemerken (und anerkennen), können wir Verständnis und Mitgefühl für diejenigen in unserem Umfeld aufbringen, die sich selbst dann noch verteidigen, wenn wir sie auf ihre Privilegien hinweisen. Wenn dann eine Abwehrhaltung eingenommen wird, ist es wichtig, dass wir sie anerkennen, damit sich nicht alles um sie dreht (und uns vom Schatten wegführt). Wir müssen auch erkennen, dass jedes Gefühl der Abwehrhaltung auf der alten Auffassung über Privilegien beruht: Wir vergleichen, was wir durchgemacht haben, und beschämen und beschuldigen dann diejenigen, die es besser hatten. Das ist der Wettstreit der alten Denkweise, aber wir haben eine neue ins Leben gerufen.

Unsere Privilegien sind nichts, wofür wir uns schämen oder worüber wir schweigen sollten. Wir sehen es als unseren authentischsten Zugang zur Verbundenheit. Falls Ihr Haus brennt und Sie das Glück haben, der Flammenhölle zu entkommen, bevor die Feuerwehr eintrifft, und noch andere in den Flammen gefangen sind, dann ist es Ihre Aufgabe, andere Menschen zu warnen oder Verletzte an einen sicheren Ort zu bringen. Privilegien geben Ihnen die Möglichkeit, auf unterschiedliche Art dazu beizutragen, für Sicherheit zu sorgen.

Aber die meisten von uns schämen sich so sehr für ihre Privilegien, dass wir sie lieber verstecken. Anstatt anderen Menschen zu helfen, spielen wir unsere Rolle herunter und geben vor, keine Erste Hilfe leisten zu können, weil wir nicht »zu privilegiert rüberkommen« wollen oder den Eindruck erwecken, es »drehe sich alles um uns«. In der Zwischenzeit brennt das Haus nieder und die Menschen drinnen sitzen in der Falle.

Eine andere Möglichkeit, diese neue Sichtweise auf Privilegien zu verstehen, ist die generationenübergreifende Sichtweise. Wir – Justin und Shelly – haben uns den Arsch aufgerissen, damit wir und unsere Familien ein besseres Leben haben. Würden also unsere Kinder (real oder imaginär) diesen Test machen, würden wir davon ausgehen, *dass ihr Ergebnis viel höher ausfallen würde als unseres.* Wir würden nicht wollen, dass unsere Kinder sich dafür schämen, denn wir haben hart dafür gearbeitet, dass ihr Ergebnis höher ausfällt. Der Bestsellerautor Adam Grant schreibt: »Zu viele Menschen verbringen ihr ganzes Leben damit, pflichtbewusste Nachkommen zu sein anstatt gute Vorfahren. Die Verantwortung einer jeden Generation besteht nicht darin, es ihren Vorgängern recht zu machen. Es geht darum, die Dinge für ihre Nachkommen zu verbessern. Es ist wichtiger, seine Kinder stolz zu machen als seine Eltern.«[37] Obwohl wir der Auffassung sind, dass man sowohl seine Kinder als auch seine Eltern stolz machen kann, besteht unsere Aufgabe darin, unsere Kinder zu einer Denkweise zu erziehen, die den Rassismus aktiv abschafft; so werden sie zur ersten Generation, die sich nicht mehr fragt, ob sie zu den Löscheimern greifen muss, wenn ein Haus in Flammen steht. Diesen Kindern wird angeboren sein, dass sie eine moralische Verantwortung haben, so viele Wassereimer zu schleppen, wie ihre Privilegien es ihnen erlauben, und sie werden stolz auf die Löscharbeiten sein. Indem wir uns diese empathische Herangehensweise aneignen, sehen wir Privilegien nicht länger als etwas »Negatives« oder etwas, das wir verheimlichen oder für das wir uns schämen sollten. Wir sehen sie als ein Sprungbrett, um unsere Privilegien – unabhängig davon, wie wir sie erlangt haben – in den Dienst einer höheren Sache zu stellen.

Schließlich hilft uns unser Verständnis von Privilegien, unsere »Sprache des Verlusts« zu lernen. Stellen wir uns für einen Moment vor, Ihr Ergebnis im Privilegien-Test wäre 21 von 22 Punkten; Sie könnten durch den Test lediglich mitnehmen, dass Sie durch die schreckliche Scheidung Ihrer Eltern gezeichnet sind, als Sie noch jünger waren. Nach dem alten Modell der Privilegien – wir vergleichen unser Leid innerhalb der Unterdrückungsolympiade – würde man einer Person mit einer Punktzahl von 21 sagen, sie solle über ihre Probleme schweigen, sonst liefe sie Gefahr, »noch mehr Schaden anzurichten«, schließlich hatten es »so viele Menschen noch schlimmer als sie«. Diese Denkweise widerspricht jedoch allen wissenschaftlichen Erkenntnissen darüber, erfolgreich Verbundenheit und Zusammenhalt herzustellen. Die Wahrheit ist, dass Menschen, die dieselbe *Sprache des Verlusts* sprechen, einen gemeinsamen Kontext haben, der sie über ihre Unterschiede hinaus verbindet. Shelly arbeitet zum Beispiel seit vielen Jahren mit Organisationen zusammen, die Überlebenden von Waffengewalt Hilfsmittel zur Verfügung stellen, um mit Traumata umzugehen. Bei einem weiteren Amoklauf können somit Menschen, die ebenfalls Familienmitglieder durch eine Schießerei verloren haben, anderen Angehörigen Trost spenden.

In jahrelanger Arbeit hat sich gezeigt, dass eine Mutter, die den Verlust ihres Kindes bei einer Massenschießerei an einer Schule miterleben musste, am besten helfen kann, wenn es gilt, mit einer anderen Mutter zu sprechen, die das gleiche Schicksal erleiden musste. Dabei spielt es keine Rolle, ob die Mütter anderweitige Gemeinsamkeiten haben – ob sie Schwarz oder weiß sind, finanziell gut gestellt oder eher in ärmlichen Verhältnissen lebend, wen sie bei der letzten Wahl gewählt haben oder aus welchem Teil des Landes sie stammen. Shelly hat beobachtet, wie sich Menschen über scheinbar unüberwindbare Differenzen hinweg zusammenfinden, weil sie diesen unsäglichen Verlust teilen. Eine weiße Mutter aus der oberen Mittelschicht von Parkland, Florida, deren Sohn ermordet wurde, fühlte zum Beispiel ein sehr starkes Band zu einer Schwarzen Mutter aus einer einkommensschwachen Gemeinde in South Side Chicago, deren Tochter ebenfalls ermordet wurde. Obwohl sich diese beiden Frauen in puncto Religion, Kultur, Ethnie, Ideologie und Ansichten unterschieden, konnten sie sich bei ihrer Begegnung über ihre gemeinsam erlebten Traumata – ihrer gemeinsamen Sprache des Verlusts – auf Anhieb verständigen. Auch viele Jahre später sind die beiden Frauen noch befreundet.

Wenn wir eine gemeinsame Sprache des Verlusts sprechen, fällt es uns leicht, Mitgefühl für die Probleme einer anderen Person zu empfinden, wenn wir wissen, was sie durchgemacht hat. Es ist erwiesen, dass die gemeinsame Sprache des Verlusts die lächerlichen Barrieren, die wir zwischen uns errichten, niederreißen kann. Uns allen ist die Menschlichkeit gemein. Wir müssen kein gemeinsames Trauma haben, um Zugang zu ihr zu finden – aber das Trauma kann als Anknüpfungspunkt genutzt werden, um uns zu helfen, dorthin zu gelangen. Das ist der Raum, den wir so oft wie möglich aufsuchen müssen, um den Rassismus zu beenden.

Die Geschichte der beiden Mütter ist nur ein sehr spezifisches, drastisches Beispiel für die zwischenmenschliche Wissenschaft der Verbundenheit. Es gibt viele weitere Beispiele dafür, wie dies in anderen Bereichen der Gesellschaft funktioniert. Mit dem Privilegien-Test können wir nicht nur üben, Mitgefühl für etwas zu empfinden, das wir nicht erlebt haben, sondern auch die einfachen Anknüpfungspunkte für die Dinge finden, die wir erlebt haben. Wir lernen, beides zu beherrschen.

Gehen Sie jetzt noch einmal Ihren Privilegien-Test durch. Betrachten Sie die Dinge, die Sie durchgemacht haben, aus einer ganz neuen Perspektive, indem Sie das, was Sie durchgemacht haben, als ein Tor zur Verbundenheit nutzen anstatt als Vergleichspunkt. Vielleicht denken Sie sogar über anderweitige Erlebnisse nach, die im Test nicht abgefragt wurden.

Nun, wir möchten Sie einladen. Viele Menschen fragen uns oft: »Was ist mein ehrlichster Anknüpfungspunkt, um diese Bewegung hin zur Veränderung zu unterstützen?« Jetzt haben Sie ihn gefunden.

Ignorieren Sie nicht, was Sie durchgemacht haben, aus Angst, dass »sich alles nur um Sie dreht«. Nutzen Sie stattdessen diese Energie, um mit anderen in Ihrem Umfeld ins Gespräch zu kommen, die den gleichen Schmerz, das gleiche vertraute Leid durchgemacht haben – den Anknüpfungspunkt. Suchen Sie sich eine Organisation, einen Verein oder Verband, die diejenigen unterstützt, die Ihre Sprache des Verlustes sprechen. Wenn Ihr einziges Leid zum Beispiel darin bestand, einen Scheidungskrieg miterlebt zu haben, der Ihre Familie zerstört hat, dann liegt Ihre Sprache des Verlusts auf der Hand. Sie können sich nach einer Organisation umsehen, die Kinder und Familien unterstützt, die sich von zerrütteten Familienverhältnissen erholen und mit den Folgen einer Scheidung fertigwerden müssen. Warum ausgerechnet Sie? Weil Sie es selbst erlebt haben und deshalb eine viel tiefere Verbundenheit eingehen können.

Dies ist Ihr Weg, und wenn Sie Ihre Privilegien anerkennen, können Sie sich beteiligen. So können Sie Ihrem Schmerz einen Sinn geben und Mitgefühl für das Leid anderer aufbringen, während Sie andere dazu inspirieren, das Gleiche zu tun. Die wichtigsten Fragen, die Sie sich stellen müssen, sind: Was sind die gravierendsten Dinge, die Sie durchgemacht haben? Was ist Ihre Sprache des Verlusts? Wer in Ihrem Umfeld könnte von Ihrer Weisheit und Ihren Erfahrungen profitieren? Welche bundesweiten oder lokalen Organisationen oder Vereinigungen unterstützen Menschen, die dieselbe Sprache des Verlusts sprechen?

Oft verstecken sich unsere Privilegien im Schatten und sorgen für einen Zustand, in dem wir – und andere – feststecken. Es ist an der Zeit, Ihre Privilegien einzufordern und gleichzeitig einen offenen, empathischen Raum für sich selbst und andere zu schaffen. Ihre Privilegien sind der Weg dorthin.

10

Vorherrschaft

Während wir unsere Ausgrabungen im Schatten fortsetzen, gibt es ein weiteres Thema, dem wir uns noch widmen müssen: der *Supremacy* oder *Vorherrschaft*. Auch diesbezüglich müssen wir unsere Konditionierung anpassen, um auf dem Weg zur Beendigung des Rassismus voranzukommen, wenn auch vielleicht nicht so, wie Sie es erwarten würden. *Vorherrschende* oder *Supremacist* – das tut schon fast weh, wenn man es ausspricht. Wie ein zu heißer Ofen, den man sich nicht anzufassen traut, wollen die Menschen das Wort nicht einmal aussprechen, geschweige denn sich damit identifizieren. Wenn Sie das Wort »supremacist« hören, woran denken Sie dann zuerst? Den meisten Menschen kommt sofort *white supremacy* in den Sinn, also die Vorherrschaft der Weißen. Aber um den Rassismus zu beenden, müssen wir unser Verständnis über die »weiße Vorherrschaft« hinaus auf das umfassendere Konzept von *Vorherrschaft* an sich ausdehnen und überprüfen, wie sie in das Leben eines jeden von uns hineinreicht. Denn wahr ist auch, dass wir alle unabhängig von unserer Hautfarbe eine Beziehung zur Vorherrschaft haben, und die meisten Menschen sind überrascht, wie sich ihr jeweiliges Verhältnis gestaltet.

Beginnen wir mit dem Wort *supreme*, abgeleitet vom Lateinischen supremus, was so viel wie »erhaben« oder »am höchsten« bedeutet. Damit etwas erhaben sein kann, muss es als das Beste angesehen werden. Alles andere muss sich daran messen lassen und fällt automatisch dahinter zurück, *unabhängig davon, ob es tatsächlich wahr ist*. Denn Überlegenheit selbst ist eine *Bewertung*, ein *Narrativ* (keine Beschreibung bzw. Fakt, wie wir in Kapitel 3 behandelt haben). Wir sind der Auffassung, dass die Vorstellung von Vorherrschaft, wie auch jede Art von Vorurteil, nicht so oft aus Hass entsteht, wie man vielleicht denkt, sondern eher aus dem weit verbreiteten menschlichen Bedürfnis nach positiver Selbsteinschätzung: dem Wunsch, sich selbst gut zu fühlen. Wir wollen uns in Bezug auf uns selbst und die Gruppen, mit denen wir uns identifizieren, gut fühlen. Wenn man zum Beispiel ein cisgeschlechtlicher Mann ist, möchte man sich gut fühlen, weil man ein cisgeschlechtlicher Mann ist; wenn man ein transgeschlechtlicher Mann ist, möchte man sich gut fühlen, weil man ein trans Mann ist. Die meisten Menschen wollen sich mit ihrer Identität wohlfühlen, so als ob sie wichtig und bedeutsam wäre. Oft wollen sie sich auch als Bürger ihres Landes gut fühlen – sie sehen sich als Patrioten. Leider besteht eine der einfachsten Möglichkeiten, das Gefühl hinsichtlich des eigenen Werts, der Kompetenz und der Zugehörigkeit zu untermauern, indem wir uns mit anderen vergleichen.

Dadurch entsteht oft eine hierarchische Struktur, in der wir andere Gruppen als minderwertig wahrnehmen. Ein Beispiel dafür, wie wir unseren Nationalismus dazu nutzen, um uns einem anderen Land überlegen zu fühlen, ist der Satz: »Ich bin so froh, dass ich Amerikaner bin; wir sind besser als die Europäer.« Auch wenn wir vielleicht so feinfühlig sind, diese Dinge nicht laut auszusprechen, so denken und fühlen wir sie doch oft. Dieses Bedürfnis nach einem vorteilhaften gesellschaftlichen Status – das Gefühl, besser zu sein als andere – versteckt sich im Schatten und schürt von dort aus das Feuer namens Vorurteil und Vorherrschaft. Wir alle tun es. Aber wenn wir dem Rassismus ein Ende setzen wollen, müssen wir uns selbst gegenüber ehrlich sein und uns fragen, wen wir für besser halten als uns selbst. Im Allgemeinen sind die Menschen nicht so sehr gegen dich, wie sie für sich selbst sind.

Vorherrschaft funktioniert wie folgt: Um in einem bestimmten gesellschaftlichen Bereich – sei es in der Familie, auf der Arbeit oder in einer bestimmten Gruppe – irgendetwas festzulegen, muss alles an einem gemeinsam vereinbarten Standard gemessen werden. Wenn wir beispielsweise etwas als »zu heiß« oder »zu kalt« empfinden, brauchen wir einen Standardwert für die grundlegende »Raumtemperatur«. Im gesellschaftlichen Bereich gibt es viele dieser Standards, die es uns ermöglichen, Dinge als »gut oder schlecht«, »angemessen oder unangemessen«, »wertvoll oder wertlos«, »akzeptabel oder inakzeptabel«, »gerecht oder ungerecht« und so weiter einzustufen. Um jegliche Art von Bestimmungen oder Bewertungen vornehmen zu können, muss man einen grundlegenden Maßstab haben. *Supremacy* nimmt das, was von der Mehrheitsgesellschaft als »überragend« angesehen wird, und macht es zum Maßstab.

Wie bereits erwähnt, ist in Amerika *white supremacy* die am häufigsten genannte Form der Vorherrschaft. Die weiße Vorherrschaft erhebt, wie jede andere Vormachtstellung auch, »Whiteness« oder Weißsein zum Standard, an dem alles andere gemessen wird. Zum Beispiel sind Sätze wie »Diese Leute sind zu laut«, »Diese Frisur ist unangemessen«, »Was für ein unprofessionelles Outfit« oder »Mein Hintern ist zu ausladend« Aussagen, die man unabhängig von der Hautfarbe machen kann, doch in jedem dieser Zusammenhänge gibt es einen *Maßstab des Weißseins*, an dem diese Bewertungen und Feststellungen gemessen werden.

Um herauszufinden, welche Form der Vorherrschaft bei einem Satz wie »Diese Frisur ist unangemessen« zum Tragen kommt, muss man einfach fragen: *»Im Vergleich zu was?«* In diesem Fall und in allen vorangegangenen Beispielen wird die Entscheidung im Vergleich zum Maßstab Weißsein getroffen: weiße Verhaltensweisen, weiße Frisuren, eurozentrische Kleidung, weiße, eher europäische Körperformen und dergleichen. So entsteht eine Kultur der weißen Vorherrschaft. So wurden zum Beispiel während eines Großteils der jüngeren Geschichte (und manchmal auch heute noch) Schwarze Kinder in den USA oft von der Schule verwiesen, weil sie ihre Haare zu Box Braids geflochten hatten oder das trugen, was allgemein Dreadlocks genannt wird. Und warum? Weil es als unangemessen angesehen wurde. Wie kann etwas, das in jeder Gesellschaft normal und natürlich ist, als unangemessen gelten? Weil es zwangsweise an einem anderen Maßstab gemessen wird. In diesem Fall ist der Maßstab das Weißsein – Frisuren, an die weiße Kinder gewöhnt sind. Als Ausweg haben viele Schwarze gelernt, ihr Haar zu glätten, kurz zu schneiden oder Weaves, Perücken und Extensions zu tragen, um als »angemessen« zu gelten und die gesellschaftlich akzeptierte Norm zu erreichen.

Diese Logik lässt sich auf jeden Bereich der Gesellschaft anwenden. Wenn Sie beispielsweise die »formelle Kleidung« in vielen Kulturkreisen betrachten, werden Sie feststellen, dass der europäische Kleidungsstil »Business Casual« nicht die Norm ist. Wird in Mexiko Día de Muertos oder in Indien eine Hochzeit gefeiert, bei der wie auch in vielen anderen Kulturen der Welt die Gäste gebeten werden, sich »festlich zu kleiden«, würden diese eher keine westliche Kleidung wählen, sondern in traditioneller Kleidung erscheinen. Stattdessen sieht man Tehuana-Kleider mit Blumenmuster, bunte Saris, unglaublich aufwendigen Schmuck und wunderschöne Hüte und Kopfbedeckungen. Aber in der westlichen Welt, deren Kleidungsideal oft auf der Vorherrschaft der Weißen beruht, wird die Kleidung der verschiedenen Kulturen in den meisten Kontexten als nicht angemessen betrachtet. Sie wird dem weißen Standard angepasst und darf nur in einem geschützten kulturellen Kontext angewendet werden, der sich dem Blick der Vorherrschaft entzieht. Auf diese Weise kann der einfache Akt der Kleiderwahl die dominante Kultur der Vorherrschenden entweder aufrechterhalten oder verdrängen. Der wichtige Unterschied ist, *dass man nicht weiß sein muss, um den Schaden, den die weiße Vorherrschaft anrichtet, aufrechtzuerhalten und weiterzuführen.* Man muss nur die Standards, die aus ihr hervorgehen, mittragen oder mit ihnen konform gehen.

Vorherrschaft geht über die Ethnizität hinaus, auch wenn es manchmal abgestritten wird. Doch alle unsere Studien und Fokusgruppen (mit Menschen, die offen und ehrlich zu uns sind) haben uns zu der Erkenntnis geführt, dass man jeden Begriff mit dem Wort Vorherrschaft koppeln kann: Schwarze Vorherrschaft, Vorherrschaft der Latinos, Vorherrschaft der Akademiker, Vorherrschaft der Reichen,

Vorherrschaft der Christen, Vorherrschaft der Juden, Vorherrschaft der Heterosexuellen, Vorherrschaft der Geistlichen, Vorherrschaft der Demokraten, Vorherrschaft der Republikaner und so weiter – die alle letztlich zu einer Weltanschauung führen, die besagt: »Wir sind besser als alle, die nicht unserem Maßstab entsprechen, und wenn du in unserer Nähe sein und akzeptiert werden willst, müssen diese Maßstäbe erfüllt sein, damit wir uns in deiner Anwesenheit wohl fühlen.« Auch wenn es hinsichtlich Vorherrschaft noch viel mehr Aspekte zu beachten gilt, wollen wir an dieser Stelle darlegen, dass viele Menschen unbewusst (oder bewusst) glauben, über anderen zu stehen. Diese Ansicht steht im Widerspruch zu allem, was zur Beendigung des Rassismus erforderlich ist. Um den Rassismus zu beenden, dürfen wir uns nicht nur auf die Abschaffung der weißen Vorherrschaft konzentrieren, sondern müssen uns ganz allgemein vom Konzept Vorherrschaft verabschieden. Das Konzept der Vorherrschaft selbst sorgt für Abgrenzung, daher müssen wir es hinter uns lassen, wenn wir die Zukunft gemeinsam neu gestalten. Um es klar zu sagen: Das bedeutet nicht, dass Sie Ihre Kultur oder Gruppen, denen Sie sich zugehörig fühlen, nicht würdigen sollten. Es geht hier nicht um entweder oder, sondern darum, dass Sie Ihre Kultur oder Zugehörigkeitsgruppe nicht über eine andere stellen dürfen, aus welchem Grund auch immer.

Wir alle, unabhängig von unserer Ethnizität, müssen uns selbst gegenüber ehrlich sein, was unser Verhältnis zur Vorherrschaft angeht. Viele von uns betrachten bewusst und unbewusst eine bestimmte Gruppe als übergeordnet – ohne es überhaupt zu realisieren und selbst für den Fall, wenn es sich nicht um unsere eigene Gruppe handelt. Diese Überlegenheit legt unsere Maßstäbe fest, ebenso wie gesellschaftliche Normen, und diese Maßstäbe trennen uns, anstatt uns zu ermöglichen, in gesunden Beziehungen über alle Unterschiede hinweg miteinander in Frieden zu leben.

Innere Arbeit

Vervollständigen Sie die folgenden Sätze, um in Ihrem Schatten auf die Suche nach Konditionierungen hinsichtlich Vorherrschaft zu gehen. Nehmen Sie sich einen Moment Zeit, darüber nachzudenken, und seien Sie so ehrlich zu sich selbst, wie Sie können.

- Wenn ich wirklich ehrlich zu mir selbst bin, dann ist das, was ich für überlegen halte, ________________________
  ____.
- Bis heute war mir das nicht bewusst, und ich habe auch nicht darüber nachgedacht, wie sehr ich mich den Vorherrschafts-Maßstäben verschrieben habe, und zwar ________
  ____.
- Der Grund, warum ich mich damit arrangiert habe, ist
  ____.
- Ich habe Angst davor, dass ________________________.
- Eine Möglichkeit, wie ich persönlich dazu beitragen kann, dass diese Vorherrschaft fortbesteht, ist ______________
  ____.
- Eine Gruppe, die manchmal im Vergleich zu mir als überlegen angesehen wird, ist ________________________
  ____.
- Dinge, die Menschen sagen könnten, die mich oder meine Gruppe als »weniger wertvoll« betrachten, sind ________
  ____.
- Ich fühle mich dabei, als ________________________.
- Was ich in Zukunft in Bezug auf meine Beziehung zum Thema Vorherrschaft tun könnte, ist ________________
  ____.

Lindon, ein junger afroamerikanischer Aktivist, führte diese Übung durch und war schockiert, als er erkannte, wie viel Überlegenheitsgefühl er in sich trug, und zwar aus verschiedenen Blickwinkeln. Bei dieser Übung wurde ihm klar, dass er einerseits glaubte, Schwarze Menschen seien überlegen, was er in einem unserer Workshops mit den Worten ausdrückte: »Wir machen sogar Witze darüber, dass wir Superkräfte haben, weil wir tief im Inneren wissen, dass wir stärker und besser sein müssen als alle anderen, um das alles überlebt zu haben.« Ihm war klar, dass er die Schwarze Gemeinschaft für all das, was sie in der Vergangenheit durchgemacht hatte, ehren und würdigen und seine Gemeinschaft für ihre Resilienz und schier übermenschliche Stärke loben wollte, die er für sie empfand. Allerdings ging das zu Lasten einer anderen Gruppe, und ihm war nicht klar, dass er es auch ohne Herabwürdigung tun konnte. Er konnte Schwarzsein und alles, was dafür steht, wertschätzen, ehren und hochhalten, ohne Schwarzsein in eine Hierarchie einordnen zu müssen, was das Problem, dass er oft Opfer seiner selbst war, nur noch verstärkte.

In der zweiten Hälfte unseres Gesprächs über Vorherrschaft machte Lindon eine interessante Feststellung: Obwohl er Schwarzen eine vorherrschende Stellung zuschrieb, war er auch tief in die weiße Vorherrschaft verstrickt, was ihn ziemlich schockierte. »Ich hatte keine Ahnung, dass ein Schwarzer Aktivist ein *white Supremacist* sein kann, aber verdammt, mit ziemlicher Sicherheit bin ich einer!« Denn Lindon unterwarf sich dem gesellschaftlichen Credo, dass »die Weißen besser und erfolgreicher wären«. Deshalb nahm er an – manchmal bewusst, manchmal unbewusst –, dass er umso besser vorankommen würde, je mehr er sich der weißen Kultur annäherte. Sie sehen, diese beiden Formen der Vorherrschaft existieren nicht binär, es gibt kein Entweder-oder – sie können zusammen existieren, in einer Person. Lindon hat sich sehr bemüht, in seinem Inneren die Vorstellung an eine Vorherrschaft zu überwinden, damit er auf seine Vision einer gerechten Welt hinarbeiten kann. Jeder von uns kann dies tun.

Als allgemeine Übung für Ihr Leben sollten Sie sich einmal die Normen näher anschauen, nach denen Sie zu Hause, bei der Arbeit und in Ihrem sozialen Umfeld leben. Wenn etwas nicht dem Standard entspricht, denken Sie daran, sich zu fragen: »Im Vergleich zu was?« Dies wird weitere Vorstellungen an eine Vorherrschaft ans Licht bringen, die Ihr Leben aus dem Schatten heraus steuern. Sobald Sie sich ihrer bewusst werden, haben Sie die Macht, sie zu verändern.

Jeder von uns hat irgendeine Form von Vorherrschaft programmiert. **Wenn Sie sich die Vorstellungen an eine Vorherrschaft, die in Ihnen schlummern, nicht genauer anschauen, unabhängig von Ihrer Ethnizität oder Identität, riskieren Sie eine Realität, in der Unterdrückte leicht zu Unterdrückenden werden können.** Deshalb reicht es nicht aus, der weißen Vorherrschaft allein einen Riegel vorzuschieben. Wenn wir den Rassismus beenden wollen, muss das Konzept Vorherrschaft mit ihm enden. **Du bist nicht besser als alle anderen, egal wie »richtig« du deine Überzeugungen findest.** Und allein die Vorstellung, dass jemand anders das Gefühl hat: »Du hältst dich für besser als mich«, trägt zu jener Unverbundenheit bei, die wir mit dem Rassismus hinter uns lassen. Du bist ein einzigartiger Ausdruck des Ganzen. Die Verbundenheit all unserer Überzeugungen zusammen bringt MWe (Me + We) gesund zum Ausdruck und leuchtet uns den Weg, wenn wir den Rassismus beenden – gemeinsam.

11

Zweifel und Glaube

Kurz nach der Ermordung von George Floyd im Mai 2020 und den darauffolgenden Protesten sprach Co-Autor Justin mit seinem Vater über all das, was so in der Welt vor sich ging, und erzählte ihm, dass wir ein Projekt zur Beendigung des Rassismus starten wollten. Als er den von uns geplanten Lehrplan und unsere Mission erläuterte, war die erste Reaktion seines Vaters: »Junge, alles vergeudete Liebesmüh. Die weißen Leute werden sich nie ändern.« Dann hielt er etwa dreißig Minuten lang einen Monolog, warum sich weiße Menschen nie ändern würden. Justin war schockiert, vor allem, weil sein Vater ihn normalerweise bei allem unterstützt. Wie konnte Justins Vater – immerhin jemand, der mit Justins Mutter eine interkulturelle Ehe eingegangen war und folglich in der eigenen Familie erlebt hatte, wie sehr sich etwas zum Guten verändern kann – so zynisch reagieren? Bei näherer Betrachtung stellte sich heraus, dass sein Zynismus aus seiner Zeit als Polizeibeamter herrührte. Er erzählte Justin, dass das, was sich hinter den Kulissen abgespielt hatte, grotesker war als alles, was man sich vorstellen kann, und dass der Gedanke an eine *Verhaltensänderung* keine Aufgabe war, die er seinem Sohn Justin zumuten wollte. Er war der festen Überzeugung, dass der Kampf aussichtslos sei und letztlich dazu führen würde, dass Justin den Glauben an die Menschheit verlöre.

Zweifel und Zynismus sind wie Nadeln in einem Heißluftballon. Wenn Sie die Flamme der Vision zur Beendigung des Rassismus entfachen, werden Zweifel und Zynismus Ihren Aufstieg durchlöchern, wenn Sie versuchen, neue Höhen zu erreichen. Wenn wir also aus der Zukunft heraus fragen: »Was haben wir *heute* unternommen, um das Ende des Rassismus herbeizuführen?«, müssen wir unser Verhältnis zu Zweifel und Zynismus neu ausrichten. Zweifel und Zynismus müssen im Zaum gehalten (und schließlich hinter uns gelassen!) werden, während wir voranschreiten. Denken Sie daran: Gespräche über den Wandel machen das Unmögliche *möglich*. Zweifel und Zynismus zementieren den Status quo – und Angst ist ihr gemeinsamer Nenner.

Wenn man die Ursachen aller großen Veränderungen in der Menschheitsgeschichte genauer unter die Lupe nimmt, so gehen sie immer auf eine kleine Gruppe von Menschen zurück, die sich entschieden haben, **die Angst zu überwinden und den Glauben hochzuhalten**. Jede gesellschaftliche Bewegung in der Geschichte hat sich deshalb durchgesetzt, weil jemand an sein Ideal geglaubt und es möglich gemacht hat. **Angst und Glaube funktionieren auf dieselbe Art: Man ist gezwungen, an etwas festzuhalten, was man nicht sehen kann und das noch nicht eingetreten ist.** Die Art von Glauben, von der wir hier sprechen, ist nicht auf den religiösen Glauben beschränkt. Wir sprechen über die Wörterbuchdefinition von Glaube: *eine gefühlsmäßige, nicht auf Beweisen, Fakten oder Ähnlichem beruhende unbedingte Gewissheit, Überzeugung*.[38]

Glauben zu besitzen, ist kein spiritueller oder philosophischer Ansatz. **Es ist eine notwendige Strategie für den Wandel.** Der Glaube beinhaltet ein Versprechen: dass Ihre Umstände Sie nicht in Ihren Möglichkeiten einschränken. Der Glaube fordert Sie auf, Ihre Lebensumstände zu betrachten und zu sagen: »Ich entscheide mich dafür, an etwas Größeres zu glauben, ich entscheide mich dafür, zu glauben, dass sich die Dinge ändern können« oder »Ich entscheide mich dafür, etwas zu unternehmen, ohne die Garantie, dass es so eintreten wird, wie ich es mir vorstelle«. Manche Leute werden Ihnen vorwerfen, dass Sie Luftschlösser errichten, aber ein starker Glaube ist nicht weniger »praktisch« als Zweifel, Zynismus oder Angst. In allen Fällen entscheiden Sie sich dafür, an etwas zu glauben, was Sie nicht sehen können und das noch nicht eingetreten ist.

Wenn wir auf diese oder jene Art an etwas glauben wollen, dann ist es weitaus produktiver, sich für den *Glauben* und gegen die Angst zu entscheiden; denn die Person, die wir auf der Seite der Angst werden, ist eine ganz andere als die, die wir auf der Seite des Glaubens werden. In beiden Fällen erhalten wir zwei völlig unterschiedliche Ergebnisse. Wer wir werden, wenn wir aus der Angst heraus agieren, ist bestenfalls eine verschlissene und abgekämpfte Version dessen, was wir jetzt sind. Aber wenn wir uns dafür entscheiden, aus dem Glauben heraus zu handeln, entwickeln wir uns zu jemand viel Größerem und Wirkungsvollerem. Stellen Sie sich vor, all die Frauen in der Vergangenheit, die kein Wahlrecht hatten und, wenn nicht bereits in dem Glauben erzogen, so doch oft zu glauben gezwungen wurden, dass sie das unterwürfige Eigentum ihres Mannes sind, hätten sich dafür entschieden, zu glauben, dass ihre Lebensumstände die Grenzen ihrer Möglichkeiten bestimmen. Jahrtausendelang war dies in vielen Kulturen das angestammte Schicksal der Frau (und wir wollen nicht verschweigen, dass es in vielen Teilen der Welt immer noch so ist). In den Vereinigten Staaten hat sich dies – mit Ausnahme einiger weniger Gemeinschaften – geändert. Wie sähe die Welt aus, wenn sich versklavte Menschen umgesehen und konstatiert hätten: »Das ist alles, was wir haben, machen wir das Beste draus.«? Stellen Sie sich vor, die LGBTQIA+-Gemeinschaft hätte in den Ländern, in denen die Rechte von Queeren mittlerweile anerkannt sind, gesagt: »Wir bleiben lieber im Verborgenen.« Die Welt ändert sich nicht, jedenfalls nicht ohne die von uns, die sich für den Glauben *entscheiden.*

Das ist es, was wir meinen, wenn wir sagen, dass es bei der Beendigung des Rassismus nicht nur darum geht, das Problem an sich zu beseitigen, sondern auch den Kontext und die Bedingungen, unter denen das Problem existiert. *Das ist Schattenarbeit.* Wenn man globale Probleme in eine Gesellschaft einbringt, die vom Schatten der Angst beherrscht wird, dann verkehrt eine furchtsame Gesellschaft die Situation ins Gegenteil, unabhängig davon, wie die Situation wirklich ist, und sorgt für noch mehr Angst und Spaltung, was wiederum zu noch mehr Angst und Abgrenzung führt und so weiter.

Aber in einer Kultur, die den Glauben in sich trägt, kann das Unüberwindliche überwunden werden. Eine solche Kultur öffnet die Tür einen Spalt weit selbst für die Transformation schwierigster Situationen. Wenn Sie also jemanden sagen hören: »Diese Menschen werden sich nie ändern«, dann wissen Sie, dass eine solche Aussage nicht der Wahrheit entspricht, sofern Sie an Ihrem Glauben festhalten. Menschen können sich ändern. Menschen entwickeln sich weiter. Im Laufe Ihres Lebens erleben Sie immer wieder Geschichten von Menschen, die sich tatsächlich weiterentwickelt und verändert haben. Halten Sie einen Moment inne und denken Sie darüber nach, in welchen Bereichen Ihres eigenen Lebens Sie sich verändert haben.

Dieser Grundsatz lässt uns an Greg denken, einen weißen Mann, der an einem unserer Workshops teilnahm. Er wuchs in Tennessee auf, und eine Reihe von rassistischen Freunden und Familienmitgliedern glaubten, dass »Schwarze Menschen dumm und faul sind«. In einem unserer offenen Workshops, die sich im geschützten Raum abspielen, gestand er: »Ich habe immer geglaubt, wenn Schwarze 20 Prozent weniger verdienen als Weiße, dann liegt das daran, dass Schwarze 20 Prozent weniger hart arbeiten oder nicht so klug oder fähig sind. Ich dachte sogar, dass bei ihnen etwas genetisch anders sein muss. Vor allem, weil ich immer der Meinung war, dass alle Menschen die gleichen Chancen bekommen.« Greg fuhr fort: »Wenn ich es in meinem eigenen Leben nicht dermaßen vermasselt hätte … wenn ich immer noch in der Finanzbranche arbeiten würde, mit einem Haus am See und einem Haufen ›Spielzeug‹, wie viele der Leute, mit denen ich aufgewachsen bin, würde ich definitiv immer noch diese Dinge glauben. Ich war ein stolzer *white Supremacist*. Ich habe wirklich geglaubt, dass Schwarze Menschen minderwertig sind.«

Aber das ist nicht der Greg, den wir in unserem Workshop kennengelernt haben. Der Greg, den wir kennenlernen durften, durchlief vor fünfzehn Jahren eine gewaltige Veränderung, als er zusehends mit seiner Alkoholsucht zu kämpfen hatte. Nachdem er einige der Dinge gegen die Wand gefahren hatte, die ihm in seinem Leben am wichtigsten waren, wie zum Beispiel seine Ehe, hörte Greg mit dem

Trinken auf und begann, regelmäßig an den Treffen der Anonymen Alkoholiker teilzunehmen. In den Meetings, an denen auch mehrere Afroamerikaner teilnahmen, tauschten die Teilnehmer sich über ihre Traumata und schwierigen Gefühle aus. Durch die Erfahrung der Nähe, der Verbundenheit und der Sprache des Verlusts änderte sich Greg nach und nach. In Kindheit und Jugend hatte er keine Schwarzen Freunde oder Nachbarn – später dann auch nur wenige Schwarze Arbeitskollegen. Sein gesamtes Narrativ von dem »Leben Schwarzer Menschen in Amerika« basierte auf den Meinungen seines Umfelds und den Medien, die ihre Brille aufhatten und mit ihren persönlichen Erfahrungen jenes Bild vermittelten, Schwarze seien minderwertig.

Als er jedoch von den Schwarzen Männern in seiner Gruppe aus erster Hand von den Traumata und Kämpfen hörte, mit denen sie in ihrer Kindheit und Jugend in Tennessee konfrontiert waren, und von ihrem Weg, trocken zu werden, wurden ihm zwei Dinge klar: Erstens hatten sie viele Gemeinsamkeiten (was ihn überraschte). Zweitens gab es immer noch sehr viel, was diese Männer durchmachen und weiterhin ertragen mussten, das ihm bis heute erspart geblieben war – obwohl sie geografisch gesehen in der gleichen Gegend wie er lebten. Greg war sich dessen bewusst und nahm an unserem Workshop teil, weil er sich für seinen Sohn die nötigen Skills aneignen wollte, damit dieser auf der richtigen Seite der Geschichte aufwächst. Er wollte nicht dieselbe Konditionierung weitergeben, mit der er aufgewachsen war, hatte aber das Gefühl, dass es ihm dafür noch am nötigen Know-how mangelte.

Diese Geschichte veranschaulicht einen gewaltigen Veränderungsprozess. Greg war früher ein (selbsternannter) Rassist und stolzer »white Supremacist« und ist jetzt jemand, dem seine Schwarzen Freunde sehr am Herzen liegen. Er setzt sich dafür ein, dem Rassismus und der Bigotterie in seiner Familie ein Ende zu setzen. Greg hatte sein Erweckungserlebnis nicht mit zwölf, sondern mit fünfunddreißig. Geschichten wie die von Greg sind keine Seltenheit (wir können das bestätigen, denn wir hören sie immer wieder), aber Zynismus und Zweifel würden uns eher das Gegenteil glauben lassen.

Die Menschen ändern ständig ihre Überzeugungen. Erinnern Sie sich an Ihre einst unerreichbaren Familienmitglieder, Ihre ehemals gesellschaftlich unbedarften Kollegen, Ihre ehemals homofeindlichen Verwandten und daran, wie die Ihnen nahestehenden Menschen im Laufe der Jahre gewachsen sind. Rassismus ist hiervon nicht ausgenommen. Die Möglichkeiten für den Wandel ergeben sich nur dann, wenn sich jemand dafür entscheidet, offen zu bleiben und Verbundenheit gegenüber denjenigen zu zeigen, die andere und manchmal gegensätzliche Überzeugungen haben – und deren unerschütterlicher Glauben auf dem Fundament steht, dass sich die Dinge ändern können und werden. Wir brauchen Sie, Sie müssen sich verpflichten, diese Person zu sein.

Innere Arbeit

Vervollständigen Sie die folgenden Sätze, um Ihre Einstellung zu Zynismus, Zweifel, Angst und Glauben zu bestimmen.

- Mein Zynismus und meine Zweifel in Bezug auf das Ende des Rassismus umfassen ______________________.
- Meine größte Befürchtung in Bezug auf Rassismus ist ______________________.
- Wie sich das auf meine Fähigkeit auswirkt, den Unterschied auszumachen, ist ______________________.
- Die größte Veränderung in meinen Überzeugungen, die ich in meinem eigenen Leben in Bezug auf ein Thema vorgenommen habe, ist ______________________.
- Das beweist mir, dass ______________________.
- Eine persönliche Veränderung, die ich in Bezug auf ethnische Zugehörigkeit vorgenommen habe, ist ______________________.

- Das Narrativ, das ich mir einrede, warum ich eine Veränderung in Bezug auf ethnische Zugehörigkeit für »diese Leute« für wenig wahrscheinlich halte, ist ____________
  ____.
- »Diese Leute« sind ____________________________.
- Die Art und Weise, wie *mein Narrativ* zum Fortbestehen des Rassismus *beitragen* könnte, ist ______________
  ____.
- Wenn ich an ein Narrativ glauben würde, in dessen Mittelpunkt der Glaube und nicht die Angst steht, würde dieses neue Narrativ wie folgt aussehen: ________________
  ____.
- Und das würde mich zu __________________________ führen.
- Ich engagiere mich für __________________________.

Wenn Ihnen mal Zweifel kommen und es Ihnen schwerfällt, sich auf den Glauben zu stützen, bedeutet das schlichtweg, dass Sie auf etwas hinarbeiten, das Ihnen wichtig ist. Zweifel oder Angst zu erleben, ist im Allgemeinen mit Verletzlichkeit verbunden. Dann sollten Sie sich fragen: »Wovor schützen mich meine Zweifel und Ängste? Wie finde ich einen Ort der *Möglichkeiten, auch wenn ich ständig Leid erlebe*?«

Manchmal, in einem »Raum der Offenheit«, fühlen wir uns entblößt und haben das Gefühl, dass wir anfälliger dafür sind, verletzt oder enttäuscht zu werden. Wir müssen uns dann daran erinnern, dass es völlig normal ist, dass manchmal Zweifel an uns nagen oder uns der Glaube verlässt. Dann müssen wir uns unserer Emotionen bewusst werden und sie identifizieren (mithilfe des Gefühlsrads!), um achtsamer zu werden und uns mit dem auseinanderzusetzen, was wirklich hochgespült wird, damit wir wieder den Raum der Möglichkeiten betreten können.

Übung: Vom Zweifel zur Möglichkeit

Wenn Sie das nächste Mal Zweifel verspüren, probieren Sie diese Übung aus.

Legen Sie Ihre Hände auf die Mitte Ihrer Brust, eine über die andere.

Fragen Sie sich: »Welche Zweifel hege ich?«

Schließen Sie dann Ihre Augen.

Atmen Sie fünfmal tief durch die Nase ein und durch den Mund aus, wobei Sie sich bei Letzterem etwas mehr Zeit lassen: Zählen Sie beispielsweise beim Einatmen bis drei und beim Ausatmen bis sechs, um so das zentrale Nervensystem zu regulieren. Stellen Sie sich anschließend diese Fragen:

- Welche Emotion spüre ich gerade?
- Was wird durch meine Zweifel geschützt?
- Welche Zukunft halte ich für möglich, wenn ich den Zweifel zugunsten des Glaubens aufgebe? Visualisieren Sie diese Zukunft.
- Wie kann mein Beitrag aussehen, diese Zukunft zu schaffen?

***Wer Sie sein werden, wenn Sie an den Zweifel glauben, ist etwas völlig anderes als das, was Sie sein werden, wenn Sie an die Möglichkeit glauben*.** Wir, d. h. unsere Gemeinschaft, glauben an Folgendes: Um eine Zukunft zu schaffen, in der es keinen Rassismus mehr gibt, müssen wir uns den Möglichkeiten öffnen und ein offenes Ohr für die Menschen haben, damit sie diese neuen Möglichkeiten übernehmen können, die alles übersteigen als das, was sie momentan noch für im Bereich des Möglichen halten. Eine Zukunft, die nicht dadurch limitiert ist, was heute realistisch erscheint. Eine Zukunft, die das Unmögliche *möglich* macht. Das ist die einzige Zukunft, für die es sich zu kämpfen lohnt. Sind Sie auf unserer Seite?

12

Der Andere in mir

Wir haben das Konzept »Abgrenzung« in diesem Buch bereits mehrmals vorgestellt, und zwar deshalb, weil es sich mit allem überschneidet, auf das wir hinarbeiten. Wenn wir in der Zukunft stehen und fragen: »Was haben wir *heute* unternommen, um den Rassismus zu beenden?«, dann ist Abgrenzung *aufgrund von ethnischer Zugehörigkeit* das wesentliche Phänomen, das wir in der menschlichen Spezies auszumerzen versuchen. Seit jeher haben die Menschen Gruppen gebildet, die sich gegenseitig ausschließen, und es ist bekannt, dass dies in den frühen Tagen der Menschheitsgeschichte mit ein Mittel war, um das Überleben zu gewährleisten.[39] Wenn das geschieht, betrachten wir jeden in der In-Group als »wie ich« und jeden in der Out-Group als »anders«. Die »andere« Person kann jemand sein, der einer »anderen« Religion, Ethnizität, einem Land, einer politischen Partei und so weiter angehört. Abgrenzung ist das Gegenteil von Integration und bedeutet nichts anderes, als dass wir die wahre Vision der inneren Verbundenheit – dass wir gleichzeitig mit MWe verbunden und Teil von MWe sind – entmenschlichen oder uns von ihr lösen. Meist basiert Abgrenzung auf Konditionierung, Narrativen und unbegründeten Bewertungen anstelle von rationalen Fakten. Wenn wir andere von uns abgrenzen, halten wir uns daran fest, dass uns beigebracht wurde, wie »die Dinge sind« oder »sein sollten«.

Es gibt viele Arten von Abgrenzung und zahlreiche Argumente und Meinungen über den Unterschied zwischen Rassismus, Vorurteilen und Diskriminierung. Wir bieten Ihnen hier die folgende Definitionen an:

Vorurteil ist, eine Person gleich welcher Identität aufgrund negativer Stereotype vorzuverurteilen. Vorurteile sind die Beurteilungen, die wir über Menschen und ihre Zugehörigkeit zu bestimmten Gruppen treffen.

Diskriminierung bezieht sich auf *(politische) Maßnahmen oder gesellschaftliche Regelungen*, die Menschen aufgrund ihrer Gruppenzugehörigkeit benachteiligen. Während sich beim Vorurteil also alles um die innere Einstellung dreht, ist Diskriminierung verhaltensorientiert und bezieht sich auf Maßnahmen und politische Entscheidungen, die auf der Grundlage von Vorurteilen getroffen werden.

Rassismus ist Vorurteil, gekoppelt mit Macht. Er schafft ein System, in dem eine dominante Gruppe in der Lage ist, über alle anderen Gruppen zu herrschen und auf allen Ebenen einen negativen Einfluss auf sie auszuüben, sei es nun auf persönlicher, systemischer und institutioneller Ebene.

Um den Rassismus zu beenden, muss jede dieser Erscheinungsformen der Abgrenzung überwunden werden. Ein Gespräch, um Vorurteile, Diskriminierung und Rassismus zu unterscheiden oder in eine bestimmte Rangfolge zu setzen, ist ein Beispiel für den Unterschied zwischen einem Gespräch, das man »über« etwas führt, und einem Gespräch, mit dem eine Veränderung hervorgerufen wird: Wie immer wir den Kuchen auch aufteilen, wenn wir über diese Unterschiede reden oder sie bewerten, übersehen wir, dass jedes einzelne Kuchenstück verdorben ist. In vielen Gruppen, die wir unterrichten, argumentieren die Teilnehmenden manchmal, dass Abgrenzung eine »akzeptablere« Form der Diskriminierung ist oder eine, bei der man leichter wegschauen kann. Wenn wir die Teilnehmenden bitten, sich näher mit diesem Thema zu befassen und ehrlich zu sein, stellen sie oft fest, dass diese Argumente und Unterscheidungen in der Regel dazu dienen, eine Minderheit, die oftmals aufseiten der Unterdrücker steht, für deren diskriminierende Praktiken zu entschuldigen. Oder die Teilnehmenden versuchen, zu beweisen, dass People of Color nicht rassistisch sein können und nur weiße Menschen andere People of Color unterdrücken können. Manchmal wird auch von der entgegengesetzten Seite her argumentiert, und die Ursachen für diese Art, zu denken, lassen sich durch gute Schattenarbeit aufdecken.

Es ist ganz einfach, der Punkt ist: Vorurteile, Diskriminierung und Rassismus entstehen aus Abgrenzung, die auf genau den gesellschaftlichen Normen beruht, die wir hinter uns lassen wollen, während wir eine neue Zukunft schaffen. All das muss in denselben Mülleimer, wenn wir den Rassismus beenden wollen. Es ist nicht mal wert, sich überhaupt die Frage zu stellen, ob man Vorurteile, Diskriminierung und Rassismus irgendwie klassifizieren kann. Eine Frage, mit der es sich jedoch zu beschäftigen lohnt, lautet: Unabhängig davon, ob man es Vorurteil, Diskriminierung oder Rassismus nennt, wer/welche Gruppe von Menschen hat es für andere akzeptabel gemacht?

Die Antwort hat oft damit zu tun, wie Sie sich verhalten, wenn niemand anderes in der Nähe ist, zum Beispiel in Ihrem vertrauten Freundeskreis oder in einem Bereich, den Sie für geschützt halten – wenn Sie glauben, dass keine Konsequenzen drohen. Wir alle machen uns dessen schuldig, und deshalb besteht die Fähigkeit, die wir erlernen müssen, um den Rassismus zu beenden, nicht darin, einen verdorbenen Kuchen auf eine bestimmte Art aufzuteilen, sondern darin, alle Formen der Abgrenzung aufzuspüren und zu beseitigen, wenn sie in uns aufkommen – insbesondere in den Bereichen unseres Lebens, in denen wir ganz wir selbst sein können. Justin verweist in unserem Online-Programm oft auf eine Geschichte, die veranschaulicht, wie man es in die Tat umsetzen kann. Als er ein Kind war, war sein Onkel Michael die erste Person in der Familie, die einen Reinigungsdienst engagierte, um das Haus putzen zu lassen. Der Reinigungsdienst kam immer dann, während er auf der Arbeit war, sodass er den Putzkräften niemals persönlich begegnete. Obwohl sein Onkel wusste, dass jede Woche die unterschiedlichsten Menschen kommen würden, beschloss er, sie alle »Lupe« zu nennen – in den USA ein häufiger Name bei lateinamerikanischen Frauen. Jedes Mal, nachdem das Haus seines Onkels geputzt wurde, rief er: »Gott sei Dank, Lupe war da!« Lupe war eine immer wiederkehrende fiktive Figur in Justins Kindheit, sodass seine Mutter, wenn er und seine Geschwister ein Chaos im Spielzimmer hinterlassen hatten und nicht aufräumen wollten, rief: »Was glaubst du, wer ich bin? Etwa Lupe?«

Spulen wir zwei Jahrzehnte vor: Wir schreiben das Jahr 2020, und Justin befindet sich auf dem Höhepunkt seiner Lehrtätigkeit zum Thema Rassismusbekämpfung. Er betritt das Haus seiner Freundin Cristi und zu seiner Überraschung herrscht dort ein einziges Durcheinander. Die ersten Worte aus Justins Mund lauteten: »Mädchen, das ist, als ob ein Tornado hier durchgefegt wäre. Du rufst besser gleich Lupe an!« Noch im selben Moment hielt er schockiert inne: Hatte er, der Mann, der den Rassismus bekämpfen will, das gerade laut gesagt? Hatte er gerade ein rassistisches Klischee aufrechterhalten? Ja, das hatte er. Er hatte von seinem Onkel übernommen, Individuen von sich abzugrenzen, und schuf eine fremde Gruppe, die er als »Lupe« zusammenfasste.

Er schämte sich furchtbar und Cristi sah ihn verwirrt an. Wenig verwunderlich, hatte sie nicht einmal registriert, dass seine Wortwahl unangemessen war. Er hielt kurz inne, holte ein paar Mal tief Luft und erklärte Cristi dann, warum er das gesagt hatte, warum er kurz innehalten musste und warum es nicht in Ordnung war. Er erklärte die dahinterliegende Geschichte und entschuldigte sich dafür. Und er gab sich selbst an diesem Tag ein wichtiges Versprechen: Er würde sein Bestes tun, um diese Phrase nie wieder zu benutzen, aber falls doch, so würde er immer und unter allen Umständen innehalten und erklären, warum es einfach nicht in Ordnung war. Was Justin in diesem Fall tat, während er sich mit Cristi unterhielt, ist eine Fähigkeit, die Sie ebenfalls erlernen sollten. Denn Sie müssen verstehen, dass Sie Fehler machen werden – es ist schlichtweg unvermeidlich und nur allzu menschlich. Ihre alte, aus dem Schatten heraus agierende Konditionierung wird es von Zeit zu Zeit an die Oberfläche schaffen, alles völlig normal und erwartbar. Das passiert auch den Besten von uns. Aber Scham, Schuldzuweisungen und Schweigen werden uns nicht weiterbringen; Verantwortung übernehmen und für seine Fehler einstehen hingegen schon, insbesondere dann, wenn wir so eine Situation als Gelegenheit nutzen, etwas daraus zu lernen.

Auf diese Weise können wir unsere Gesellschaft verändern. Nicht dadurch, dass wir uns selbst und die anderen beschimpfen, sondern dadurch, dass jeder von uns die Verantwortung für die Muster übernimmt und zu einer Woge der Veränderung anwächst. Cristi war Justins beste Freundin, er hätte es auch einfach unter den Tisch fallen lassen können. *Es gäbe keine Konsequenzen.* Sie hat nicht einmal gemerkt, dass etwas nicht stimmt. Aber dieser Mangel an Verantwortung bringt uns nicht weiter. Wenn wir in der Zukunft in einer Welt ohne Rassismus leben, werden wir zurückblicken und erkannt haben, dass wir nicht mehr auf irgendjemanden gewartet haben, der uns zur Verantwortung zieht. Wir haben uns selbst mit Mitgefühl zur Verantwortung gezogen – und wir haben anderen dabei geholfen. (Sie fragen sich vielleicht, was passiert wäre, wenn Cristi Justins Fauxpas tatsächlich aufgefallen wäre, und wie sie ihn mitfühlend darauf hätte hinweisen können. Darauf gehen wir in Kapitel 16 sehr ausführlich ein.)

Wie kann man Rassismus in all seinen Formen erkennen, vor allem, wenn man selbst derjenige ist, der ihn aufrechterhält, sodass man ihn bekämpfen kann? Der erste Schritt besteht darin, mehr über die Unterschiede zwischen den verschiedenen Arten von rassistisch motivierter Abgrenzung zu lernen. In erster Linie (und wahrscheinlich am häufigsten) gibt es Dinge, die in rassistischer Hinsicht »unsensibel« sind; tatsächlich besteht ein Unterschied zwischen rassistisch unsensiblen und rassistischen Äußerungen.[40] Rassistisch unsensible Äußerungen sind unangemessen und mögen zwar peinlich sein, sind aber nicht bösartig. Im Allgemeinen sind rassistisch unsensible Äußerungen auf mangelndes Bewusstsein und fehlende Distanz für die Thematik zurückzuführen, während Rassismus aus Hass und Aggression entsteht. Es ist wichtig, sich beiden Phänomenen mit der nötigen Aufmerksamkeit zu widmen, um die Grundprobleme herauszufiltern, die sie überhaupt erst verursachen.

Rassismus kann in drei Kategorien unterteilt werden: *beiläufiger* oder *indirekter Rassismus*, *direkter Rassismus* und *systemischer Rassismus*. Beiläufiger oder indirekter Rassismus, ob unbeabsichtigt oder beabsichtigt, tritt häufig subtil auf. Es handelt sich um eine beleidigende Bemerkung oder Botschaft, die ausschließlich auf der Zugehörigkeit einer Person zu einer Minderheit oder Gemeinschaft beruht. Direktem Rassismus liegt eine Absicht zugrunde, er geschieht vorsätzlich. Systemischen Rassismus finden wir beispielsweise in Regierungsbehörden, Unternehmen und Institutionen, er hat seinen Ursprung in repressiven Gesetzen und Systemen, die zu einer Verschiebung der Machtverhältnisse geführt haben.

Wenn Sie einen Moment festmachen können, in dem Sie das Gefühl haben, rassistisch unsensibel oder gar rassistisch zu sein – auch unabsichtlich –, schauen Sie sich die zugrunde liegenden Ursachen an (gehen Sie zurück zur Schattenarbeit), übernehmen Sie Verantwortung und geloben Sie, sich zu bessern. Nehmen Sie sich konkret vor, dem speziellen Verhaltens- oder Sprachmuster entgegenzuwirken, wenn es Ihnen das nächste Mal unterläuft. *Sie schaffen das.* Es erfordert zwar Einsatz, aber Sie sind bereit.

Innere Arbeit

Vervollständigen Sie die folgenden Sätze, um Ihre Beziehung zum Othering zu erforschen, das aus Ihrem Schatten agiert. Seien Sie nachsichtig mit sich selbst und damit, was Sie in sich finden. Wir alle erleben Othering und tragen auf irgendeine Weise dazu bei. Zu wissen, wie es dazu kommt, wird Ihnen helfen, Verantwortung zu übernehmen und das Gift des Othering als Medizin einzusetzen.

- Ein konkreter Moment, an dem ich (absichtlich oder unabsichtlich) jemanden diskriminiert, ein Vorurteil geäußert, Rassismus an den Tag gelegt habe oder rassistisch unsensibel war, ist ______________________________
  ____.
  (Seien Sie konkret, nicht hypothetisch.)

- Ich glaube, ich habe dies von ______________________ ____ gelernt.
- Die Gemeinschaft/Gruppe, zu der die Person gehörte, die Opfer des *Othering* wurde, war ______________________ ____.
- Der Grund, warum ich es in Ordnung fand, mich so zu verhalten, war ______________________________________.
- Was ich damals nicht wusste, war ____________________.
- Jetzt aber weiß ich, dass ___________________________.
- Das Gefühl um das Wissen, dass ich zu diesem Leid beigetragen habe, ist _____________________________.
- Wo ich es jetzt in meinem Körper spüre, ist __________ ____.
- Was ich mir für diese Person/Gemeinschaft/Gruppe am meisten wünsche, ist ___________________________.

Es gibt noch eine weitere Art von Abgrenzung, die wir noch nicht besprochen haben – eine, die wir Ihnen noch nicht näherbringen wollten. Es umfasst alles, was wir bisher zu diesem Punkt gelernt und praktiziert haben, und wird innere Abgrenzung genannt. Die meisten Menschen verstehen dabei die Ab- und Ausgrenzung anderer, *aber Sie können auch Ihr eigenes Selbst der Abgrenzung unterziehen*. Es ist die am schwersten zu erkennende Form, weil es sich im Schatten verbirgt, bevor es heimlich hervorkommt und ein Teil unserer eigenen Persönlichkeit der Abgrenzung unterzogen wird. Um es Ihnen zu veranschaulichen, nehmen wir als Beispiel Justins Großmutter Betty, genannt Nana, die schon lange chronisch krank war. Über zehn Jahre musste sie regelmäßig für eine Dialyse ins Krankenhaus und konnte kaum laufen. Die ganze Zeit über war es Justins geliebte Mutter, die sich um Nana kümmerte. Justin konnte beobachten, wie die Gesundheit seiner Mutter durch die hingebungsvolle Pflege litt. Da sie sich um eine andere Person kümmerte, vernachlässigte sie sich selbst. Jedes Mal, wenn Justin nun einen Anruf erhielt, dass Nana erneut ins Krankenhaus gebracht wurde, schoss ihm ein Gedanke durch den Kopf wie: »Es wäre besser, wenn meine Nana jetzt stirbt.« Er verdrängte diesen Gedanken sofort wieder, als würde er schnell etwas verstecken wollen, bevor es jemand zu sehen bekam. Er konnte sich nicht einmal erlauben, den Gedanken zu denken. Zeigte sich der Gedanke hartnäckig, schämte er sich und machte sich Vorwürfe, drängte ihn zurück in den Schatten und dachte, er sei ein »schlechter« Mensch oder würde Gottes Zorn zu spüren bekommen, wenn er den Gedanken noch einmal hatte. Manchmal glaubte er sogar, dass »etwas Böses« sich seiner bemächtigt hatte, um ihm diese schlechten Gedanken einzupflanzen. Er sagte sich dann: »Ich bin kein Mensch, der solche Gedanken hat.« Immer und immer wieder schob er den Gedanken weiter in den Schatten. Das ist *innere Abgrenzung*. Wir alle tun das von Zeit zu Zeit. Zum Beispiel, wenn wir mit Schadenfreude registrieren, wie jemand vor Gericht verurteilt wird, oder uns am Leid anderer weiden oder jemandem etwas Böses wünschen, aber dann so tun, als wäre der Gedanke nie geschehen. Es kommt auch vor, wenn wir neidisch oder eifersüchtig sind und vorgeben, als wären wir es nicht, indem wir die neidischen oder eifersüchtigen Bereiche unseres Selbst in den Schatten verbannen. Immer wenn wir einen Teil von uns selbst als »inakzeptabel« betrachten, wird er in den Schatten verdrängt. Das ist innere Abgrenzung – Abgrenzung von uns selbst.

Bei näherer Betrachtung liegt die Wahrheit über Justins Oma darin verborgen, dass er zwei konkurrierende Gedanken hatte, eine Art Paradoxon. Paradoxe Gedanken – die Fähigkeit, mehrere Wahrheiten gleich aufzuwiegen – sind genau die Denkweise, die wir brauchen, um den Rassismus zu beenden. Einerseits machte er sich große Sorgen um seine Mutter sowie um seine Oma und deren schlechte Lebensqualität, sodass er sich für sie tatsächlich wünschte, sie möge friedlich sterben. Andererseits liebte er seine Oma von ganzem Herzen, war unendlich dankbar dafür, dass sie da war, und wünschte sich, dass sie wieder gesund würde und besser für sich sorgen könnte. Der Schlüssel, um mit beiden Gedanken/Wünschen klarzukommen, liegt darin, *beide* zu integrieren. Eine geeignete visuelle Darstellung dieses Konzepts ist das Yin-und-Yang Symbol, bei dem Licht und Dunkelheit zu gleichen Teilen miteinander verschmelzen, ohne sich zu vermischen, und etwas Schöneres schaffen, als wenn sie allein wären.

Wenn wir andere Gedanken, die wir als »negativ« oder »inakzeptabel« betrachten, unterdrücken, verleugnen wir die natürliche Information dahinter und lassen eine Gelegenheit verstreichen, daraus zu lernen. Aber indem wir uns in das Unangenehme hineinversetzen, indem wir die Schattenarbeit machen, können wir tiefer bohren und herausfinden, was das Leben uns über uns selbst lehren will. Justins undenkbarer Gedanke war: »Es wäre besser, wenn meine Oma stirbt.« Als er innehielt und sich fragte: »*Wo* spüre ich diesen Gedanken in meinem Körper?«, lautete die Antwort: im Magen. Dort trat ein Engegefühl auf, und als er die Emotionen genauer betrachtete, erkannte er Wut, Angst und Unmut. Als Kind wurde ihm beigebracht, Gefühle wie Wut, Angst und Unmut zu verdrängen, weil sie nicht gefühlt werden könnten und »schlecht« wären. Als er diese Übung durchführte, wurde ihm klar, dass er in dieselben unproduktiven Muster verfallen war.

Als er zu verstehen versuchte, was ihm diese Wut und der Groll vermitteln sollten, fand er heraus, dass er so frustriert war, weil die Gesundheit seiner geliebten Mutter derartig darunter litt, sich um Nana zu kümmern. Er fand ebenfalls heraus, dass er Angst hatte, sowohl seine Großmutter als auch seine Mutter zu verlieren, und dass seine Wut und seine Angst nicht dem Wunsch entsprangen, gegen etwas Verabscheuungswürdiges zu kämpfen, sondern dem Bedürfnis, die Menschen zu schützen, die er liebte. In Ihrem Inneren gibt es Emotionen und Gefühle, die verdrängt werden; wenn wir erkennen, wie wir einen Teil von uns »anders« machen, wenn wir verstehen, wie wir unser eigenes Selbst verletzen, und uns ihm freundlich und mitfühlend zuwenden, zeigen sich im Äußeren sofort Veränderungen.

Erinnern Sie sich an das, was wir im Abschnitt über Emotionen gelernt haben und warum es wichtig ist, unsere Gefühle anzuerkennen und sie zuzulassen, ohne sie zu verurteilen. Es ist wichtig, diese »schlechten« oder »inakzeptablen« Gedanken vollständig zu integrieren. Wenn diese Gedanken im Schatten bleiben, werden sie irgendwann durchsickern und zum Vorschein kommen, wenn sie es nicht sollen. **Unterdrückte Wut und Angst wirken sich immer auf andere Bereiche unseres Lebens aus, wo sie nicht hingehören.** Sie sickern aus den Ritzen an Stellen, die wir gar nicht bemerken, und plötzlich finden wir uns in einer »schlechten Stimmung« wieder, ohne zu wissen, warum. Wir fühlen uns gereizt, gestresst und genervt; oder wir schnauzen jemanden ohne nachvollziehbaren Grund an, sind aggressiv und reizbar.

Das ist wirklich eine *große Sache*: Innere Abgrenzung endet immer als Projektion gegen andere. Diese abgespalteten Emotionen und Gedanken können uns dazu verleiten, uns von anderen Menschen abzugrenzen, die genauso empfinden wie wir. Weil wir die Erfahrung in uns selbst nicht willkommen heißen können, beschämen und beschuldigen wir andere, die diese Erfahrung ebenfalls machen. Was wir in uns selbst verdrängen, wollen wir auch in anderen verdrängt wissen. Wir sehen das oft in der Politik, wenn ein konservativer Politiker lautstark gegen die Rechte von LGBTQIA+ wettert, aber selbst eine Liebschaft oder Beziehung mit einer queeren Person verheimlicht. Oder wenn Linke für Gerechtigkeit auf die Straße gehen, aber nicht bereit sind, zu wählen oder politische Veränderungen mitzutragen. Es zeigt sich an Frauen, die heimlich eine Abtreibung haben vornehmen lassen, nur um sich dann für den Schutz des ungeborenen Lebens einzusetzen. Oder wenn Aktivisten und Aktivistinnen der Black-Lives-Matter-Bewegung andere rassifizierte Menschen diskriminieren. Unsere innere Abgrenzung wird leicht an die Oberfläche gespült und ist der Grund, warum innere Abgrenzung so toxisch ist.

Man macht es sich einfach, mit dem Finger auf Menschen zu zeigen, die dasselbe fühlen wie man selbst, weil man das Gefühl in sich selbst verdrängt hat. Aber wie wir gelernt haben, können Sie, wenn Sie das Gefühl benennen und für sich verinnerlichen, ein tieferes Mitgefühl entwickeln. Sie tappen dann nicht in die Falle der Abgrenzung, wenn Sie miterleben, wie jemand anderes das ausdrückt, was Sie in sich selbst verdrängt haben. Sie erkennen das, auch wenn Sie sie für ihre Erfahrungen verurteilen, weil die gleiche Erfahrung auch in Ihnen selbst stattgefunden hat. Sie erkennen dieselbe Erfahrung als einen möglichen Anknüpfungspunkt der Verbundenheit. Wie zeigt sich Ihre eigene innere Abgrenzung in der Außenwelt? Wer zeigt ähnliche Eigenschaften, die Sie in sich selbst verleugnet haben und die Sie nun als eine Ursache für die Abgrenzung betrachten? Wenn wir unseren Schatten nicht integriert haben, kontrolliert er uns, ohne dass wir es wissen, und richtet in unserem Leben große Verwüstungen an – und möglicherweise im Leben der Menschen in unserem Umfeld.

Justins Großmutter ist tatsächlich gestorben, und er war in der Lage, mit seinen Gefühlen zurechtzukommen. Er trauerte und empfand tiefe Dankbarkeit dafür, sie gekannt zu haben, während er endlich ein offenes Wort an seine Mutter richten konnte, wie sehr er sich um sie gesorgt hatte – und zwar nicht aus unterdrückter Wut heraus, sondern aus Liebe. Er war in der Lage, über den Verlust zu trauern, und empfand gleichzeitig Erleichterung für seine Mutter. Indem er beide scheinbar paradoxen Emotionen aushielt, konnte der Heilungsprozess stattfinden.

Wie wir bereits erwähnt haben, müssen wir dem Paradox Raum geben, um den Rassismus zu beenden. Wir müssen die Entweder-oder-Denkweise hinter uns lassen und verstehen, dass Menschen aller Couleur, unabhängig davon, für wie verachtenswert Sie sie halten, nicht nur ein Teil von Ihnen sind – *sie sind Sie.* Wenn Sie sich das nächste Mal dabei ertappen, wie Sie einen Gedanken, ein Gefühl oder eine Emotion wegschieben, vor allem, wenn es um Rassismus geht, lassen Sie sie aufkommen, und fragen Sie sich:

»Wie lautet der Gedanke, den ich mir versagen will? Wenn ich ihn zulasse, was kann ich dann daraus lernen? Wie kann ich die Energie hinter diesem Gedanken nutzen, um meine Mission, eine bessere Welt zu schaffen, voranzutreiben?« Dies ist der Weg zur Heilung und Integration – und zur Beendigung des Rassismus.

Sechste Säule

Wir übten Vergebung

13

Vergebung anbieten

Unser Schatten hat manchmal die Kontrolle (und übt sie auch weiterhin aus, auch wenn es uns vielleicht nicht bewusst ist), deshalb bedarf es des nächsten Schritts: Wir müssen lernen, Vergebung ***anzubieten*** und um Vergebung ***zu bitten***. Denken Sie daran, dass das Ende des Rassismus nicht mit dem Ende aller Vorurteile gleichzusetzen ist, dass die Schattenarbeit entfällt oder dass niemals mehr rassistisches Gedankengut geäußert wird. Die Beendigung des Rassismus bedeutet, dass wir alle Verantwortung für das von uns verursachte, rassistisch motivierte Leid übernehmen, sobald wir uns dessen bewusst werden. Mit dieser neuen Gewissheit setzen wir den Prozess fort, und zwar mit der Erkenntnis, dass Leid verursacht wird (weil wir menschlich sind) und dass falsche Dinge gesagt werden (weil das normal ist). Dies ist ein Teil des Prozesses zur Beendigung des Rassismus. Dass Menschen nach Erreichung unseres Ziels nie wieder Fehler machen, ist unrealistisch. **Rassismus kann niemals ein Ende finden, wenn wir keine Fehler machen dürfen. Aus diesem Grund ist Vergebung der Schlüssel.** Wenn wir aus der Zukunft heraus fragen: »Was haben wir heute unternommen?«, dann haben wir vor allem gelernt, die Kunst der Vergebung zu beherrschen. Vergebung ist die Art und Weise, wie eine kulturelle Gemeinschaft Leid verarbeitet und loslässt. Wir müssen uns darin üben.

Beginnen wir damit, einem anderen Vergebung anzubieten (im nächsten Kapitel werden wir dann behandeln, wie man um Vergebung bittet). Vergebung anzubieten, kann unglaublich schwerfallen, wenn man nicht zuerst versteht, was Vergebung *nicht* bedeutet. In unseren Workshops herrscht in dieser Hinsicht oft große Verwirrung, deshalb lassen Sie uns klarstellen: Vergebung ist nicht

- Erdulden
- Vergessen
- Entschuldigen
- Ermutigen
- Respektlosigkeit(en) tolerieren
- Ihr Leid herunterspielen
- Nachsicht üben
- Keine klaren Grenzen ziehen
- Versöhnen
- Vertrauen wiederherstellen
- Wut leugnen oder unterdrücken
- Verantwortung oder Gerechtigkeit ignorieren
- Sagen, es sei okay, was passiert ist

Vergebung hängt nicht von diesen Dingen ab (und resultiert auch nicht automatisch in ihnen) – all die oben aufgezählten Punkte sind völlig unabhängig von der Entscheidung, zu vergeben. Stellen Sie sich vor, Sie stehen auf einem Parkplatz und jemand anderes fährt Ihnen in Ihre hintere Stoßstange. Sie können der Person, die den Unfall verursacht hat, verzeihen, aber für die Reparaturkosten würden Sie sie dennoch zur Rechenschaft ziehen, oder? Nun, auch das Gegenteil ist möglich. Denken Sie an all die Leute, die Energie, Zeit und Geld aufwenden, um einen Rechtsstreit anzustrengen, und vielleicht sogar recht bekommen, aber niemals mit der gegnerischen Partei Frieden schließen können. Sie haben vielleicht Millionen von Dollar zugesprochen bekommen, aber sie sind immer noch wütend und verbittert über das, was ihnen widerfahren ist. Das liegt daran, dass, wie wir bereits besprochen haben, der Heilungsprozess in uns stattfinden muss. Wenn wir erkennen, dass Vergebung unabhängig von den Dingen ist, die wir damit verbinden, werden wir frei und können vergeben – ohne den ganzen Rattenschwanz, der damit verbunden ist.

Eine unserer Lieblingsdefinitionen für Vergebung stammt von Oprah Winfrey: »Vergebung bedeutet, die Hoffnung aufzugeben, dass die Vergangenheit anders hätte verlaufen können.«[41] Wir lieben diesen Gedanken, weil er uns in die Realität zurückholt, in den gegenwärtigen Augenblick. Er befreit uns von dem, was »hätte sein sollen/können«, und erlaubt uns, sich auf das zu konzentrieren, was noch vor uns liegt. Wollen wir einen Schritt weitergehen, müssen wir einen Blick in die Zukunft werfen und uns fragen: »Auch wenn mir das passiert ist, wie soll sich die Zukunft meiner Meinung nach von jetzt an entfalten?« Vergebung erfordert die radikale Akzeptanz dessen, was sich in der Vergangenheit ereignet hat, auch wenn wir es weder möchten noch gutheißen – während wir den gegenwärtigen Augenblick anerkennen und uns der Verantwortung bewusst werden, die wir bei dem spielen, was als Nächstes kommen mag. Die Vergangenheit können wir nicht kontrollieren, wohl aber entscheiden, wie wir weitermachen wollen. Jedes Mal, wenn wir Vergebung anbieten, stoßen wir das Tor zu neuen Möglichkeiten auf – ein Tor, das verschlossen bleibt, wenn wir uns lieber an Verbitterung und Angst festklammern.

Damit es keine Missverständnisse gibt: Wir behaupten nicht, dass Vergebung gleichbedeutend mit einem Freifahrtschein ist. Denken Sie daran, dass Vergebung nicht mit den Dingen gleichzusetzen ist, mit denen wir sie normalerweise verbinden. Der eigentliche Zweck im Verzeihen besteht darin, dass das, was Ihnen einst angetan wurde, Ihr Leben sowohl heute als auch in der Zukunft nicht beeinträchtigt. Wir alle haben diesen Satz sicher schon einmal gehört: Vergebung anzubieten, dient *Ihnen selbst*. Den meisten von uns fällt es jedoch schwer, dies in die Praxis umzusetzen. Anstatt weiterzugehen, lassen wir zu, dass das, was uns passiert ist, uns weiterhin kontrolliert und auch bei jedem weiteren Schritt in die Zukunft begleitet.

Mit diesem Wissen sollten Sie in der Lage sein, einen einfachen Brief zu schreiben, in dem Sie Vergebung anbieten, und ihn anschließend zu verbrennen – und schon haben Sie alle schwierigen Gefühle losgelassen und sind diese ein für alle Mal los, oder? Falsch. Denn es gibt eine Grauzone, in der die Konzepte der wahren Vergebung und der *voreiligen Vergebung* miteinander vermischt werden.

Wir alle haben schon einmal gehört, wie jemand meinte: »Ich bin darüber hinweg« oder »Das habe ich hinter mir gelassen«, obwohl wir genau wussten, dass er oder sie keinesfalls darüber hinweg war und andere deren passiv-aggressives Verhalten ertragen mussten. Haben Sie jemals zugestimmt, jemandem zu verzeihen, damit Sie beide mit Ihrem Leben weitermachen können, aber fühlten sich danach immer noch blockiert oder hegten im Stillen einen Groll gegen diese Person? Das versteht man unter voreiliger Vergebung. Auch wenn der Verursacher alles richtig gemacht hat, indem er sich entschuldigt oder gar Wiedergutmachung nach Ihren Vorgaben geleistet hat, sind Sie immer noch damit beschäftigt, was passiert ist.

In solchen Fällen neigt man dazu, das Narrativ, den Groll, das »Opfer-Ich« zu einem Teil seines Schattens zu machen. Wir haben uns bereits damit beschäftigt und wissen, was passiert, wenn wir uns entscheiden, den Schatten zu ignorieren: Er kontrolliert unser Leben und unsere Handlungen, ohne dass wir es überhaupt merken. Was in uns schlummert, verfolgt uns weiterhin und wird oft auf andere Menschen und Situationen projiziert. Vorschnell zu verzeihen, ist eine Abkürzung, die nicht funktioniert. Die Credos der vorzeitigen Vergebung sind »so tun, als ob man es vergessen hat«, »ignorieren« und »verdrängen« – anstatt sich mit dem, was einem widerfahren ist, auseinanderzusetzen, es »aufzuarbeiten« oder »es frontal anzugehen«. Vorzeitige Vergebung bedeutet, dass diejenige Person, die scheinbar bereit ist, zu verzeihen, das Geschehene innerlich noch nicht vollständig verarbeitet hat oder sich nicht damit auseinandersetzt, wie sehr es sie auch heute noch beeinflusst. Aus diesem Grund sind wir zunächst auf emotionale Achtsamkeit und Schattenarbeit eingegangen, bevor wir uns diesem Thema widmen konnten.

Sie sollten wissen, *dass eine negative Bindung immer noch eine Bindung ist*. Wenn wir wirklich vergeben, lassen wir die schwierigen Emotionen vollständig los, und all der negative Ballast verschwindet. Diesen Ballast loszulassen, bedeutet nicht, dass wir nie wieder negative Emotionen in Verbindung mit dem Geschehenen erleben, sondern vielmehr, dass wir an das Geschehene denken können, ohne dass sofort wieder alles hochkocht. Wir können unser Leben von einem gesunden Standpunkt aus weiterführen und müssen nicht ständig »versuchen, nicht daran zu denken«. Weder hegen wir einen Groll noch wünschen wir dem anderen still und heimlich die Pest an den Hals. ***Wahre Vergebung bedeutet, dass Sie die Verantwortung für das übernehmen, woran Sie noch immer festhalten wollen.*** Mit wahrer Vergebung erkennen Sie, dass Sie selbst das Heft in der Hand halten. Auf dem Weg zu wahrer Vergebung beherzigen Sie auch Oprahs Tipp und lassen alle Hoffnung fahren, dass die Vergangenheit anders hätte sein können – dann werden Sie endlich verstehen, dass das, was Sie sich ab jetzt vornehmen und was sich als Nächstes entfaltet, exakt das ist, was anders sein kann.

Die drei Arten, zu verzeihen

Um ein tieferes Verständnis von Vergebung zu bekommen, müssen wir uns die drei verschiedenen Arten ansehen, wie man jemandem verzeihen kann. Jede von ihnen kann in jeder Situation anders angewandt werden, je nach Situation, und jede führt zu unterschiedlichen Ergebnissen. Wenn wir unseren Wortschatz um den Begriff der Vergebung erweitern, haben wir die Möglichkeit, sie gezielter anzuwenden. Die drei verschiedenen Arten der Vergebung sind Rehabilitation, Nachsicht und Loslassen.

Freisprechen kommt dem am nächsten, woran wir in der westlichen Kultur normalerweise denken, wenn wir »Verzeihung« sagen. In der Praxis bedeutet das, dass man einen Neuanfang macht und die Beziehung in ihrer ganzen Unschuld wiederhergestellt wird, bevor die Verletzung oder das Leid zugefügt wurde, beispielsweise ein Freigesprochener, der zu Unrecht eines Verbrechens verurteilt wurde, eine Zeit lang im Gefängnis verbracht hat und dann freigelassen wurde, nachdem seine Unschuld bewiesen wurde. Er gilt dann als völlig unschuldig und nicht vorbestraft. Freisprechen in Ihren persönlichen Beziehungen könnte wie folgt ablaufen: Erstens stellt man vielleicht fest, dass das zugefügte Leid auf einen tatsächlichen Fehltritt zurückzuführen oder dass der betreffenden Person kein Fehlverhalten anzukreiden ist. Zweitens kann es sich bei dem Verursacher um ein Kind oder eine Person handeln, die (aus den unterschiedlichsten Gründen) nicht in der Lage ist, das Ausmaß des verursachten Schadens/Leids zu verstehen. Drittens können wir die Person, die uns Leid zugefügt hat, freisprechen, wenn sie Reue zeigt, die volle Verantwortung übernimmt, um Vergebung bittet und wir vollstes Vertrauen haben, dass sich das in Zukunft nicht wiederholen wird. All diese Fälle kann Freisprechen umfassen.

Die zweite Art der Vergebung ist die *Nachsicht* und tritt häufig auf, wenn sich nur teilweise entschuldigt oder eine Reuebekundung an den Vorwurf gekoppelt wurde, dass er »einen Grund« hatte oder dass Sie in irgendeiner Weise mitschuldig waren. Eine Entschuldigung, die Nachsicht rechtfertigt, könnte so klingen: »Es tut mir leid, dass das passiert ist, aber …« oder »Ich entschuldige mich dafür, dass ich dir wehgetan habe, aber …«. Eine andere Art, das Angebot der Nachsicht zu skizzieren, finden wir bereits in den Redewendungen »vergeben, aber nicht vergessen« oder »Vertrauen ist gut, Kontrolle ist besser«. Nun, warum sollten wir uns überhaupt die Mühe machen, uns in Nachsicht zu üben? Hauptsächlich deshalb, weil wir dadurch nicht alle Fäden zu der Person, die uns verletzt hat, kappen müssen. Vielleicht arbeiten wir in irgendeiner Form mit dieser Person zusammen oder sind mit ihr verwandt, sodass uns kaum etwas anderes übrigbleibt, als uns weiterhin mit ihr auseinanderzusetzen. Manchmal entscheiden wir uns auch dafür, diese Person nicht aus unserem Leben zu tilgen, weil sie uns immer noch wichtig ist oder wir Spaß in ihrer Gesellschaft haben; aber völlig vertrauen tun wir ihr deshalb noch lange nicht.

Schließlich gibt es eine Art der Vergebung, die gerechtfertigt ist, wenn der Verursacher das Leid nicht anerkennt, sich nicht entschuldigen will (oder vielleicht nicht kann, z. B. weil er verstorben ist) und sich weder um Wiedergutmachung noch in irgendeiner Form bemüht, den Schaden zu reparieren. In diesem Fall entspricht die Art der Vergebung, die wir praktizieren müssen, eher dem, »loszulassen«. Indem wir *loslassen,* sprechen wir weder den Übeltäter frei noch üben wir uns in Nachsicht. Loslassen stellt keine Anforderungen, dass die Beziehung zum Verursacher fortgeführt wird, sondern verlangt vielmehr von Ihnen, dass Sie die notwendige Arbeit leisten, um Ihr Leben nicht in Teilen durch das erlittene Trauma oder die Verletzung bestimmen zu lassen; nur so können Sie den zukünftigen Weg neu anlegen, ohne sich (in der Vergangenheit) zu verzetteln. Wenn wir loslassen können, was in der Vergangenheit geschehen ist, ohne auf die Entschuldigung zu bestehen, die wir entweder niemals bekommen haben oder werden, dann streifen wir den enormen Ballast ab, den wir die ganze Zeit mit uns rumgeschleppt haben – und der es geschafft hat, uns die Brille aufzusetzen, durch die wir uns selbst und die Welt betrachten. In diesem Fall müssen Sie sich wahrscheinlich zugestehen, eine Phase der Trauer zu durchlaufen, und sich erlauben, den Schmerz oder die Emotionen wirklich zu spüren, bevor Sie sie *tatsächlich* loslassen können. Wenn wir nicht loslassen, frisst es uns langsam von innen heraus auf, so wie ein tropfender Wasserhahn für eine Überschwemmung in Ihrem Haus sorgen kann.

Die fünf elementaren Bestandteile, um Vergebung anzubieten

In unserer täglichen Arbeit haben wir festgestellt, dass es fünf elementare Bestandteile gibt, die auf dem Weg hilfreich sind, um Vergebung anzubieten, und die es Ihnen ermöglichen, das für Sie verletzende Ereignis wirklich hinter sich zu lassen. Um es klar zu sagen: Es müssen nicht alle fünf Bestandteile durchgegangen werden, damit Sie vollumfänglich vergeben können, und sie müssen auch nicht in einer bestimmten Reihenfolge abgehakt werden. Wir werden Ihnen auch Vorschläge unterbreiten, wie man das Gespräch mit der Person suchen kann, die Ihnen Unrecht getan hat, aber uns ist natürlich bewusst, dass dies vielleicht riskant oder nicht immer möglich ist. In diesem Fall können Sie die nun folgenden Vorschläge immer noch bei sich selbst anwenden – die wohl wichtigste Maßnahme, die Sie ergreifen können. Betrachten Sie diese fünf elementaren Bestandteile wie die Zutaten für eine Suppe: Sie können auf verschiedene Weise miteinander kombiniert oder auch einzeln beigefügt werden, aber je mehr Sie hinzufügen, desto besser schmeckt es am Ende.

1. Äußern Sie sich

Der erste elementare Bestandteil der Vergebung besteht darin, sicherzustellen, dass Sie das Gefühl haben, gehört zu werden. Ja, *Sie* sind die geschädigte Person, *Sie müssen gehört werden.* Mit anderen Worten: Um jemandem zu verzeihen, müssen Sie zunächst vermitteln, wie hoch der Preis war, Sie derart zu verletzen oder Ihnen Leid zuzufügen. Doch zuallererst müssen Sie auf sich hören und prüfen, ob es möglich oder sicher ist, überhaupt mit der besagten Person zu kommunizieren. *Hören Sie in sich rein. Legen Sie für sich selbst Zeugnis ab.* Lassen Sie die aufkommenden Emotionen und die Auswirkungen des Fehlverhaltens zu, anstatt sie ständig zu verdrängen oder vor den unangenehmen Gefühlen zurückzuschrecken. Vielleicht schreiben Sie einen Brief an sich selbst, in dem Sie den Schmerz beschreiben, der Ihnen zugefügt wurde, wie Sie sich dabei gefühlt haben und welche tiefgreifenden Auswirkungen die Taten dieser Person auf Ihr Leben hatten. Diesen Teil lassen wir oft aus. Wenn Sie sich sicher fühlen und es Ihnen möglich ist, teilen Sie der Person, der Sie vergeben wollen, mit, was Sie empfinden. Es ist zwingend erforderlich, dass Sie nichts auslassen und alles auf den Tisch kommt, damit Sie loslassen können – auch wenn Sie der Einzige sind, der es zu hören bekommt.

Wenn wir zum Ausdruck bringen wollen, wie jemand uns Leid zugefügt hat, verschließen wir uns oft und verschweigen die Wahrheit über unsere schmerzhaftesten oder unangenehmsten Gefühle. Über den Schmerz oder die Emotionen zu sprechen, lässt uns fürchten, dass wir sie erneut empfinden; deshalb entscheiden wir uns für den einfacheren Weg und lassen die Wahrheit lieber unter den Tisch fallen. Oder wir versuchen, weitere Konflikte und Konfrontationen zu vermeiden. Vielleicht wollen wir nicht noch mehr Schaden anrichten, also beschönigen wir stattdessen und verwässern die Wahrheit über das zugefügte Leid. Wenn wirkliche Vergebung erreicht werden soll, dürfen wir diese Maßnahme nicht auslassen, denn selbst wenn es gelingt, die anderen vier elementaren Bestandteile zu durchlaufen, bleiben diese unausgesprochenen Worte, die unbehandelten Wunden zurück, die sich immer wieder entzünden und mit der Zeit eitern können.

Wir tun auch der Person, die das Leid verursacht hat, keinen Gefallen, wenn wir nicht offen und authentisch kommunizieren. Wir haben bereits geübt, unsere Gefühle zu benennen – jetzt üben wir, diese Fähigkeit in realen Situationen anzuwenden. Wir geben der Person, der wir unsere gefühlten und gesehenen Erfahrungen mitteilen, die Möglichkeit, einen Blick auf die Wahrheit zu werfen – auf das Gesamtbild – und darauf zu reagieren. Wenn sich Ihnen die Möglichkeit eröffnet, von der besagten Person angehört zu werden, empfehlen wir Ihnen, dies zu tun (wenn Sie es sich nicht persönlich trauen, können Sie auch einen Brief schicken). Solange Sie in Sicherheit sind und die Begegnung mit der Person keine körperlichen Schäden nach sich zieht, ist diese Maßnahme mit am wirkungsvollsten, um sich von allem frei zu machen. In Kapitel 16 werden wir Ihnen noch weitere Tools näherbringen, die Ihnen bei diesem Prozess helfen können.

2. Versuchen Sie nicht, das Ergebnis zu beeinflussen

Der zweite elementare Bestandteil der Vergebung kann eine ziemliche Herausforderung sein: die Kontrolle abzugeben. Machen Sie sich klar, dass Sie nicht bestimmen können, wie jemand reagiert, nachdem Sie sich geäußert und Ihre Wahrheit dargelegt haben, wie Sie verletzt worden sind. Ebenso können Sie weder kontrollieren, wie sich jemand entschuldigt, noch sich selbst Emotionen vorspielen, wenn Ihnen eine Entschuldigung angeboten wird. Achten Sie darauf, »was Sie zu hören bekommen möchten«. Das bedeutet nichts anderes, als dass Sie bereits den Wortlaut im Kopf haben, noch bevor die Person dazu anhebt, um sich bei Ihnen zu entschuldigen: was Sie sich von der Person erhoffen, was Sie selbst sagen würden, wie sich Ihrer Meinung nach die Situation entwickeln muss, damit Sie die Entschuldigung annehmen (immer vorausgesetzt, dass Sie überhaupt eine bekommen werden).

Wenn das passiert, *machen wir alles an dem einen Satz fest*, der vielleicht nicht ganz okay war, anstatt die Entschuldigung als Ganzes zu bewerten. Oder wir nörgeln an der Wortwahl herum und pikieren uns darüber, anstatt sich einfach den Wahrheitsgehalt der Aussage anzuschauen. Oder wir machen das Gegenüber ungerechtfertigterweise dafür verantwortlich, dass es nicht weiß, was in uns vorgeht, und nicht die eine Sache sagt, die wir hören wollten, damit es uns wieder gut geht. Bitte machen Sie sich von all dem frei. Wenn Sie Erwartungen daran knüpfen, wie sich die Situation entwickeln muss, übersehen Sie, was tatsächlich vor sich geht. In diesem Fall reagieren Sie nur auf das Narrativ in Ihrem Kopf und bekommen gar nicht mit, was sich vor Ihnen abspielt. Wenn sich jemand bei Ihnen entschuldigt, seien Sie möglichst großzügig und hören Sie aufmerksam zu, erst dann reagieren Sie – aber nicht auf die vorgefasste Version dessen, wie es Ihrer Meinung nach ablaufen sollte. Achtsames Zuhören bedeutet, dass Sie jemanden nicht unterbrechen, während Sie gleichzeitig alles aufnehmen. Wenn er oder sie dann fertig ist, können Sie wiederholen, was Ihr Gegenüber Ihrer Meinung nach gesagt hat (aber ohne Ihre Meinung über das Gesagte zu äußern), und ihm die Möglichkeit geben, es zu bestätigen. Erst dann können Sie darauf reagieren.

3. Schütteln Sie all Ihren Unmut ab

Wir alle hegen einen Groll in uns, aber einigen von uns fällt es leichter als anderen, ihn loszulassen. Natürlich halten wir oft ungewollt an unserem Groll fest: Er poltert in unserem Leben herum, und obwohl wir uns wünschen, loszulassen und im Hier und Jetzt zu leben, hält die Vergangenheit einen großen Teil unserer Gegenwart in Beschlag. Das kann schmerzhaft sein, denn es bedeutet nichts anderes, als dass wir immer wieder an der Wunde herumpiddeln, die zu heilen versucht. Anstatt der Natur ihren Lauf zu lassen, kratzen wir ständig am Wundgewebe herum und lähmen den Heilungsprozess. Der Groll lässt uns in vergangenen schmerzhaften Erfahrungen verharren und hindert uns so daran, heilende Erfahrungen zu machen.

Wenn wir lange genug an unserem Unmut festhalten, beginnen wir, uns mit ihm zu identifizieren. Einer Person, die einen Groll hegt, wurde ein »Unrecht getan«. Diese Opfermentalität kann das Ruder übernehmen, sie beginnt, uns zu definieren, und vermittelt uns unbewusst ein Gefühl von Zielstrebigkeit – wir glauben, dass der Schmerz, an dem wir festhalten, uns in irgendeiner Weise ausmacht. Um unseren Groll abzuschütteln, müssten wir also bereit sein, unsere Identität als die Person, der ein »Unrecht getan wurde«, aufzugeben. Das kann für Menschen ziemlich schwierig sein, bedeutet es doch, dass wir im gleichen Atemzug das Narrativ und das Mitgefühl aufgeben, das uns manchmal zuteilwird, wenn wir unsere Leidensgeschichte zum Besten geben. Wenn aber die Opferrolle erst einmal abgelegt ist, ist es nicht mehr die Vergangenheit, die uns ausmacht – es ist die Gegenwart.

Wenn es um ein Gefühl wie Groll geht, müssen wir uns entscheiden: Es ist wichtiger, uns selbst zu lieben, als möglicherweise dem Verursacher des Unrechts nicht zu vergeben. Wenn wir uns für uns selbst entscheiden und unserem Herzen erlauben zu heilen, können wir unseren Fokus von unserem Leid weg auf unsere gefühlten Erfahrungswerte richten, etwas, das wir hegen und pflegen können, um wieder gesund zu werden. Unser Herz ist in der Lage, zwei Wahrheiten auszuhalten – den Schmerz als auch die Medizin für unseren Schmerz; die Wunden und die Salbe für unsere Wunden. Unser Herz kann uns helfen, zu verstehen, dass – *ja* – unser Leid von Bedeutung ist *und* dass wir selbst für die Heilung verantwortlich sind.

4. Übernehmen Sie Verantwortung für sich selbst

Wenn wir vergeben, wünschen wir uns oft ein Szenario, in dem wir unseren Schmerz ehrlich mit der Person teilen können, die uns geschadet hat, ohne dass wir einen Rückschlag oder gar Konsequenzen fürchten müssen; ein Szenario, in dem die Person unsere Gefühle anerkennt und dann die volle Verantwortung für alles, was geschehen ist, übernimmt. Doch das passiert äußerst selten, weshalb wir aufhören müssen, ein bestimmtes Ergebnis erzwingen zu wollen. Die Wahrscheinlichkeit ist ziemlich hoch, dass es, wenn die möglicherweise schmerzhafte Wahrheit ausgesprochen wird, beide Seiten automatisch abblocken. Der Schriftsteller und Poet Mark Nepo schrieb einmal, dass in dem Zusammenhang »Verantwortung und Vergebung ein Paradoxon bilden«.[42] Auf der einen Seite ist da die Sehnsucht nach Bestätigung hinsichtlich des verursachten Leids und des Schmerzes, auf der anderen Seite der Wunsch, das Leid und diesen Schmerz loszulassen. Wenn Sie jemandem Vergebung anbieten, können Sie ihn nicht dazu zwingen, Verantwortung zu übernehmen; aber Sie können verantwortlich dafür sein, was Sie von ihm erwarten und woran Sie festhalten wollen.

5. Lassen Sie los

Den letzten Bestandteil der Vergebung bildet Loslassen. Wir möchten noch einmal betonen, dass wir mit »loslassen« nicht meinen, das Geschehene zu ignorieren. Dieser Begriff wurde in den letzten Jahren missbräuchlich angewendet, deshalb: **Loslassen erfordert, dass Sie**

darauf vertrauen und glauben, dass sich alles von selbst ergeben wird, wenn Sie Ihren Teil zum Vergebungsprozess beigetragen haben. Lassen Sie zu, dass sich der Prozess entfalten kann, anstatt ihn zu erzwingen. Wenn Sie sich auf aufrichtige Weise ausgetauscht und mit offenem Herzen zugehört haben, lassen Sie los. Rufen Sie sich nicht ständig die Situation vor Augen und halten den Wunsch am Leben, es wäre anders gelaufen. Lassen Sie los und vergeben Sie.

Innere Arbeit

Vervollständigen Sie die folgenden Sätze, um zu ermitteln, wie Sie zur Vergebung stehen. Wir wissen, dass Sie wahrscheinlich schon eine bestimmte Situation im Kopf haben, aber wir bitten Sie (um der Intention des Buches Genüge zu tun), dass Sie sich bei Ihren ersten Antworten auf Themen im Zusammenhang mit Vorurteilen, Diskriminierung und Rassismus konzentrieren. Wenn Ihnen keine Situation einfällt, in der Sie *persönlich* mit Vorurteilen, Diskriminierung oder Rassismus konfrontiert waren, denken Sie an das Erlebnis eines Freundes, einer geliebten Person oder eines Arbeitskollegen oder einer Arbeitskollegin, dem Sie vielleicht beigewohnt haben; oder Sie rufen sich ein geschichtliches Ereignis ins Gedächtnis, von dem Sie wissen, dass es ungerecht war. Nachdem Sie mindestens einen Durchgang zum Thema Rassismus gemacht haben, können Sie sich ein wenig mehr Zeit nehmen, um den Fragenkatalog für jeden anderen Bereich Ihres Lebens, der von Ihnen Aufmerksamkeit einfordert, erneut durchzugehen.

- Wenn es um Rassismus, Diskriminierung oder Vorurteile geht, muss ich vielleicht ______________________________ ______________________________________ vergeben.
- Was mich geärgert hat, ist ____________________________.

- Die Gefühle, die aufkommen, wenn ich jetzt daran zurückdenke, sind ______________________.
- Es wirkt sich auf mich aus, indem ______________________ ______________________.
- Die Auswirkungen auf andere Situationen oder Beziehungen in meinem Leben könnten ______________________ ______________________ sein.
- Wie ich mich der Welt präsentiere, wenn ich erst einmal losgelassen habe, ist ______________________ ______________________.
- Wenn ich ein wenig tiefer nachbohre, ist das, was mich wirklich davon abgehalten hat, loszulassen, ______________________ ______________________.
- Wenn ich wirklich loslasse, wird es mich von ______________________ ______________________ befreien.

Louise, eine Frau in den Vierzigern, die an einem unserer Programme teilnahm, erkannte, dass sie immer noch einem ihrer College-Professoren grollte, der ständig unangebrachte Witze über Filipinos machte. Louise hatte Buchhaltung als Hauptfach, aber immer, wenn sie jemandem in der Klasse ihre Unterstützung anbot, machte sich ihr Professor darüber lustig, dass Filipinos großartige Hausmeister und Krankenschwestern seien und dass sie, »wenn es mit der Buchhaltung nicht klappen sollte, eine zweite Karriere in Betracht ziehen sollte«, weil es ihr »im Blut liege«. Dann spottete er über ihren philippinischen Akzent und machte sarkastische Bemerkungen über ihre liebevolle Art.

Obwohl Louise wusste, dass er nur scherzte und es nicht böse meinte, machte es sie wütend. Es war ihr unangenehm, aber sie hatte Angst, etwas zu sagen. Louise war die einzige Filipina (und eine der wenigen Frauen) in der Klasse, und sie war schockiert, dass ihr Professor so etwas von sich gab – vor allem, weil er Afroamerikaner war und wusste, wie schwer man es hatte, wenn man die erste Studentin überhaupt innerhalb der eigenen Familie war und sich alles erkämpfen musste sowie »die Einzige im Raum« zu sein. Aber ihre Noten waren nicht so berauschend, sodass sie sich aus Angst vor Repressalien nicht gegen ihn zur Wehr setzte. Stattdessen hat Louise alles in sich hineingefressen.

Nun ist Louise älter und ihre Mutter braucht eine Pflegekraft. Sie ist die Einzige ihrer Geschwister, die nahe genug wohnt, um ihr zu helfen, aber im letzten Jahr verweigerte sie die Unterstützung. Jedes Mal, wenn sie ihre Mutter besucht, wird sie wütend und verbittert, ohne es sich so recht erklären zu können. Sie versucht, nett zu ihrer Mutter zu sein, aber es endet oft damit, dass sie sie anschreit, bis beide genervt sind und sie schließlich geht. Als wir mit Louise die Übung zur Inneren Arbeit machten, erkannte sie, dass der unverarbeitete Groll gegenüber ihrem Professor sie darin beeinträchtigte, ihrer Mutter zu helfen – obwohl sie seit zwanzig Jahren nicht mehr darüber nachgedacht hatte. Bevor ihr Professor sie verspottete, hatte sich Louise von Natur aus gern um andere gekümmert. Doch aufgrund seiner Bemerkungen verdrängte sie diesen liebevollen und fürsorglichen Charakterzug in den Schatten – als Schutzmechanismus, um zu beweisen, dass sie als Buchhalterin etwas taugte.

Diese unausgesprochene Wut, die ihr über zwei Jahrzehnte lang gar nicht bewusst war, hinderte sie daran, das zu tun, was sie wirklich wollte, nämlich ihrer Mutter in ihren letzten Jahren liebevoll beizustehen. Vergebung war der Schlüssel zu der Zukunft, die Louise wollte. Wir baten sie, im Internet einige Techniken zu recherchieren, um ihre Wut und ihren Zorn zu verarbeiten. Sie beschloss außerdem, eine Therapie zu machen und das Problem mit professioneller Hilfe anzugehen. Als sie in der Lage war, die Emotionen, die sie all die Jahre verdrängt hatte, zuzulassen und anzunehmen, konnte sie sie endlich loslassen und ihrem Professor verzeihen. Laut Louise wirkte »Vergebung wie eine Wunderpille, von der ich nicht einmal wusste, dass ich sie brauche«. Louise hilft ihrer Mutter jetzt drei Tage in der Woche und sagt, sie sei so dankbar, dass sie diese letzten Momente mit ihr verbringen kann. Sie gehören zu den schönsten und liebevollsten Augenblicken, die sie je erlebt hat.

Die Holocaust-Überlebende Eva Kor ist ein Beispiel dafür, wie Vergebung selbst in den schwerwiegendsten Fällen funktionieren kann. Eva und ihre Zwillingsschwester Miriam wurden Opfer von Dr. Josef Mengele, der die grausamsten medizinischen Experimente an Häftlingen in Auschwitz durchführte. Die Schwester überlebte auch und starb erst 1993. 2015 bekam Eva eine Einladung nach Deutschland, um in dem Prozess gegen das ehemalige SS-Mitglied Oskar Gröning auszusagen, der einen Dienstposten in Auschwitz innehatte. Sie beschrieb die Erfahrung, wieder in Deutschland zu sein, als geradezu surreal. An dem Ort, an dem sie in ihrer Jugend so oft als »dreckige Jüdin« beschimpft worden war, wurde sie nun sogar von deutschen Richtern respektiert. Im Anschluss an ihre Aussage dankte Eva dem ehemaligen SS-Mann Gröning dafür, dass er seine Verbrechen nicht geleugnet hatte. In späteren Interviews erklärte Eva, wenn es nach ihr gehen würde, sähe sie Gröning lieber als öffentlichen Redner, der junge Neonazis darüber aufklären könnte, was er mit angesehen hatte und warum es niemals mehr ein solches Regime geben dürfe.

Viele interpretierten ihre Botschaft und Geste so, dass sie nicht nur Gröning, sondern auch seinesgleichen von seinen Verbrechen freisprach. Aber für Eva bedeutet Vergebung etwas anderes. »Meine Vergebung«, sagte sie, »hat nichts mit dem Täter zu tun, hat nichts mit irgendeiner Religion zu tun, sie ist mein Akt der Selbstheilung, Selbstbefreiung und Selbstermächtigung. Ich hatte keine Macht über mein Leben, bis ich herausfand, dass ich verzeihen kann, und ich verstehe immer noch nicht, warum etwas falsch daran sein soll.« Wenn sich ein Opfer für die Vergebung entscheidet, erobert es sich laut Eva die Macht von seinen Unterdrückern zurück. »Sie können ein Stück Papier und einen Stift nehmen und einen Brief an denjenigen schreiben, der Sie verletzt hat, aber bitte nicht absenden. Es geht darum, dass Sie wissen, dass Sie vergeben und Ihr Leben ohne die Bürde und das Leid weiterführen können, die Ihnen die Nazis oder irgendjemand anderes zugefügt hat.«[43]

Manchmal erfordert Vergebung ein persönliches Gespräch von Angesicht zu Angesicht, aber manchmal ist das nicht möglich, nicht notwendig oder sicher. Aber Sie können immer Verantwortung dafür übernehmen, sich Ihrer Emotionen anzunehmen und nicht die Verdrängungsmuster zu wiederholen. Das bringt Sie nicht weiter. Denken Sie daran: »Vergebung bedeutet, nicht mehr darauf zu hoffen, dass die Vergangenheit anders hätte verlaufen können.« Um den Rassismus zu beenden, müssen wir akzeptieren, was in unserem Leben und in unseren Ländern geschehen ist, was nicht gleichbedeutend damit ist, dass wir uns nicht um Versöhnung oder Verantwortung bemühen. Es bedeutet, dass wir diese Ereignisse loslassen, um Erlösung zu finden. Von diesem Punkt aus können wir loslassen und anerkennen, dass die Vergangenheit zwar nicht dem entspricht, was unserer Meinung nach hätte geschehen müssen – aber sie hat sich nun mal so abgespielt. Und unser Beitrag an dem, was als Nächstes ansteht, hängt davon ab, dass wir nicht aus unserem Schatten heraus handeln, sondern für die Zukunft eintreten, die wir gemeinsam schaffen wollen.

14

∞

Um Vergebung bitten

Es reicht nicht, zu lernen, Vergebung anzubieten, sondern wir müssen auch lernen, *um Vergebung zu bitten*. Ganz gleich, wie weit Sie gekommen sind, wie weit Sie an sich gearbeitet haben oder wie sehr Sie sich für die Abschaffung des Rassismus einsetzen, Sie werden Fehler machen. Vielleicht sagen Sie etwas Falsches, verletzen jemanden unabsichtlich oder handeln aus Ihrem Schatten heraus. In diesen Momenten müssen Sie genau wissen, wie Sie die Erfahrung verarbeiten können, sodass sich das Tor zur Versöhnung öffnet und das Gift, das das Leid verursacht hat, zur notwendigen Medizin verwandelt werden kann. Wenn man zu vergeben weiß, kann das eigene Fehlverhalten zu einem großen Geschenk werden. Ob wir nun um Verzeihung bitten oder sie anbieten, in beiden Fällen muss man die Hoffnung aufgeben, die Vergangenheit hätte anders verlaufen können; aber es bewirkt noch etwas anderes. Es befreit Sie aus dem Klammergriff aus Scham, Schuld und Bedauern. Um Vergebung zu bitten, ist immer die beste Entscheidung, selbst wenn eine andere Person beteiligt ist (was oft der Fall ist). Vergebung zu ersuchen, erfordert, dass Sie Verletzlichkeit, Wahrheit, Achtsamkeit gegenüber Ihren Gefühlen und ein Verständnis für Ihren Schatten mitbringen.

Auch hier gibt es fünf elementare Bestandteile, die uns helfen werden. Einige dieser Bestandteile können wir beeinflussen, andere nicht. Wie in Kapitel 13 müssen die fünf Bestandteile weder komplett noch in einer bestimmten Reihenfolge abgehakt werden. Wenn Sie diese fünf Punkte lesen, möchten Sie vielleicht sofort in den Vergebungsprozess einsteigen, deshalb haben wir am Ende dieses Kapitels eine spezielle Vergebungsübung zwecks unmittelbarer Umsetzung für Sie erstellt. *Aber rufen Sie jetzt nicht gleich vorschnell jemanden an oder schreiben eine Nachricht oder Ähnliches.* Erst die Übung am Ende des Kapitels wird Ihnen eine bewährte Methode an die Hand geben.

Die fünf elementaren Bestandteile, um Verzeihung zu bitten

1. Sagen Sie die Wahrheit

Nehmen Sie alles, was Sie in Kapitel 3 über die »Wahrheit« im Gegensatz zum »Narrativ« gelernt haben, und machen Sie sich die Fakten der vorliegenden Situation klar. Was ist genau passiert? Trennen Sie die Wahrheit von Ihren Narrativen, die Sie sich über das Geschehene ausgedacht haben. Machen Sie es sich einfach, indem Sie zunächst nur die Betrachtungen (also Fakten), nicht aber die Bewertungen festhalten. Dies wird Ihnen helfen, sich über die Situation selbst klar zu werden. Denken Sie daran, dass die Fakten einfach sind, unzweideutig und jeder Prüfung standhalten – zum Beispiel: »Dieses Gesetz wurde verabschiedet«, »Jill hat das gesagt« oder »Ich habe die Tür zugeknallt«. Darunter fällt nicht: »Ihr hat nicht gefallen, wie ich das gesagt habe«, »Ich weiß, dass er das gedacht hat« oder »Das Gesetz, das verabschiedet wurde, ist eine Katastrophe«. Beginnen Sie mit den nachprüfbaren Fakten.

2. Stehen Sie zu Ihren Gefühlen

Vergebung ist von Natur aus emotional. Die Fakten sind zwar wichtig, aber wenn man seine Gefühle nicht anerkennt, scheitert man zwangsläufig, wenn man um Verzeihung bittet. Deshalb müssen Sie einen Raum für Verletzlichkeit schaffen, was wiederum erfordert, dass Sie all das anwenden, was wir über Emotionen einstudiert haben. *Denken Sie daran, Ihre Emotionen anzuerkennen.* Sie können das, was Sie fühlen, nicht auf eine andere Person oder Situation schieben. Auch wenn Ihre Emotionen Sie zu einem bestimmten Verhalten veranlasst haben, ist niemand daran schuld. Niemand hat Sie gezwungen, so zu fühlen. Die Gefühle gehören Ihnen, benennen Sie sie. Stehen Sie zu ihnen. Setzen Sie sich mit ihnen auseinander, sie unterliegen Ihrer Verantwortung. Sie wissen bereits, wie das geht, aber wenn Sie Ihre Skills noch einmal auffrischen wollen, ziehen Sie das Gefühlsrad auf Seite 70 in Kapitel 4 zurate.

3. Kehren Sie vor der eigenen Haustür

Ähnlich wie beim Einfordern Ihrer Emotionen erfordert das Bitten um Vergebung von Ihnen, die Verantwortung dafür zu übernehmen, dass Sie vor Ihrer eigenen Haustür kehren, ohne mit dem Finger auf das Durcheinander des anderen zu zeigen. Oft vergeben Menschen nur häppchenweise, weil sie verlangen, dass die andere Person »ihren Teil« an der Angelegenheit anerkennt. Wir alle haben schon einmal gehört, wie jemand sagte: »Es tut mir leid, dass ich dir wehgetan habe, aber das wäre nicht passiert, wenn du nicht zuerst Mist gebaut hättest.« Wenn wir um Vergebung bitten, sollten wir niemals das Wort »aber« einstreuen. Sie haben keine Kontrolle darüber, ob jemand anderes die Verantwortung für sein Tun übernimmt, also versuchen Sie es erst gar nicht. Der beste Weg, jemand anderen dazu zu bringen, bei sich aufzuräumen, ist, für sich selbst die volle Verantwortung für den Part an dem Ganzen zu übernehmen; so inspiriere ich mein Gegenüber.

4. Sühne anbieten

Der vierte Bestandteil, jemanden um Verzeihung zu bitten, ist die Sühne. Hierauf werden wir etwas mehr Zeit verwenden, denn während die Fähigkeit zur Kunst der Vergebung etwas verlorengegangen ist, ist die Kunst, Abbitte zu leisten, wohl ausgestorben. Zunächst einmal wissen viele Menschen nicht, was Sühne ist oder dass es einen grundlegenden Unterschied zwischen Vergebung und Sühne gibt. Die Bedeutung dieser Begriffe ist oft verworren und unklar, aber die Kenntnis beider Termini ist unerlässlich, wenn wir den Rassismus beenden wollen.

Vergebung in der einfachsten Form ist ein Akt der Befreiung, des Sich-Befreiens. Sie können mir zum Beispiel verzeihen und sind danach frei, ob ich mich nun entschuldige oder nicht, spielt keine Rolle. Sühne hingegen erfordert, dass wir daran arbeiten, dass die Beziehung wieder so wird wie früher oder idealerweise sogar noch besser. Wenn wir ein Glas Rotwein auf die weiße Couch eines Freundes verschütten, können wir uns entschuldigen, und der Freund verzeiht uns das Missgeschick – doch der hässliche Fleck ist damit nicht aus der Welt. Bei der Versöhnung geht man einen Schritt weiter, zum Akt der Vergebung tritt die Wiedergutmachung hinzu. Wir können zum Beispiel eine Reinigungsfirma beauftragen, den Fleck zu entfernen, oder eine neue Couch kaufen.

Manchmal ist Wiedergutmachung jedoch nicht möglich. Das entbindet uns aber nicht von dem wichtigsten Teil der Sühne – der Inneren Arbeit, die Beziehung zu uns selbst zu reparieren. Die Schriftstellerin und Aktivistin Marianne Williamson sagt, dass Sühne »der Punkt ist, an dem man sich selbst eingesteht, wo man sich geirrt hat, und an dem man um die Korrektur der eigenen Wahrnehmung bittet«.[44] Es ist eine »innere Aussöhnung«, bei der wir erkennen, wo wir uns geirrt haben, uns das eingestehen, all die Emotionen zulassen und empfinden und den Preis anerkennen, den wir dafür zahlen mussten; schließlich ersuchen wir unser eigenes Herz um eine Korrektur, bevor wir uns bei jemand anderem entschuldigen.

Ein Beispiel für die innere Aussöhnung findet sich in einem früheren Kapitel in der Geschichte von Justins Onkel, der einen Reinigungsdienst beauftragt hatte und alle Reinigungskräfte stets »Lupe« nannte. Als Justin erkannte, dass er diesen Namen in abwertender und verletzender Weise verwendet hatte (auch wenn Cristi es nicht mitbekam und dadurch nicht verletzt wurde), bestand sein persönlicher Moment der Sühne darin, dass er sich voll und ganz darüber im Klaren war, was passiert war, sich mit seinen Gefühlen (Scham, Enttäuschung) auseinandersetzte, sich selbst das Versprechen abnahm, diesen Ausdruck nie wieder absichtlich zu wiederholen, und falls doch, die Gelegenheit beim Schopfe zu packen und anderen zu erklären, was daran falsch war. Justins Sühneprozess umfasste sowohl die Erkenntnis, ein Fehlverhalten an den Tag gelegt zu haben, als auch die Absicht, etwas Gutes zu tun und so eine Korrektur seiner Konditionierung vorzunehmen.

Sühne bedeutet, dass wir um eine Korrektur unseres inneren Kompasses bitten, um die Ursache dessen zu heilen, was das Leid überhaupt erst verursacht hat. Manchmal kann man die Person, der man wehgetan hat, mit einbeziehen, manchmal nicht. Sie können niemals kontrollieren, ob jemand Ihr Angebot zur Sühne annimmt, den Korrekturprozess in Ihnen selbst hingegen schon.

5. Loslassen

Der letzte Bestandteil erfordert, dass wir uns ausliefern, darauf vertrauen und daran glauben, dass sich alles von selbst regeln wird, wenn wir aufrichtig und ehrlich versucht haben, um Vergebung und Sühne zu bitten: Dann müssen Sie loslassen und der anderen Person die Erlaubnis geben, nach ihrem Gutdünken zu reagieren. Das kann ziemlich schwerfallen, denn Sie haben keine Kontrolle darüber, wie jemand auf Ihre Entschuldigung reagiert. Viele von uns verdrehen die Wahrheit, während wir uns entschuldigen, und erhoffen so eine bestimmte Antwort oder Reaktion. Sie vergeuden Ihre Zeit, wenn Sie nicht dazu stehen und die Wahrheit preisgeben wollen. Wenn Sie die Kontrolle abgeben und keine Erwartungen hegen, können Sie sich auf das einzig Wichtige konzentrieren – eine Gelegenheit zu schaffen, das entstandene Leid zu heilen. **Selbst wenn die andere Person nicht bereit dazu ist, so kann es doch in Ihnen stattfinden**, also seien Sie so aufmerksam wie möglich. Hier ist ein Satz, den Sie sich merken und wiederholen können und der Ihnen auf Ihrer Reise dient, wenn Sie sich in einer Situation befinden, in der Sie um Vergebung bitten: »Von diesem Moment an bin ich frei von Scham, Schuldgefühlen, Wut und Groll. Von diesem Moment an lasse ich vollständig los.«

Die Bitte um Vergebung setzt nicht voraus, dass Sie tatsächlich mit der anderen Person sprechen können. Wann immer es Ihnen möglich ist oder sich sicher für Sie anfühlt, empfehlen wir es, aber die Realität sieht oftmals anders aus. Letztlich machen Sie diesen Prozess nur für sich selbst. Sie nutzen der Gesellschaft nichts, wenn Sie in einer Falle namens »Momente, in denen ich nicht um Vergebung gebeten habe« sitzen. Erinnern Sie sich daran, dass die beste Version der Welt mit der besten Version Ihrer selbst beginnt; daher durchlaufen Sie diesen Prozess für das große Ganze und stellen sicher, dass diese Momente nicht als unverheilte Wunde im Schatten eitern und Ihre Handlungen und Gefühle kontrollieren. *Manchmal besteht der größte Akt der Vergebung darin, sich selbst zu vergeben.* Dieser Prozess hilft Ihnen mehr als alles andere dabei, sich als eine genesene Version Ihrer selbst zu zeigen. Ihre Arbeit zur Beendigung des Rassismus darf nicht durch Ihre unverheilten Wunden eingetrübt werden. Vergeben Sie.

Wenn wir nur diejenigen benennen können,
die Macht auf uns ausüben, aber nicht erkennen,
wie wir andere beeinflussen, werden wir niemals frei sein.

DARNELL L. MOORE[45]

In irgendeiner Form hat jeder und jede von uns eine andere Person mal beeinflusst oder Macht ausgeübt – das meinen wir damit, wenn wir den Autor und Aktivisten Darnell L. Moore zitieren. An unserer Fähigkeit, zu erkennen, wenn wir jemandem Leid zugefügt haben (oder gerade dabei sind, es zu tun), können wir immer arbeiten. Eine der sichersten Methoden, die wir gefunden haben, um dieses schwierige und manchmal chaotische Thema anzugehen, ist das Verfassen eines »Vergebungsbriefs«. Wir haben eine Vorlage zusammengestellt, an der wir im Laufe der Jahre gefeilt und die wir durch Anregungen und Rückmeldungen verfeinert haben. Sie baut auf der vorausgehenden Schattenarbeit auf, die Sie geleistet haben, und umfasst alle fünf elementaren Bestandteile, um Verzeihung zu bitten.

Während Sie diesen Brief schreiben, werden Sie spüren, dass Sie die Erfahrung in erster Linie für sich selbst verarbeiten; ob Sie im Anschluss auf der Grundlage Ihrer Erkenntnisse das Gespräch suchen wollen, bleibt Ihnen überlassen (wir werden Ihnen später einige Tipps dazu geben). Konzentrieren Sie sich erst einmal darauf, den Brief für sich selbst zu schreiben. Für Ihren ersten Entwurf ist es wichtig, dass Sie sich selbst Raum geben, um Ihre Gedanken zu verarbeiten und sich selbst in der Wahrheit zu verankern, ohne die Absicht dahinter, dass ihn jemand zu lesen bekommt. Bevor Sie den Stift ansetzen, fragen Sie sich: »Wenn ich mich nicht zurückhalten müsste und alles sagen könnte, was ich sagen will, ohne irgendwelche Konsequenzen, was würde ich sagen?« Mit anderen Worten: Wie sähe der Brief aus, wenn Sie weniger höflich wären, sich weniger Sorgen machen würden, die Gefühle anderer zu verletzen, und sich keinerlei Gedanken über Konsequenzen machen müssten?

Seien Sie zunächst so ehrlich zu sich selbst wie möglich, um die Erfahrung für sich selbst zu verarbeiten. Wenn Sie dann erwägen, den Brief an die Person zu schicken, an die Sie ihn gerichtet haben, folgt Schritt 2 mit der Überarbeitung. Das Schreiben des Briefes ist in erster Linie dazu gedacht, *Ihren Prozess zu unterstützen* – es schafft die Möglichkeit, dass ihr Herz von allem frei wird. Wenn Sie sich entscheiden, einen Schritt weiterzugehen und den Dialog zu suchen, haben Sie bereits Ihre eigene innere Erfahrung für sich geklärt.

Sie können an jeden und zu jedem Thema schreiben, doch sollte es in Ihrem ersten Brief um etwas gehen, an dem Sie egal in welcher Form beteiligt waren: Rassismus, Vorurteile, Diskriminierung oder Abgrenzung. Der Brief kann an eine noch lebende oder verstorbene Person gerichtet werden, an eine Person, die Sie gut kennen, oder an eine Person, die Sie kaum kennen, an eine Person, mit der Sie kürzlich Kontakt hatten, oder an eine Person, mit der Sie seit Jahren nicht mehr gesprochen haben. Sie schreiben diesen Brief in der Hoffnung, sich darin zu üben, um Vergebung zu bitten und Abbitte für das Leid zu leisten, das Sie verursacht haben. Wenn Sie weitermachen und einen zweiten Brief über andere Themen verfassen wollen, nur zu.

Innere Arbeit

Lesen Sie die Vorlage und anschließend die Beispiele. Verfassen Sie dann Ihren eigenen Brief, wobei Sie sich an der Vorlage orientieren. Eine Druckversion (auf Englisch) finden Sie unter HowWeEndedRacism.com/resources.

Vorlage für einen »Vergebungsbrief«

Liebe ___________________,
ich fühle mich ______________________ *(Gefühl)*, wenn ich diesen Brief an Dich schreibe, aber ich weiß auch, dass er notwendig ist, weil ___________________________________.

Als ich ______________________ *(Was haben Sie getan?)*

ODER

Folgendes ist passiert / habe ich falsch gemacht _______
____
(Benennen Sie die konkreten Fakten, ohne Schönfärberei.)

Was ich Dir sonst noch über diesen Moment erzählen muss, vor dem ich am meisten Angst habe, ist ________________
____
____.

Damals glaubte ich (*über mich / über die Welt / über das Leben*), dass ______________________________________.

Und ich tat es, weil ______________________________.

Das soll keine Entschuldigung sein, sondern Dir die ___ ______________________________________ Denkweise von damals näherbringen. Ich glaube, es ist wichtig, dass Du um den Kontext weißt.

Heute fühle ich ___________________________ über diesen Moment. *(Wie denken Sie mittlerweile über diesen Moment, über das, was Sie getan haben?)*

In dem Wissen, dass ich Dir wehgetan habe, fühle ich mich _____________________________. *(Was denken Sie über die Tatsache, dass Sie gerade dieser Person wehgetan haben?)*

Ich habe für ______________________ zurückgehalten, weil ich Angst hatte, dass ___________________. Ich möchte wirklich, dass Du weißt, dass Du ____________________ *(etwas Anerkennendes)* bist und dass Du ___________________ nicht verdient hast.

Ich möchte mich aus tiefstem Herzen entschuldigen, dass ich ___________________________.

Wenn wir in Zukunft irgendeine Art von tiefergehender Beziehung haben wollen, möchte ich, dass Du in der Lage bist, eine auf der Wahrheit basierende Entscheidung zu treffen, ob du Dich mit mir einlassen willst oder nicht.

ODER

Ich schreibe Dir hier und jetzt, um uns einander näherzubringen und nicht weiter voneinander zu entfernen.

ODER

Ich weiß, dass wir schon sehr lange nicht mehr miteinander gesprochen haben, also weiß ich, dass es Dir vielleicht merkwürdig erscheint.

Seitdem das passiert ist, habe ich ___________________. *(Wie haben Sie mehr Verantwortung für sich selbst übernommen? Welche Arbeit haben Sie an sich selbst geleistet? Haben Sie sich verändert?)*

Aber ich möchte Dich einladen und Dich fragen: Gibt es irgendetwas, was ich tun kann, um es besser/richtig zu machen?

Mein Wunsch ist ____________________________.

Ich weiß jedoch, dass Du vielleicht anders denkst, nachdem Du das hier gelesen hast, also möchte ich Dir von Herzen ____________________________ wünschen. Du sollst wissen, dass ____________________________.

Wenn Du darüber sprechen möchtest oder Fragen hast, ich bin sehr offen dafür.

Ich wollte es Dir persönlich sagen, aber ich wusste, dass meine Angst mich daran hindern würde, mich unmissverständlich auszudrücken, also schreibe ich Dir.

Es tut mir sehr leid. Ich entschuldige mich und hoffe, dass Du mir verzeihen wirst.

In aller Aufrichtigkeit

____________________________ *(Ihr Name)*

Um zu veranschaulichen, wie so ein Brief funktionieren kann, hier einige Beispiele unserer Studenten.

(1) Die Ausgangslage: Frau K. ist eine Lehrerin, die einen Schüler aus ihrer Honours-Class entfernt hat, weil sie der Meinung war, dass er noch nicht bereit war, ein Honours-Schüler zu sein. Später wurde ihr klar, dass sie sich nur aufgrund ihres Schattens und ihrer unbewussten Voreingenommenheit dafür eingesetzt hatte, dass er vom Unterricht ausgeschlossen wurde. Dieser Schüler war vor sieben Jahren in ihrer Klasse. Frau K. sagt, dass sie seitdem fast jeden Tag darüber nachgedacht hat.

Lieber Alec,

es ist mir peinlich, Dir diesen Brief zu schicken, und vielleicht bin ich auch ein wenig besorgt, aber ich weiß, dass es notwendig ist, weil ich Deine Meinung, Deine Stimme oder Deine Bedürfnisse nicht wertgeschätzt habe, als ich Dich in den ersten Wochen, in denen Du neu an der Highschool warst, von meinem Unterricht ausgeschlossen habe. Ich habe fälschlicherweise darauf gedrängt, Dich aus deinem Freundeskreis, Deinem Sicherheitsnetz und unterstützenden Umfeld herauszureißen, ohne gründlich auf Deine schulischen Fähigkeiten einzugehen, wie ich es hätte tun sollen, und das war falsch. Du musst wissen, dass ich, bevor ich an Deiner Schule angefangen habe, an einer Schule mit fast ausnahmslos weißen Schülern unterrichtet habe, weshalb ich noch viel lernen musste.

Damals war ich der Auffassung, dass meine lange währende Erfahrung als Lehrerin es mir erlaubte, die Schüler auf den ersten Blick einschätzen zu können, ohne genauer hinzusehen oder das Gesamtbild zu berücksichtigen. Meine Annahmen waren jedoch voreingenommen und falsch. Das soll keine Entschuldigung sein, sondern ein Hinweis auf mein engstirniges Denken und wie ich die Kultur der weißen Vorherrschaft in den Schulen verinnerlicht hatte. Ich denke, es ist wichtig, dass Du den Gesamtzusammenhang kennst.

Ich bin bis heute wahnsinnig wütend auf mich selbst und schäme mich. In dem Wissen, was ich Dir für ein Leid zugefügt habe, fühle ich mich extrem schuldig. Ich habe sieben Jahre lang gewartet, weil ich Angst hatte, dass die Auseinandersetzung damit und das Eingestehen meines Versagens für Dich zur Belastung werden würde. Ich hatte auch Angst davor, zuzugeben, dass Dich die Folgen meiner Entscheidung zutiefst verletzt haben mussten. Du musst Dich ausgestoßen und abgeschoben gefühlt haben. Ich habe es versäumt, die Folgen zu überdenken. Ich möchte, dass Du weißt, dass Du wirklich ein brillanter und aufgeweckter Schüler bist. Deine emotionale Sicherheit und dein Wohlbefinden in einem schulischen Umfeld hätten Vorrang haben müssen. Du hättest einen Fürsprecher verdient und ich habe versagt. Ich möchte mich aus tiefstem Herzen dafür entschuldigen, dass ich eine Entscheidung für Dich getroffen habe, die sich negativ auf Dich ausgewirkt hat.

Ich weiß, dass wir lange nicht miteinander geredet haben, daher mag Dir dieser Brief seltsam vorkommen. Seitdem das passiert ist, habe ich dafür gesorgt, dass ich bei der Einstufung von Schülern und Schülerinnen mit am Tisch sitze, um sicherzustellen, dass diejenigen, die so aussehen wie du und eine ähnliche schulische Laufbahn vorzuweisen haben, entsprechend ihrer Fähigkeiten und nicht wegen Vorurteilen eingeschätzt werden. Darüber hinaus habe ich ein zusätzliches Studium abgeschlossen, das sich speziell mit den Hindernissen für Schwarze und Braune Schüler bei der Erlangung der Hochschulreife befasst, und ich habe begonnen, mich in einer Lehrervereinigung zu engagieren, die Schwarzen und Braunen Schülern unter die Arme greift. In jedem dieser Momente habe ich an Dich gedacht und daran, was hätte sein können, wenn ich Dir mehr Aufmerksamkeit geschenkt hätte. Aber ich möchte Dich auch fragen: Gibt es irgendetwas, was ich tun kann, um es besser zu machen oder richtigzustellen? Wenn ja, dann werde ich das tun.

Ich wünsche mir, dass dieser Moment keinen negativen Einfluss darauf hatte, wie Du Dich selbst im schulischen Umfeld gesehen hast, und dass er Dich nicht davon abgehalten hat, den Traum zu verwirklichen, den Du für Dein Leben hattest. Ich wünschte, ich könnte Deine Gefühle und Erfahrungen nachempfinden, als Du die neunte Klasse verlassen musstest. Ich weiß, dass Du das nach diesem Brief vielleicht gar nicht mehr möchtest, deshalb möchte ich Dir viel Vertrauen und Erfolg wünschen, Du bist wirklich absolut brillant. Wenn Du darüber sprechen möchtest oder Fragen hast, ich bin für Dich da. Ich wollte Dir das persönlich sagen (und habe vier Jahre lang jeden Tag daran gedacht, wenn ich Dir auf dem Schulflur begegnet bin), aber meine Angst kam mir immer dazwischen, deshalb schreibe ich Dir auf diesem Weg.

Es tut mir so leid, dass ich nicht so für Dich da war, wie ich es meiner Meinung nach für alle Schüler bin, und dass ich neben mir stand. Ich war nicht die Erwachsene, die Du gebraucht hast. Es tut mir so leid, ich entschuldige mich, und ich hoffe, dass Du mir verzeihen kannst.

Mit herzlichen Grüßen, in aller Aufrichtigkeit
Frau K.

(2) Die Situation: Sunny ist ein chinesisch-amerikanischer Mann, der aus einem Waisenhaus in China adoptiert wurde. Er hat seit vielen Jahren nicht mehr mit seinen Eltern gesprochen.

Liebe Mom, lieber Dad,
ich schäme mich und habe Angst, Euch diesen Brief zu schicken, aber ich weiß auch, dass er notwendig ist, weil ich Euch zu viele Jahre lang unfreundlich behandelt habe und weder die Opfer, die Ihr für mich erbracht habt, noch die Möglichkeiten, die Ihr mir als Eltern geboten habt, zu schätzen wusste.

Als ich immer wieder über Euch hergezogen bin und Euch für alles verantwortlich gemacht habe, was in meinem Leben falsch lief, habe ich mich geirrt. Ihr wart meine Sündenböcke, weil Ihr ein leichtes Ziel wart, an dem ich mich abreagieren konnte. Deshalb habe ich meine ganze Wut an Euch ausgelassen.

Was ich Euch in diesem Moment noch gestehen muss und wovor ich am meisten Angst habe, ist mein Gefühl, niemals dazugehört zu haben, egal, wie gut Ihr und der Rest unserer Familie mich behandelt habt. Als einziger Asiate in einer Familie von weißen Amerikanern fühlte ich mich immer minderwertig und fehl am Platz. Der Rassismus, den ich erfahren habe, wuchs über unseren Haushalt und die Familie hinaus und träufelte in meine Beziehungen zu Freunden und Mitschülern und schließlich in meine Beziehungen als Erwachsener und in mein Berufsleben.

Ich glaubte damals, dass ich minderwertig bin und ihr alle mich auch als minderwertig angesehen habt, obwohl ich weiß, dass das nicht stimmte. Dieses Minderwertigkeitsgefühl war so gegenwärtig, dass ich mich stets als Außenseiter fühlte – selbst in unseren intimsten und liebevollsten Momenten als Familie. Mit der Zeit verwandelte sich dieser Minderwertigkeitskomplex in Wut. Ich gab Euch beiden die Schuld daran, dass niemand in der Familie so aussah wie ich und mir der Zugang zu meiner Herkunft fehlte. Und ich gab Euch die Schuld daran, dass ich rassistisch behandelt wurde. Es brodelte in mir und machte mich rasend wütend – mein Zorn richtete sich gegen alle, aber hauptsächlich gegen Euch beide, Mom und Dad.

Ich tat dies, weil ich dachte, dass ich mich besser fühlen würde, wenn ich Euch das Gefühl gebe, minderwertig zu sein. Ich habe jedoch gemerkt, dass es mir nicht geholfen hat, Euch wehzutun. Ich weiß, das ist schwer zu ertragen.

Das soll keine Entschuldigung sein, sondern nur meine unreflektierte Denkweise von damals zeigen – ich glaube, es ist wichtig, dass Ihr den Kontext kennt.

Heute schäme ich mich für diese Momente und bin traurig darüber. Ich fühle mich so, weil ich weiß, dass ich viele Gelegenheiten für Verbundenheit mit den Menschen, die mich am meisten geliebt haben – mit Euch beiden – mit Füßen getreten habe. Ich weiß, dass diese Momente niemals wiederkehren werden, und das bricht mir das Herz.

In dem Wissen, Euch solches Leid zugefügt zu haben, wende ich mich reumütig an Euch. Ich sehe Euch beide jetzt an, meine zunehmend älter werdenden Eltern, und ich weiß, dass Ihr das Beste versucht habt – für uns alle.

Ich habe mich in den letzten Jahren daran festgeklammert, weil ich Angst hatte, dass Ihr mir all das Leid, das ich Euch und dem Rest der Familie zugefügt habe, niemals verzeihen würdet. Ich hatte Angst, dass unsere Beziehung irreparabel geschädigt wäre.

Ich möchte, dass Ihr wisst, dass Ihr beide sehr tapfer seid, dass Ihr mir und meinen Schwestern wunderbare Eltern wart und dass Ihr es nicht verdient habt, so respektlos und niederträchtig behandelt zu werden.

Ich möchte mich aus tiefstem Herzen dafür entschuldigen, dass ich Euch jemals das Gefühl gegeben habe, dass Ihr keine guten Eltern für mich wart oder dass ich nicht zu schätzen wusste, was Ihr mir ermöglicht habt. Ich weiß, dass wir schon lange nicht mehr miteinander gesprochen haben, daher mag dieser Brief jetzt etwas unerwartet kommen. Seit meine Frau mit unserem ersten Sohn schwanger ist, habe ich mal einen gründlichen Blick in mein Inneres geworfen. Mir war schon längere Zeit klar, dass ich eine Therapie machen musste, um meine Wut, meinen Minderwertigkeitskomplex und die vom Rassismus verursachten Traumata in den Griff zu bekommen. Ich suchte Anschluss zu meinem ursprünglichen Kulturkreis und meinen Wurzeln und erkannte, dass ich mich selbst unter Menschen, die »wie ich aussahen«, minderwertig fühlte. Jetzt, da ich bald selbst Vater werde, ist es mir wichtig, dass ich diese toxischen Gefühle und Verhaltensmuster nicht an meinen eigenen Sohn weitergebe. Mit der Liebe und Unterstützung meiner unglaublichen Partnerin konnte ich Veränderungen in meinem Leben vornehmen, die ich nie für möglich gehalten hätte, und ich konnte eine tiefe Verbundenheit spüren, von der ich – nach vielen Sitzungen in der Therapie – feststellte, dass sie mir doch nicht fremd war. Und warum? Weil diese Verbundenheit in unserem Haus vorherrschte, in dem ich aufgewachsen bin, und mir von Euch, meinen Schwestern, meinen Großeltern und so vielen anderen Menschen in unserem Umfeld vorgelebt wurde.

Ich möchte die Tür weit aufstoßen und Euch jetzt fragen, ob ich irgendetwas tun kann, um es wiedergutzumachen und unsere Beziehung zu kitten.

Ich wünsche mir, dass mein Sohn seine Großeltern kennenlernt und ihre Liebe auf eine Weise erfährt, wie ich es mir selbst nie erlaubt habe. Ich möchte, dass meine Frau Euch endlich kennen und lieben lernt. Und ich möchte in der Lage sein, für Euch da zu sein, um alte Erinnerungen aufzufrischen und neue zu schaffen. Ich weiß jedoch, dass Ihr das nach diesem Brief vielleicht gar nicht wollt, deshalb wünsche ich Euch, dass Ihr Euren Frieden findet und nicht mehr leidet. Ich möchte, dass Ihr wisst, dass Ihr unglaublich liebevolle Eltern wart und dass ich das jetzt deutlich sehen kann, und ich liebe Euch. Wenn es Euch guttut, dass wir darüber sprechen oder uns persönlich treffen, im nächsten Monat werde ich mit meiner Frau für ein Wochenende in der Stadt sein. Ich würde Euch gerne sehen, Euch umarmen und mit Euch zusammen sein.

Es tut mir sehr leid. Ich entschuldige mich dafür. Und ich hoffe, dass Ihr mir verzeihen werdet.

Mit herzlichen Grüßen, in aller Aufrichtigkeit
Sunny

Diese Briefe wie auch der Schreibprozess enthalten alles, was wir bisher thematisiert haben. Wir beenden den Rassismus nicht, indem wir nie wieder irgendjemandem wehtun, sondern indem wir wissen, was zu tun ist, wenn es doch mal vorkommt. Wir schaffen den Raum für mehr Integration.

Ein paar Hinweise zum Versenden Ihres Briefes

Wenn Sie in Erwägung ziehen, Ihren Brief der Person zu senden (oder vorzulesen), an die Sie ihn geschrieben haben, gehen Sie ihn noch einmal durch und überarbeiten Sie ihn. Die Vorlage dient dazu, Ihre Gedanken zu ordnen, sollte aber in den meisten Fällen nicht die endgültige Version sein. Denken Sie daran, dass es Sie nicht von der Verantwortung befreit, Ihre Wahrheit ohne Rücksicht auf die Gefühle der anderen Person kundzutun. Es ist in Ordnung, wenn sie heftig ausfällt, aber Sie müssen die gesamte Erfahrung in der Liebe verankern. Entkoppeln Sie sich beim Schreiben nicht von dem, was Ihnen Ihr Herz vorgibt. Bevor Sie Ihren Brief abschicken oder ein Gespräch mit jemandem führen, sollten Sie ihn von jemandem gegenlesen lassen, dem Sie vertrauen, und so prüfen, ob sich ein Schatten eingeschlichen hat.

Dabei sollten Sie in Erwägung ziehen, dieser Vertrauensperson dieses und die vorangegangenen Kapitel zuerst lesen zu lassen, damit sie den Prozess nachvollziehen kann. Andernfalls könnte der Schatten Ihrer Vertrauensperson oder deren Neigung, sich vor der Wahrheit zu verstecken, Sie davon abhalten, weiterhin zur Wahrheit zu stehen. Betrachten Sie Ihren Brief als *ein Geschenk* an die andere Person. Die Wahrheit macht nicht nur Sie frei, sondern möglicherweise auch andere. Denken Sie daran, dass Sie nur Ihren Teil dieses Austauschs kontrollieren können, und hegen Sie keine Erwartungen an ein bestimmtes Ergebnis. Sie haben vielleicht eine bestimmte Vorstellung davon, wie sich die Situation entwickelt oder wie die Person nach Erhalt Ihres Briefes reagieren wird, aber wir empfehlen Ihnen, sich von diesen Erwartungen zu befreien, damit Sie angemessen auf die tatsächliche Reaktion reagieren können. Vielleicht haben Sie die besten Intentionen, aber denken Sie immer daran, dass bei der Vergebung etwas »ver-geben« wird. Halten Sie sich nicht zurück, Sie sind nun bereit. Greifen Sie zum Stift!

15

Echte Wiedergutmachung

Eine Entschuldigung ist keine Wiedergutmachung. Die Wiedergutmachung ist ein langfristiges Projekt, bei dem wir denjenigen, denen wir Leid zugefügt haben, beweisen, dass wir uns aufrichtig und dauerhaft verändert haben. Wir machen einen Schritt in die Zukunft und beweisen durch unser abweichendes Verhalten bei der Wiedergutmachung, dass wir wirklich Abbitte geleistet haben. Im gleichen Maße gilt: Wenn wir jemandem wirklich verziehen haben, ist die Wiedergutmachung der erste Schritt. Wenn Vergebung der innere Prozess ist, manifestiert sich die Wiedergutmachung im Äußeren. Natürlich ist Wiedergutmachung mit einer gewissen Anstrengung und Demut verbunden.

Wenn wir die Zukunft neu gestalten und die Wunden der Vergangenheit heilen wollen, haben wir die Wahl: Entweder wir bleiben unverbunden oder beschreiten gemeinsam einen neuen Weg. **In der Einleitung haben wir das Leben in einem rassistischen System damit verglichen, ein altes Haus zu erben. Wenn es am Haus an allen Ecken und Kanten bröckelt, liegt es in unserer Verantwortung – und wir würden sogar so weit gehen, dass es unsere moralische Pflicht ist –, es zu renovieren, unabhängig davon, ob wir für die Schäden verantwortlich sind.** Wir verwalten dieses metaphorische Haus. Auch wenn die Vorbesitzer die Schäden verursacht haben, leben wir nun darin. Und wenn wir es nicht renovieren, stürzt irgendwann das Dach über unseren Köpfen ein.

Den Begriff wiedergutmachen definiert der Duden als »etwas, was jemand versäumt, verschuldet hat, besonders einen Schaden, den jemand angerichtet hat, wieder ausgleichen«. Wiedergutmachung ist jedoch in erster Linie nicht mit einer finanziellen Entschädigung gleichzusetzen, sondern es geht darum, entstandenes Leid zu heilen und aktiv zu werden – darum, anzuerkennen, dass leidvolle, schmerzhafte und traumatische Erlebnisse sich über einen langen Zeitraum erstrecken können und wir etwas tun müssen, um uns aus ihrem Klammergriff zu befreien und diejenigen zu unterstützen, denen wehgetan wurde. Es geht darum, anzuerkennen, dass die Folgen dieser Erlebnisse immer noch leid- und schmerzvoll sein können. Es ist ein Versuch, Vergebung und Sühne zu vermählen, und zwar mit dem Potenzial, etwas wieder ganz zu machen.

Es ist verständlich, dass beispielsweise die Nachwirkungen einer schlimmen Beziehung oder einer Scheidung noch lange nach dem Ende spürbar sind – wenn dem nicht so wäre, bräuchte man keine therapeutischen Angebote oder Scheidungsanwälte. Die Beendigung einer toxischen Beziehung kann sich noch Jahre später auf Ihr Vertrauen, Ihre emotionale Stabilität, Ihr Wohlbefinden, Ihre Finanzen und vieles mehr auswirken. Das Gleiche gilt für unsere kollektive Beziehung zueinander, auch wenn wir die Vorstellung von der Wiedergutmachung nicht allzu sehr verkomplizieren sollten. Wir können die Auswirkungen einer traumatischen Erfahrung für die Zukunft nur dann schmälern, wenn wir einen Heilungsprozess durchlaufen, aber die Vergangenheit können wir nicht ungeschehen machen. Wir können auch nicht für das, was verbrochen wurde, »bezahlen«. Aber wir können die Auswirkungen des entstandenen Schadens eindämmen, vor allem aber eine bessere Chance für die Zukunft schaffen. Mit der Wiedergutmachung flicken wir das Tischtuch, das zerschnitten wurde, sodass eventuell zugefügtes Leid die Möglichkeiten in der Zukunft nicht mehr so stark beeinträchtigt.

Nach dem Zweiten Weltkrieg und der Kapitulation Deutschlands begann zumindest die BRD, finanzielle Entschädigungen an die Überlebenden des Holocausts zu zahlen. Juden und Jüdinnen (und andere Überlebende und Familienangehörige von Opfern der Vernichtungslager) erhielten von der deutschen Bundesregierung eine »Kompensation« für das erlittene Leid. Im Allgemeinen handelte es sich dabei um relativ geringe Beträge, und obwohl viele der Empfänger sicherlich auf den monatlichen Beitrag vertrauten, bestand die größte Wirkung der Entschädigung darin, dass sie einem Akt der Wiedergutmachung und der öffentlichen Anerkennung der von Nazi-Deutschland verübten Gräuel gleichkam. Es war ein Eingeständnis von Schuld und Verschulden und eine Maßnahme zur Wiedergutmachung. »Zu sagen«, dass man das Leid anerkennt, ist etwas ganz anderes, als aktiv zur Linderung beizutragen. Stellen Sie sich vor, dass Ihr zukünftiger Ex-Partner oder Ihre Ex-Partnerin während der Scheidung in einem erratischen Wutanfall Ihr Haus niederbrennt. Wenn er oder sie sich anschließend entschuldigt, ist das immerhin etwas, aber besser wäre es, dass mit der Entschuldigung auch ein neues Haus gestellt wird, was gleichzeitig ein anderes Maß an Einsatz zeigt, die zerrüttete Beziehung kitten zu wollen. Die monatlichen Entschädigungsschecks dienten als symbolischer Reueakt für die begangenen Gräueltaten; es war eine öffentliche Anerkennung und eine Maßnahme, die dazu beitrug, die Möglichkeit zu eröffnen, eine neue Zukunft auf der Grundlage einer Wahrheit zu schaffen, zu der man übereingekommen war.

Natürlich kann kein Geld der Welt die schrecklichen Erlebnisse in den Vernichtungslagern und den Verlust von Menschenleben ausgleichen, die geliebten Familienangehörigen zurückbringen oder die Zeit zurückdrehen. Aber die »symbolische Wiedergutmachung« einer Nachfolgeregierung, die nicht unmittelbar für die Verbrechen gegen die Menschlichkeit verantwortlich war, trug dazu bei, einen spirituellen Schlussstrich zu ziehen, wie es viele der Opfer beschrieben. Sie war ein greifbares Zeugnis dafür, dass die Geschichte geradegerückt werden musste. Sie bot einen humanen Ausweg nicht nur für die Opfer, sondern auch für eine ganze Nation. Indem wir Wiedergutmachung leisten, entschädigen wir sowohl diejenigen, die einst gelebt haben, als auch diejenigen, die noch kommen werden.

Hier einige weitere Beispiele für Wiedergutmachungszahlungen.

Rosewood-Massaker, Florida: Im Jahr 1923 wurde die überwiegend von Schwarzen bewohnte Stadt an der Golfküste Floridas bei einem Pogrom zerstört, mindestens sechs Schwarze und zwei weiße Personen kamen ums Leben. Im Jahr 1994 stimmte der Staat Florida einem Entschädigungspaket zu, das sich auf umgerechnet 4,23 Millionen Dollar im Jahr 2022 beläuft. Davon verfallen 3 Millionen Dollar für die Entschädigung der etwa elf verbliebenen Überlebenden, 800 000 Dollar für diejenigen, die zur Flucht gezwungen worden waren, und 160 000 Dollar für College-Stipendien, die vor allem für Nachkommen bestimmt sind.

Tuskegee-Syphilis-Studie: Zwischen 1932 und 1972 ließen die Vereinigten Staaten 399 an Syphilis erkrankte Schwarze Männer unbehandelt, um den Verlauf der Krankheit zu untersuchen. Im Jahr 1974 einigte sich Washington mit den Opfern und ihren Familien außergerichtlich auf eine Entschädigung in Höhe von 10 Millionen Dollar sowie lebenslange medizinische Behandlung für die Teilnehmer und ihre unmittelbaren Angehörigen.

Japanische Internierung: Wegen der Zwangsinternierung von 120 000 japanischen Amerikanern in Lagern während des Zweiten Weltkriegs unternahm der Kongress mit dem Japanese-American Claims Act von 1948 und dem Civil Liberties Act von 1988 zwei Versuche, Wiedergutmachung zu leisten. Zwischen 1948 und 1965 wurden im Rahmen des ersten Gesetzes Zahlungen in Höhe von insgesamt 38 Millionen Dollar genehmigt (was im Jahr 2022 etwa 350 bis 471 Millionen Dollar entspricht), die hinsichtlich des wirtschaftlichen Verlusts allerdings ein Tropfen auf dem heißen Stein waren. Der Civil Liberties Act bot den Überlebenden eine Entschädigung in Höhe von 20 000 Dollar pro Person an (was im Jahr 2022 50 000 Dollar entsprechen würde). Bis 1998 hatten achtzigtausend Ex-Internierte ihren Anteil erhalten.

Mau-Mau-Krieg: Das Vereinigte Königreich zahlte fast 20 Millionen Pfund an fünftausend kenianische Menschen, die während des Mau-Mau-Kriegs in den 1950er-Jahren Opfer von Gewalt geworden waren, berichtet der *Guardian*. Als Mau-Mau-Krieg wird die Unabhängigkeitsbewegung zwischen Kenianern und der ehemaligen Kolonialmacht, dem Vereinigten Königreich, bezeichnet.

Obwohl es ungewiss ist, ob es jemals eine Wiedergutmachung für die Sklaverei oder andere Gräueltaten in der Welt geben wird, kann jeder von uns das Konzept der Wiedergutmachung persönlich anwenden – und zwar innerhalb seiner Möglichkeiten. Wenn wir in der Zukunft stehen und uns fragen: »Was haben wir heute unternommen, um das Ende des Rassismus herbeizuführen?«, müssen wir zu Menschen werden, die in der Lage sind, sowohl Abbitte als auch Wiedergutmachung zu leisten. Auf diese Weise sind wir in der Verantwortung, wenn irgendwo auf der Welt eine weitere Gräueltat oder Gewalttat geschieht.

Innere Arbeit

Vervollständigen Sie die folgenden Sätze, gehen Sie noch einmal tief in sich und überlegen Sie, wie Sie noch mehr zur Wiedergutmachung beitragen können. Hören Sie in sich hinein, was tatsächlich nötig wäre, um Wiedergutmachung zu leisten.

- Jemand, dem ich zwar vergeben, aber mit dem ich nicht wirklich Wiedergutmachung praktiziert habe, ist ______ ______________________________.
- Wenn ich mir eine ideale Beziehung zu dieser Person vorstelle, in der die Dinge sogar noch besser als zuvor laufen, dann sähe es wie folgt aus: ______________ ______________________________.
- Eine konkrete Maßnahme, die ich heute ergreifen kann, um die Sache anzustoßen, ist ______________.
- Jemand, der mir verziehen hat, mit dem ich mich aber nicht wirklich versöhnt habe, ist ______________ ______________________________.
- Wenn ich mir eine ideale Beziehung zu dieser Person vorstelle, in der die Dinge sogar noch besser als zuvor laufen,

dann sähe es wie folgt aus: ______________________________
____.

- Eine konkrete Maßnahme, die ich heute ergreifen kann, um die Sache anzustoßen, ist ______________________________
____.
- Eine Gemeinschaft/Gruppe, der meine Vorfahren oder ich Leid zugefügt haben, die noch auf Wiedergutmachung wartet, ist ____________________________________.
- Wenn ich mir eine ideale Zukunft mit dieser Gemeinschaft/Gruppe vorstelle, in der die Dinge sogar noch besser als zuvor laufen, dann sähe sie wie folgt aus: ______________
____.
- Was ich jetzt konkret unternehmen kann, ist ____________
____.

Nun folgt eine Geschichte aus einem unserer Workshops, die beispielhaft zeigt, wie wir Wiedergutmachung leisten und eine Entschädigung zahlen können.

Um die Geschichte zu umrahmen, hier einige historische Hintergründe: Im Mai 1948 wurde Israel von den Vereinten Nationen offiziell zu einem unabhängigen Staat erklärt. Seit den sozialen und politischen Entwicklungen ab der Jahrhundertwende und besonders durch den Holocaust waren die Juden und Jüdinnen und schließlich auch die führenden Mächte davon überzeugt, dass es eines jüdischen Staates bedurfte. Das Heimatland der Vorfahren mit biblischen Wurzeln – damals die britisch kontrollierte Kolonie Palästina – schien geeignet zu sein. Neben den europäischen Juden und Jüdinnen zog es viele aus dem Nahen Osten und Nordafrika in das neu gegründete Land, die dort ansässigen arabischen Muslime und Christen (sowie andere Bevölkerungsgruppen) wurden verdrängt. Ein großer Teil dieser Bevölkerung bezeichnet sich als Palästinenser.

Die Problematik ist sehr umstritten und wurde nicht zuletzt durch die Anschläge der Hamas im Jahr 2023 aufs Neue befeuert. Ohne genauer auf die politischen Hintergründe einzugehen, möchten wir Ihnen die Geschichte eines unserer Teilnehmer erzählen, nennen wir ihn Jacob, der in den 1960er-Jahren als Sohn jüdischer Eltern in Jerusalem geboren wurde. Jacob, israelischer Staatsbürger, wanderte mit seinen Eltern und seinen Schwestern nach Kanada aus, als er fünf Jahre alt war. Jeden Sommer besuchte er seine in ganz Israel verstreut lebende Großfamilie und wurde, wie er sagte, »von meiner Synagoge, meiner jüdischen Tagesschule und meiner Gemeinde indoktriniert, dass mein Heimatland – das Land, in dem mein Vater in zwei Kriegen kämpfte und mein Großvater 1948 sein Leben im Krieg ließ – niemals kritisiert werden dürfe«. Als Kind wohnte er bei seinem Onkel in einem alten Viertel Jerusalems in einem Haus, das im wahrsten Sinne des Wortes ein »arabisches Haus« oder auf Hebräisch *bayit aravi* genannt wurde. Ehrlich gesagt hat er nie über die Ursprünge dieser Bezeichnung nachgedacht und nahm einfach an, dass es sich um eine Art architektonische Referenz handelte.

Als Student beschloss er, ein Seminar zu belegen, in dem der palästinensisch-israelische Konflikt behandelt wurde. In einer der Vorlesungen zeigte der Professor eine Diashow von Häusern, die dem Haus, in dem sein Onkel lebte, ähnlich waren, und erklärte den Studierenden, dass arabische Familien seit Generationen in diesen Vierteln und Häusern gelebt hatten – bis zum Palästinakrieg oder auch Israelischen Unabhängigkeitskrieg. Nachdem die Israelis den Krieg gewonnen hatten und ihnen von den Vereinten Nationen das Land zugesprochen worden war, wurden fast alle arabischen Familien innerhalb weniger Tage, manchmal sogar Stunden, gewaltsam aus ihren Häusern vertrieben. Diese Erfahrung war für die Palästinenser und Palästinenserinnen so traumatisch, dass sie bis heute für ein »Recht auf Rückkehr« einstehen, was durch einen Schlüssel symbolisiert wird. Ältere palästinensische Generationen tragen noch immer die Schlüssel ihrer alten Häuser um den Hals, als Symbol ihrer Verzweiflung und ihres Kampfes, aber auch als Symbol der Hoffnung.

Jacob begann, sich bei seinem Onkel und den älteren Familienmitgliedern über die Geschichte des Hauses und die Umstände zu erkundigen, unter denen seine Familie an das Haus gelangt war. Aus Gesprächen mit vielen Menschen aus der Familie und der Nachbarschaft sowie Recherchen in den Archiven der Stadt Jerusalem erfuhr er, dass das Haus einst von einer arabischen (muslimischen) Familie bewohnt wurde, die auch Eigentümerin war. Ein älterer Nachbar erinnerte sich, dass die Familie sehr freundlich war, sieben Kinder hatte und eines Tages »einfach weg« gewesen sei.

Jacob war erschüttert, als er erfuhr, dass seine Familie an schlimmen Verbrechen beteiligt war. Vor allem, weil seine Großeltern den Holocaust überlebt hatten. Er konnte sich nicht vorstellen, dass sein Großvater und sein Großonkel, die einst so gelitten hatten, nun die Seiten gewechselt hatten. Dieser Teil seiner Familiengeschichte nagte viele Jahre lang an ihm. Mehrere seiner Cousins und Cousinen (die alle noch in Israel leben), alle in seinem Alter oder jünger, stimmten mit ihm überein, dass es verwerflich war, aber niemand von ihnen hatte das Gefühl, dass er etwas dagegen tun konnte. Einer von ihnen sagte ihm, dass die Vergangenheit vergangen sei, dass so etwas halt im Krieg vorkomme und dass er einfach »weitermachen« müsse. Das war Jacob nicht genug. Er ließ sich nicht abschrecken und beschloss, es zu versuchen und die Familie ausfindig zu machen, die von seiner Familie gewaltsam aus ihrer Heimat vertrieben worden war.

Nach fast zwei Jahren umfassender Recherchen, die ihn sogar bis nach Frankreich führten, fand Jacob schließlich einen Nachkommen des ursprünglichen Eigentümers, der jetzt in einem Geflüchtetenlager in den palästinensischen Gebieten lebte. Die Familie hatte große Bedenken, sich auf Jacob einzulassen und seine Fragen zu beantworten. Deshalb beschloss er, ihnen stattdessen einen Vergebungsbrief zu schreiben und dabei auf die Vorlage zurückzugreifen, die Sie im vorherigen Kapitel kennengelernt haben. Hier der Wortlaut des Briefes:

Liebe Familie A,

ich bin sehr aufgewühlt und habe Angst, Ihnen diesen Brief zu schicken, aber ich weiß auch, dass es notwendig ist, weil meine Vorfahren Ihrer Familie und den Nachkommen viel Leid zugefügt haben. Ich weiß auch, dass ich über dreißig Jahre gebraucht habe, um mir des ganzen Ausmaßes bewusst zu werden, für das ich persönlich verantwortlich bin, eben weil ich mich nicht damit auseinandergesetzt habe.

In den ersten acht Jahren meines Erwachsendaseins, als ich endlich ein bewusst denkender und vermeintlich gebildeter Erwachsener war, nahm ich an Kundgebungen teil, bei denen Kandidaten unterstützt wurden, die weiter zur systematischen Unterdrückung von Muslimen beitragen würden. Ich war ein Verfechter der Apartheid in unserem Land und gab Ihrer Familie und Ihren Vorfahren die Schuld daran, dass meine Leute sterben mussten. Ich war der Leiter einer Studierendenorganisation an meiner Universität, die direkt zu Ihrem Leid beigetragen hat und dazu diente, eine Rhetorik des Hasses, der Islamfeindlichkeit und der palästinensischen Opposition aufrechtzuerhalten.

Ich möchte Ihnen in diesem Augenblick gestehen, und davor habe ich am meisten Angst: Ich bin der Auffassung, dass das Leid und der Schaden, den ich und mein Volk angerichtet haben, irreparabel sind. Ich habe Angst, dass meine Worte heute so hohl klingen wie das, was ich vor Jahrzehnten getan habe.

Was ich damals glaubte, entsprach dem, was man mich zu glauben lehrte – dass Sie meinen Tod wollten, dass Sie mein Volk tot und ausgerottet sehen wollten. Und ich habe all das getan, weil ich glaubte, damit mein Leben und das meines Volkes zu schützen. Dies soll keine Entschuldigung für meine Taten sein, sondern soll Ihnen einen Eindruck von der fixen Idee vermitteln, die ich damals im Kopf hatte. Ich glaube, es ist wichtig, dass Sie die Hintergründe kennen.

Mittlerweile schäme ich mich dafür. In dem Wissen, dass meine Familie Ihnen schon vor meiner Geburt Leid zugefügt hat, indem Sie buchstäblich Ihres Zuhauses beraubt wurden, und in dem Wissen, dass ich einst der Meinung war, dass sie im Recht war, und ich sie jahrelang verteidigt und damit das Leid noch verschlimmert habe, fühle ich mich wie ein Heuchler.

Ich habe an dieser Scham festgehalten, weil ich Angst hatte, dass der Weg zurück zur Vergebung versperrt ist.

Ich möchte, dass Sie wissen, dass Sie ein Opfer meiner Vorfahren und meiner Taten sind, dass Sie tapfer und mutig sind, dass Sie unglaublich stark sind und etwas Besseres verdienen. Ihre Kinder und Enkelkinder verdienen ein Zuhause und eine Zukunft. Sie haben es nicht verdient, in diesem Gefängnis unter freiem Himmel, in diesem Geflüchtetenlager zu leben.

Ich möchte mich aus tiefstem Herzen dafür entschuldigen, dass ich Jahre gebraucht habe, um aufzuwachen und meine Augen und mein Herz dafür zu öffnen, das Ausmaß des Leids zu begreifen, das bis heute andauert.

Ich schreibe Ihnen, weil ich möchte, dass wir uns näherkommen und nicht noch weiter voneinander entfernen. Ich möchte Sie und Ihre Familie auf sinnvolle Weise unterstützen, auch wenn ich das Leid damit nicht ungeschehen oder wiedergutmachen kann, Ihnen und uns aber vielleicht dabei helfen, einen Dialog zu führen und Veränderungen zu bewirken. Ich habe mich intensiv mit der Unterdrückung der Palästinenser durch die Israelis befasst. Ich habe jahrelang als Freiwilliger in einem palästinensischen Geflüchtetenlager gearbeitet und Dutzende Helfer rekrutiert, um ihnen die Augen für Ihr Leid zu öffnen. Ich habe meine Familienangehörigen mit der Geschichtsklitterung konfrontiert, die in unserer Familie weitergegeben wurde. Ich habe mich öffentlich für Ihre Rechte eingesetzt. Ich habe Geld gesammelt, damit Sie sich ein Haus – ein echtes Haus außerhalb des Geflüchtetenlagers – kaufen können. Ich weiß, dass es nicht das Haus sein wird, das wir Ihrer Familie einst geraubt haben, aber es ist ein Haus, das Sie an Ihre Kinder und Enkelkinder weitergeben können.

Mein Wunsch ist es, Freundschaft mit Ihnen zu schließen, aber mir ist bewusst, dass Sie vielleicht niemals dazu bereit sind. Deshalb hoffe ich, dass Sie Ihren Frieden machen werden; ich werde nicht eher ruhen, bis Ihr Volk eine Heimat hat, Sie wieder ein Zuhause haben und Ihre Kinder und Enkelkinder die gleichen Möglichkeiten und Privilegien, die mir vergönnt waren.

Wenn Sie sich mit mir austauschen möchten oder Fragen haben, bin ich sehr offen dafür.

Ich wollte es Ihnen persönlich sagen, aber ich wusste, dass mich meine Angst daran hindern würde, mich klar auszudrücken, und dass mangelndes Vertrauen im Weg stehen würde, das zu akzeptieren, was ich Ihnen sage, also schreibe ich Ihnen auf diese Weise.

Es tut mir sehr leid. Ich entschuldige mich. Und ich hoffe, dass Sie mir verzeihen werden.

Mit freundlichen Grüßen
Jacob

Zwei Wochen nach Zustellung des Briefes erhielt Jacob einen Anruf von dem Nachkommen, es bedeutete den Anfang einer bedeutsamen Beziehung. Mithilfe einiger seiner Cousins und Cousinen, die sich über diese neue Verbundenheit hocherfreut zeigten, konnte Jacob genug Geld auftreiben, um die Familie beim Kauf eines Grundstücks und beim Bau eines neuen Hauses zu unterstützen. »Das Haus, das meine Vorfahren ihnen gestohlen hatten, wurde dadurch zwar nicht ersetzt, und das Trauma, das wir ihnen zugefügt hatten, nicht ungeschehen gemacht, aber der Weg zur Heilung war geebnet und der Anfang gemacht, dass die Wunden in unseren Herzen heilen können.«

Das ist Wiedergutmachung. Ideell und materiell.

Siebte Säule

Wir hatten ausführliche Diskussionen

16

Menschen zu einem vorwärtsgerichteten Gespräch einladen

Wir haben gerade eine Schwelle überschritten – Vergebung. Die Säulen, die uns bis hierhin geführt haben (Wahrheit, Emotionen, Schatten und Vergebung), haben Sie innerlich darauf vorbereitet, zukünftig in der Lage zu sein, in der Interaktion mit anderen Menschen den Rassismus zu beenden. Die kommenden Säulen werden weiterhin auf dem aufbauen, was wir bisher gelernt haben, und den Schwerpunkt darauf verlagern, wie wir unser Umfeld positiv beeinflussen können. Wir beginnen mit *Gesprächen.*

»Am Anfang war das Wort«, heißt es in der Bibel. Die Sprache ist der erste Schritt, unsere Vision in die Welt hinauszutragen. Unsere Worte stehen am Anfang von allem, sie genießen fast immer Vorrang vor unseren Taten. Unsere Fähigkeit zur Gesprächsführung, vor allem bei schwierigen Themen, entscheidet darüber, ob sich eine Gelegenheit ergibt, weiter zu wachsen, oder die Spaltung noch vergrößert wird. Spaltung oder Annährung – beides beginnt mit Worten. Gesetze werden verabschiedet, Maßnahmen werden ergriffen, und Situationen ändern sich, *weil sich jemand entschlossen hat, etwas zu sagen – und weil er oder sie wusste, wie es gesagt werden muss, um den Worten Wirkung zu verleihen.* Die erste Möglichkeit, Menschen voranzubringen, besteht darin, bessere und zielführendere Gespräche zu führen. Die Säule in diesem Kapitel besteht aus zwei Komponenten: Sprechen und Zuhören. Im vorherigen Kapitel haben wir uns mit vielen Grundlagen vertraut gemacht, die uns auf unserem

Weg unterstützen, aber jetzt legen wir einen Zahn zu, um in einem gegenwärtigen Moment den Rassismus zu beenden.

Wie wir bereits besprochen haben, ist die Sprache eines der wichtigsten Mittel, unsere Erfahrungen mit der Realität abzugleichen. Aber bei Sprache geht es nicht nur darum, *was* wir sagen, sondern auch darum, *wie* wir es sagen. Man kann Dinge auf eine bestimmte Art und Weise mitteilen und sich sicher sein, was am Ende dabei herauskommt. Es erfordert von uns ein hohes Maß an Integrität – wir müssen der Wahrheit im Glauben und in der Vision verhaftet bleiben –, wenn wir uns an die Gespräche wagen. Sie werden auf andere einen Einfluss haben, wenn Sie die Lektionen und Techniken anwenden, die Sie hier lernen. Die meisten Menschen wollen ihre Reise mit Gesprächen beginnen – sie wollen sofort einen Fahrplan haben, der detailliert beschreibt, »was zu sagen« und »was zu tun« ist. Hoffentlich verstehen Sie jetzt, dass es sinnlos gewesen wäre, mit diesem Kapitel zu beginnen, weil der Schatten hinter unseren Worten und Taten einen zu großen Einfluss ausübt und dieselben Muster wieder aufleben lassen würde.

Bevor wir weitermachen, möchten wir uns einen Moment Zeit nehmen, um Sie noch einmal in Ihrer Vision zu verankern. Halten Sie kurz inne und überprüfen Sie, was Ihnen wichtig ist, wenn es um die Beendigung des Rassismus geht. Nach all dem, was Sie bis hierhin gelesen haben, hat sich Ihre Einstellung vielleicht ein wenig geändert. Bitte nehmen Sie sich jetzt diesen Moment. Stellen Sie sich vor, Sie befinden sich im Jahr 2050 und der Rassismus ist abgeschafft – stellen Sie sich eine zukünftige Welt ohne Rassismus vor. Was fällt Ihnen dieses Mal auf? Was nehmen Sie wahr? Atmen Sie ein paar Mal durch und schauen Sie, was Ihnen in den Sinn kommt, auch wenn es sich im Vergleich zu früher verändert hat. Was auch immer in Ihnen aufkommen mag, es ist in Ordnung, nur versuchen Sie, so klar wie möglich den Fokus darauf zu richten. Stellen Sie sich eine zukünftige Welt ohne Rassismus vor. Beantworten Sie für sich diese Fragen, sobald Sie Ihre Vision erlebt haben:

- Das Wichtigste, was mir in meiner Vision von einer Welt ohne Rassismus aufgefallen ist, ist ______________________.
- Das Aufregendste an meiner Version ist, dass ______________.
- Was ich jetzt in mein Leben integrieren muss, damit diese Vision wahr wird, ist ______________________________.
- Damit diese Vision wahr werden kann, muss ich loslassen, und zwar ____________________________________.
- Damit diese Vision wahr wird, muss ich zu einer Person werden, die _____________________________________.
- Ich bin auf einer Reise nach ____________________.
- Ich *kämpfe für* ______________________________.
- Ich bin ____________________________________.

Es war bis hierhin sehr wichtig, sich in Ihrer Version zu verankern, aber sie wird noch zentraler für alles, was wir Ihnen als Nächstes näherbringen werden. Mit den Tools, die wir Ihnen an die Hand gegeben haben, sind Sie an dem Punkt der Transformation angekommen. Wenn Sie an sich gearbeitet haben, sollten Sie spüren, dass Sie nun bereit sind.

Die erste Konversationstechnik, die wir Ihnen beibringen möchten, ist das Call-forward. Wenn wir in der Zukunft stehen, können wir gemeinsam einen Blick zurückwerfen und feststellen, dass wir damit aufgehört haben, Menschen bloßzustellen. Jemanden anzuprangern, führt zu Cancel Culture, Cancel Culture verpufft wirkungslos und spaltet uns weiter. Wir müssen uns im Heute dazu verpflichten, über diese Perspektive hinauszugehen und uns in Richtung unserer Vision zu bewegen, damit wir aufhören können, *gegen Rassismus zu kämpfen*, und den *Rassismus endlich beenden*. Diese Säule wird Ihnen helfen, zu lernen, wie Sie das Gespräch suchen können, wenn Sie sehen oder miterleben, wie jemand Leid verursacht.

Lassen Sie uns zunächst einige Unterscheidungen treffen.

In der heutigen Kultur bedeutet »Call-out«, inakzeptable Worte oder Handlungen öffentlich zu benennen, um eine Übertretung zu stoppen und damit weiteren Schaden zu verhindern. Es ist hart und kann sich unangenehm anfühlen. Bei einem »Call-in« bespricht man das Fehlverhalten im Privaten. Das Problem ist, dass diese Vorgehensweise oft mit Scham behaftet ist und in Schuldzuweisungen und Schuldgefühlen ausarten kann. Studien aus den Bereichen Psychologie, Anthropologie, Soziologie und sogar Neurowissenschaften belegen, **dass Beschämung, Schuldzuweisungen und Schuldgefühle den Bereich des Gehirns, der für Lernen und Wachstum zuständig ist, abschalten.**[46] Egal, wie viel eine Person meditiert oder betet oder für wie emotional oder spirituell entwickelt sie sich hält, wenn man sie schmäht, ihr Vorwürfe macht oder Schuldgefühle in ihr weckt, blockiert man die Fähigkeit dieser Person, aktiv zuzuhören, hemmt ihre Lernfähigkeit und macht jede Chance zunichte, daran zu wachsen. Wir alle haben diesen inneren Widerwillen schon erlebt. Denken Sie an das letzte Mal, als Ihr Partner oder Ihre Partnerin oder ein Familienmitglied etwas gesagt hat, das Sie verärgert hat. Unabhängig davon, wie »richtig« oder »vernünftig« die Argumente waren, sobald Sie geschmäht, bloßgestellt oder Schuldgefühle in Ihnen hervorgerufen wurden, war der Ofen aus – Sie haben wahrscheinlich *reagiert.*

In der Regel können Sie das Gespräch erst dann wieder aufnehmen und die Dinge klarer sehen, wenn Sie etwas Zeit hatten, »sich zu beruhigen«, weil Ihr Gehirn die Möglichkeit hatte, sich zu regulieren. Wenn das passiert, werten wir das Gesagte anders; wir können eine andere Perspektive einnehmen und besehen es von einem rationaleren Standpunkt aus, statt nur zu *reagieren.* Auf unserem Weg zur Beendigung des Rassismus dürfen wir unter gar keinen Umständen auf Scham, Schuldzuweisungen oder Schuldgefühle zurückgreifen. Ja, »unter gar keinen Umständen« ist unser voller Ernst. Egal, wie schrecklich Sie das Drumherum einschätzen, wenn Sie wollen, dass sich etwas an der Situation ändert, sind Scham, Schuldzuweisung und Schuldgefühl tabu.

Hier sind zwei Fragen, die Sie sich als Lackmustest vor einem schwierigen Gespräch stellen können: Möchte ich meinen Unmut ausdrücken oder suche ich eine vorwärtsgerichtete Diskussion? Möchte ich eine Brücke bauen oder die Kluft vergrößern? Vor jeder

Interaktion müssen Sie brutal ehrlich zu sich selbst sein, was Ihre wahren Absichten angeht, denn sie werden sich dramatisch auf den Ausgang des Gesprächs auswirken. Wenn Sie nicht bereit sind, ohne Scham, Schuldzuweisungen und Schuldgefühle in das Gespräch zu gehen, sollten Sie es sich vielleicht noch einmal überlegen. Um den Rassismus zu beenden, sind wir auf unsere Sprache angewiesen, um uns in Richtung unserer Vision zu bewegen.

Egal ob bei einem Call-out oder einem Call-in; es geht darum, aufzuzeigen, dass ein Unrecht passiert ist, entweder um Einhalt zu gebieten oder um andere aufzuklären, und nicht darum, im Recht zu sein oder sich moralisch über eine andere Person zu stellen und als eine vermeintliche Autorität sie zu maßregeln. Genau aus diesem Grund müssen wir uns auf die Wahrheit stützen und Säule 2 in seinem ganzen Ausmaß verstehen – den Unterschied zwischen dem Narrativ und einem Fakt. **Wenn Sie glauben, dass Sie die Wahrheit mit Löffeln gefressen haben, dann bleibt kein Raum für Verständnis, Dialog oder Gespräche.** Sie verfallen wieder in binäre Denkmuster und verlangen von der Person, mit der Sie nicht einverstanden sind, sie möge sich sofort Ihren Argumenten und Ihrem Verhalten unterwerfen.

Call-forward ist ein Kommunikationsmodell, das wir vor einigen Jahren als Ergänzung zum Call-out und Call-in entwickelt haben und effektiv dabei hilft, Menschen zusammenzubringen und den Rassismus zu beenden. Um nicht in das Muster der Beschämung und Schuldzuweisung zu verfallen, bietet ein Call-forward die Möglichkeit, sich zu etwas Größerem zu entwickeln. Während Beschämung und Schuldzuweisung bedeutet, gegen das zu kämpfen, was wir hassen, bedeutet Call-forward, auf dem aufzubauen, was wir lieben, und ein Mehr an Integration. Ein Call-forward öffnet die Tür zu einem vorwärtsgerichteten Wandel, und wir haben festgestellt, dass das Ergebnis – wenn auch nicht immer sofort – oft überraschend ausfällt.

Sie können jeden Menschen zu einem Call-forward einladen, aber das bedeutet nicht, dass er die Einladung umgehend annehmen wird.

Denken Sie daran, dass Sie vielleicht noch nicht über die entsprechenden Tools verfügen. Aber wenn Sie das Modell anwenden, das wir gleich vorstellen werden, eröffnet sich eine Möglichkeit, wo vorher keine war.

Verwenden Sie die zehn essenziellen Schritte, um jemanden zu einem Call-forward einzuladen, wenn das nächste Mal ein schwieriges Gespräch ansteht – vor allem, wenn Sie jemanden darauf ansprechen wollen, dass er dazu beiträgt, Vorurteile, Diskriminierung, Rassismus und Abgrenzung aufrechtzuerhalten. Rufen Sie sich vor Augen, woran Sie glauben: dass Rassismus beendet werden kann und wird, und dass es in Ihrer Macht liegt, ihn zu beenden. Wenn wir in der Zukunft stehen und uns fragen: »Was haben wir heute unternommen?«, wird die Einladung zu einer weit verbreiteten Fähigkeit, die wir alle erlernen können. Der erste Schritt liegt bei Ihnen.

Die zehn essenziellen Schritte

Wir haben die zehn essenziellen Schritte sowie ein Skript entwickelt, damit Sie es immer griffbereit haben und an dem Sie sich beim nächsten problematischen Gespräch festhalten können. Wenn Sie die Fähigkeit erlernt und eingeübt haben, wird sie Ihnen ganz natürlich vorkommen und Sie werden in der Lage sein, so ein Gespräch ohne jedwede Hilfestellung zu führen. Verwenden Sie diese Tools immer dann, wenn Sie das Gefühl haben, dass jemand etwas Falsches oder Unmoralisches getan, Leid verursacht oder auf eine Weise gehandelt hat, die das Gefüge von MWe zersetzt. Wie bei jedem Gespräch haben Sie keine Kontrolle über das, was die andere Person tut oder sagt, aber Sie haben die Kontrolle über sich selbst – *wie Sie sich entscheiden zu antworten und sich geben.* Diese zehn Schritte sollen Sie darauf vorbereiten, das bestmögliche Ergebnis zu erzielen. Lesen Sie zuerst die zehn Schritte und setzen Sie sie dann anhand des Skripts in die Tat um.

Call-forward

Schritt 1: Zentrieren Sie sich in Ihrer Vision

Schritt 2: Lösen Sie sich von Ihren Narrativen

Schritt 3: Stellen Sie sich vor, dass diese Person von einem Ort der Fürsorge, Mitgefühl und Liebe aus agiert

Schritt 4: Schaffen Sie den nötigen Rahmen

Schritt 5: Bleiben Sie bei Ihren Gefühlen

Schritt 6: Schaffen Sie einen Raum der Verbundenheit und des Verständnisses

Schritt 7: Zeichnen Sie das Bild der Vision

Schritt 8: Warten Sie nicht, bis es zu spät ist

Schritt 9: Kommen Sie nicht gleich mit der Lösung um die Ecke

Schritt 10: Klammern Sie sich nicht an einem bestimmten Ergebnis fest

Schritt 1: Zentrieren Sie sich in Ihrer Vision

Call-forward meint vor allem *die Hinwendung zu etwas Größerem*. Aber Sie können niemanden zu einem Call-forward einladen und ein vorwärtsgerichtetes Gespräch führen, wenn Sie nicht wissen, was vorwärts ist. Es ist wichtig, den Zweck zu kennen, bevor man etwas unternimmt – dazu dient die gemeinsame Vision, den Rassismus zu beenden. Das ist das Ziel. Fragen Sie sich selbst, und klären Sie für sich, worauf Sie zusteuern: In was für einer Welt möchte ich leben? Wie gehen die Menschen in dieser Welt miteinander um? Welche *Werte* sind in dieser Welt elementar? Was wäre in einer Welt ohne Rassismus möglich? Bevor Sie nun ein Gespräch führen, müssen Sie daran denken, dass das höchstmögliche Ergebnis darin besteht, dass die andere Person nicht nur den Fehler, den sie begangen hat, und das Leid, das sie verursacht hat, einsieht und anerkennt, sondern sich Ihnen der Achtsamkeit anschließt. Sie müssen dieses Gespräch so angehen, dass Sie Ihr Gegenüber zu etwas einladen, das Sie lieben, und nicht als Gelegenheit sehen, der Person vorzuhalten, was sie falsch gemacht hat.

Versetzen Sie sich in die Zukunft, orientieren Sie sich in Ihrer Vision der Welt, die Sie (mit)erschaffen wollen, und wählen Sie Ihr Vorgehen danach aus, wie Sie in der Zukunft vorgehen würden. Wenn Sie in der Zukunft stünden, in der Ihre Vision wahr geworden ist und die Person ein Teil Ihrer Vision ist, wie sähe ein Call-forward aus, um diese Version zu realisieren? (Wir wollen, dass die Gespräche nach vorn gerichtet sind und dass sich die Gesprächspartner und -partnerinnen vorwärts bewegen, deshalb heißt es ja auch »Call-forward«). Verankern Sie sich tief in dieser Frage, bevor Sie das Gespräch angehen. Das ist der Schlüssel. Andernfalls riskieren Sie, von Beginn an unter Druck zu stehen.

Schritt 2: Lösen Sie sich von Ihren Vorstellungen

Dieser Punkt fällt besonders vielen Menschen schwer, weil wir so sehr an die Einschätzungen und Narrative glauben, die wir uns über Menschen und Situationen gebildet haben, sodass wir nicht mehr offen dafür sind, wenn sich jemand anders zeigt. Noch bevor eine anderslautende Meinung überhaupt in Erwägung gezogen wird, ist die Tür bereits zu. Diese Narrative können uns dabei behindern, mit der anderen Person in Verbindung zu treten, weil sie uns glauben lassen, dass die vorgefassten Meinungen, die wir uns über eine Person (oder die Art von Person, die sie ist) ausgedacht haben, wahr sind, bevor der Dialog überhaupt beginnt. Wie bei Angst und Glaube *muss man sich stets das vor Augen führen, was möglich ist.* Wenn Sie das nicht tun, ist das Gespräch von vornherein zum Scheitern verurteilt.

Denken Sie daran, dass wir dazu neigen, andere zu bewerten. Gedanken wie »Ich kann ihr nicht trauen«, »Er ist nicht gerade der Hellste«, »Das wird nicht gut gehen« oder »Typisch Mann/Frau!« sind uns quasi angeboren. Halten Sie inne, bevor das Gespräch beginnt, und unterziehen Sie die Einschätzungen einer Analyse, um nicht das Gespräch von vornherein zu beeinträchtigen. Fragen Sie sich: »Was denke ich mir bloß aus und was stimmt tatsächlich?«

Wenn wir uns weiterhin bemühen, zu verstehen, woher unsere Bewertungen herrühren, können wir uns in einem Raum verankern, der uns vor Reaktivität bewahrt und es uns ermöglicht, für unsere verzerrte Wahrnehmung und Überzeugung darüber, wie die Dinge »sein sollten«, verantwortlich zu sein. **Vielleicht können Sie nicht alle Ihre Vorurteile ablegen, aber Sie können Verantwortung für sie übernehmen, damit Sie von ihnen nicht kontrolliert werden.**

Schritt 3: Stellen Sie sich vor, dass diese Person von einem Ort der Fürsorge, Mitgefühl und Liebe aus agiert

Selbst wenn die Person, mit der Sie sprechen, etwas getan hat, das Sie für falsch halten, dürfen Sie das Gespräch nicht mit dem Gedanken beginnen, einen »schlechten Menschen« vor sich zu haben. Andernfalls werden Sie nur den Teil der Person erreichen und aktivieren, der das Leid verursacht hat (und sofort mit Scham und Vorwürfen beginnen). Jeder Mensch hat in sich die Fähigkeit, »gut« und »schlecht« zu sein. Sie wollen sich darauf vorbereiten, das Beste in einer Person anzusprechen, dann müssen Sie es auch einladen. Versuchen Sie daher, sich in die Lage des Gegenübers zu versetzen, auch wenn es unglaublich schwierig erscheinen mag. Der Trick dabei ist, sich zu fragen: »Wenn ich mich zwingen würde, anzunehmen, dass diese Person aus einem Gefühl der Fürsorge, Mitgefühl und Liebe heraus gehandelt hat, warum hätte sie dann wohl getan, was sie getan hat?« Die meisten Menschen richten unabsichtlich Schaden an, auch wenn das hier an der Stelle nicht wirklich von Belang ist. Dieser Schritt soll Sie darauf vorbereiten, so offen, geerdet und klar wie möglich in das Gespräch zu gehen. Dieser Schritt ist ein wesentlicher Teil dieses Prozesses.

Schritt 4: Schaffen Sie den nötigen Rahmen

Sich auf ein schwieriges Gespräch vorzubereiten, ist vergleichbar mit der Planung einer Feier. Es ist ziemlich unhöflich, Ihre Gäste auf den letzten Drücker zu einer noblen Dinnerparty einzuladen und davon auszugehen, dass ihr Aufzug Ihren Erwartungen entspricht. Sie müssen die Gäste weit im Voraus einladen, das Essen und die Getränke vorbereiten, die Räumlichkeiten herrichten … Sie schaffen den nötigen Rahmen. Ähnlich verhält es sich bei schwierigen Gesprächen. Oft haben wir Stunden oder sogar Tage lang nachgedacht und uns auf ein Gespräch vorbereitet, ohne der anderen Person die Möglichkeit zu geben, es uns gleichzutun – oft überfallen wir unser Gegenüber, sodass es nicht darauf vorbereitet ist, zuzuhören. Aus dem Nichts heraus Feedback zu bekommen, ist für uns alle schwierig. Vielleicht haben Sie stundenlang gebraucht, um den Mut aufzubringen, jemanden anzurufen. Nun sind Sie endlich bereit, Ihr Herz auszuschütten, während die andere Person vielleicht gerade Lebensmittel einkauft, ein anstrengendes Telefonat mit ihrem Chef hinter sich hat oder einfach mit den Nerven am Ende ist – der absolut falsche Zeitpunkt also, um Ihnen Gehör zu schenken.

Eine einfache Möglichkeit, dieses Problem zu lösen, besteht darin, der Person eine Nachricht zukommen zu lassen oder ihr mehr Informationen darüber zu geben, dass ein wichtiges Gespräch ansteht. Eine

Nachricht wie »Hey, ich würde gerne mit dir über etwas Wichtiges sprechen. Können wir uns nach der Arbeit unterhalten?« oder »Hast du im Moment die Zeit und die Muße für ein Gespräch? Es geht um eine etwas heikle Angelegenheit« macht einen großen Unterschied. Wenn das Fehlverhalten im Eifer des Gefechts geschieht – zum Beispiel in einer Besprechung, bei der weitere Personen anwesend sind –, können Sie sagen: »Nach der Besprechung würde ich mich gerne ein paar Minuten mit Ihnen darüber unterhalten.« In den meisten Fällen ist das besser, als Ihren Gefühlen freien Lauf zu lassen und mitten in der Besprechung auszuflippen. All das dient dazu, dass Ihr Gegenüber so offen wie möglich für das ist, was Sie ihm sagen möchten. Sie laden es zu einem Gespräch ein.

Schritt 5: Bleiben Sie bei Ihren Gefühlen

Wir haben Call-forward bereits ausführlich behandelt, aber wir müssen noch einen Schritt weitergehen. Jedes Call-forward muss mit den Worten »Ich fühle …« beginnen. Wenn Sie das Gespräch mit »Du …« einleiten, dann sind Sie bereits falsch abgebogen. So gern wir auch anderen die Schuld geben, die Art und Weise, wie wir darauf reagieren, liegt nicht im Verantwortungsbereich eines anderen, sondern in unserem. Unabhängig davon, was eine andere Person sagt oder tut, Sie haben die Macht (und sind verantwortlich für) über Ihre Reaktion. Geben Sie in solchen Gesprächen zuallererst einen wahrheitsgemäßen Einblick in Ihre Gefühlswelt und teilen Sie diese mit Ihrem Gesprächspartner. Zum Beispiel: »Ich habe mich nach dem Meeting vorhin im Besprechungsraum verletzt und unbedeutend gefühlt, und das hat mich sehr getroffen.« Beachten Sie, dass eine persönliche Ansprache in diesem Satz überhaupt nicht vorkommt. Jemanden einzuladen, beginnt bei Ihnen, nicht bei Ihrem Gegenüber.

Schritt 6: Schaffen Sie einen Raum der Verbundenheit und des Mitgefühls

Verbundenheit und Mitgefühl setzen voraus, dass Sie verletzlich sind. Verletzlichkeit ist keine Schwäche – sie ist Ihre größte Stärke, besonders bei dieser Art von Gesprächen. Wie gelingt Ihnen das? Sie beginnen damit, Ihre Gefühle mitzuteilen – aus dem Grund ist der Schritt zuvor so wichtig. Sobald Sie Ihr Herz öffnen und Ihre Emotionen preisgeben, ist der Raum für Mitgefühl und Verletzlichkeit da und der Transformationsprozess kann beginnen. Denken Sie daran, dass Ihr Gesprächspartner diese Schritte wahrscheinlich nicht kennt, deshalb tragen Sie die Verantwortung, den Raum für Mitgefühl zu schaffen und zu gewährleisten, dass er nicht in sich zusammenfällt. Sie wissen bereits, wie man das macht. Wir haben es in den vorherigen Kapiteln über Emotionen und Vergebung eingeübt. Die besagte Person wird die Einladung vielleicht ausschlagen, aber wenn Sie nicht den ersten Schritt machen, passiert überhaupt nichts. Wie die Autorin und Fotografin Doe Zantamata einmal sagte: »Es ist leicht, zu urteilen, viel schwieriger aber, zu verstehen. Verstehen erfordert Mitgefühl, Geduld und die Bereitschaft, zu glauben, dass ein gutes Herz sich manchmal in der Wahl der Mittel vergreift.«[47] Urteilen führt zu Spaltung, Verstehen ermöglicht den Wandel.

Schritt 7: Zeichnen Sie das Bild der Vision

Stellen Sie sich vor, Sie wollen jemanden zu einem schönen Urlaub auf einer tropischen Insel einladen, zeigen ihm aber nur Bilder von einem ausbrechenden Vulkan oder zerstörerischem Sturm und Gewalt unter den Einheimischen. Genau das tun viele von uns bei einem Call-out oder Call-in. Legen Sie im Gespräch nicht permanent den Fokus auf all die Dinge, die derjenige »falsch« gemacht hat, sondern zeichnen Sie ein positives Bild von der Welt, wenn Sie anders vorgehen würden – wir müssen Lösungen finden, anstatt weiterhin auf den Problemen herumzukauen. Wir wollen das Gespräch ja vorwärtsbringen.

Seien Sie möglichst konkret. Wie würden sich die Menschen fühlen? Worauf legen Sie bei Ihrer Vision Wert? Ein Beispiel könnte wie folgt aussehen: »Lieber Opa, ich finde es so aufregend, mir eine Welt vorzustellen, in der jeder den lieben kann, den er will, ohne Ressentiments oder Angst. Wo jeder die Straße entlanggehen und in jedes Restaurant gehen kann und sich sicher und akzeptiert fühlt. Denk an deine Enkelkinder – ich weiß, wie sehr du sie liebst, ich habe es miterlebt. Würdest du nicht wollen, dass jeder sie so behandelt, auch wenn sie sich entschieden haben, jemanden zu lieben, der oder die nicht von der Mehrheitsgesellschaft anerkannt ist? Ich setze mich dafür ein, die Welt zu einem besseren Ort zu machen, sowohl für uns als auch für unsere Kinder.«

Denken Sie daran, dass *Sie sie einladen*. Ein Teil (wenn nicht sogar der größte Teil) Ihres Gesprächs mit dieser Person sollte darin bestehen, das Bild der Zukunft zu zeichnen, in die Sie sie einladen wollen.

Schritt 8: Warten Sie nicht, bis es zu spät ist

Die meisten von uns warten zu lange, und wenn wir uns dann endlich durchgerungen haben, sind wir so voller Wut und Angst, dass wir kein Mitgefühl mehr aufbringen können, selbst wenn wir es versuchen. Wenn Sie merken, dass etwas zu einem Problem für Sie geworden ist, warten Sie nicht, »bis es wieder passiert«, um es anzusprechen. Vermeiden und Verleugnen machen es nur schlimmer. Suchen Sie frühzeitig den Dialog, bevor das Problem übermächtig geworden ist oder die andere Person das Weite gesucht hat.

Schritt 9: Kommen Sie nicht gleich mit der Lösung um die Ecke

Wir gehen oft mit einer vorgefertigten Vorstellung in so ein Gespräch und lassen dabei keinen Spielraum für eine gemeinsame Ausarbeitung. Wenn jemand etwas Falsches sagt oder tut und Sie hoffen, dass er seinen Fehler einsieht und es in Ordnung bringt, ist es meist am effektivsten, wenn beide Parteien gemeinsam nach Lösungsvorschlägen suchen. Andernfalls beschleicht ihr Gegenüber das Gefühl, dass ihm etwas aufgezwungen wird oder einen Moralapostel vor sich zu haben – und das funktioniert auf lange Sicht nicht. Dadurch wird das Muster von Scham, Schuldzuweisung und Schuldgefühl oft von Neuem entfacht. Wenn Sie einer Person Ihre Lösung aufzwingen oder versuchen, ihr eine bestimmte Verhaltensweise zu entlocken, mit der sie nicht einverstanden ist, führt das zu nichts. Aber hier steht mehr auf dem Spiel, wir streben den *Wandel* an – und das erfordert die Einsicht, dass die angestrebte Zukunft über viele verschiedene Pfade erreicht werden kann und nicht nur über einen Königsweg.

Schritt 10: Klammern Sie sich nicht an einem bestimmten Gesprächsausgang fest

Manchmal ist die Person, mit der Sie sprechen, nicht bereit oder nicht in der Lage, zuzuhören, selbst wenn sie sich noch so bemüht. Das sollte Sie nicht davon abhalten, zu Ihrer Wahrheit zu stehen, sich an unserer gemeinsamen Vision zu orientieren und an dem festzuhalten, woran Sie glauben. **Sie haben eine Lektion bestimmt auch schon mehrmals erhalten, bis Sie es endlich »kapiert« haben.** Seien Sie daher nachsichtig, auch wenn es vielleicht schwerfällt, weil diese Person Leid verursacht. Wie eine Wasserader, die sich langsam, aber beständig durch den Fels arbeitet, weiß man nie, welcher Dialog schließlich zum Erfolg führt. Wenn Sie einen Raum für Mitgefühl, Fürsorge und Liebe schaffen, *werden Sie vielleicht irgendwann gehört.* Es liegt nicht an Ihnen, wie schnell sich die Person ändert; aber es liegt an Ihnen, den nötigen Rahmen zu schaffen. Manchmal werden die Menschen Sie überraschen, manchmal aber auch enttäuschen. Nichts davon liegt in Ihrer Hand. Befreien Sie sich von dem Versuch, es kontrollieren zu wollen.

Vielleicht haben Sie bemerkt, dass es bei den zehn wesentlichen Schritten eher um Sie geht als um Ihr Gegenüber. Das liegt daran, dass Sie nicht die Verantwortung für das übernehmen können, was jemand anderes tut, *aber Sie können sich entsprechend vorbereiten.* Als Leuchtfeuer für das Ende des Rassismus sind Sie dafür verantwortlich, anderen den Weg zu weisen, unabhängig davon, ob sich jemand dafür entscheidet, den Weg mit Ihnen zu beschreiten.

Vielleicht fragen Sie sich auch, wie es wäre, wenn die Rollen vertauscht sind. Nun, dann gilt dasselbe. Sie müssen sich als eine Person zeigen, die darin geübt ist, diesen Dialog zu führen, sodass aufkommende Scham, Schuldzuweisung oder Schuldgefühl in etwas Größeres umgewandelt werden. Selbst wenn Sie derjenige sind, der Leid verursacht hat, tappen Sie nicht in die Falle und lassen es anderen durchgehen, bei Ihnen bösartige Taktik anzuwenden. Mit all diesen Tools sind Sie gut gerüstet, um mehr Verantwortung zu übernehmen, die Vision der Beendigung des Rassismus zu verwirklichen und eine größere Bühne zu betreten. Seien Sie diejenige Person, die bei einem Call-out oder Call-in die nächste Stufe betritt und zu einem Call-forward einlädt.

Innere Arbeit

Dies ist eine beispielhafte Vorlage für einen Call-forward. Vervollständigen Sie den Lückentext, um sich auf ein Gespräch vorzubereiten, das Sie vielleicht als Herausforderung empfinden.

Natürlich gehören zu einem Gespräch immer zwei, daher können Sie nicht alles planen; ein paar Stichpunkte sind dennoch nützlich, selbst wenn Sie mal den einen oder anderen auslassen oder überspringen. Die Vorlage soll dazu dienen, sich vorzubereiten und Sie in die richtige Stimmung zu versetzen, um jemanden zum Gespräch zu bitten; Sie können aber auch einen Brief schreiben. Wenn Sie sich für Letzteres entscheiden, lassen Sie den Brief auf jeden Fall von jemandem gegenlesen, zu dem Sie Vertrauen haben und der vielleicht den Schatten ausmachen kann, der sich oft einschleicht.

Eine Druckversion dieser Übung (auf Englisch) finden Sie unter HowWeEndedRacism.com/resources.

Liebe(r) ________________________,
ich fühle mich ________________________ (*Emotion*), wenn ich Dir dies schreibe, aber ich möchte, dass Du weißt, dass es von Herzen kommt, und ich sende Dir diesen Brief jetzt, weil ich weiß, ________________________ (*Wenn Sie das Beste für Ihr Gegenüber annehmen, was wäre Ihrer Meinung nach wahr? Zum Beispiel: »Ich weiß, dass Du an Liebe glaubst«, »Ich weiß, dass Du an Gleichberechtigung glaubst« oder »Ich weiß, dass es Dir wichtig ist, dass jeder Mensch mit Würde und Respekt behandelt wird«.)*

Als ________________________ (*Was passiert ist; beginnen Sie diesen Satz NICHT mit »Du hast …«, sondern: »Als wir …« oder: »Als ich gehörte habe, dass …«*), fühlte ich mich unglaublich ________________________ (*Emotion*), und ich dachte, es sei wichtig, dass Du das weißt.

In meinem Kopf habe ich mir ausgemalt, dass ________ ________________________ (*Was ist das Negative, von dem Sie angenommen haben, dass es wahr ist?*), und das ist wirklich beunruhigend, weil ________________________.

Ich weiß, dass es möglich ist, dass wir alle in einer Welt leben können, in der ______________________________ (*Erläutern Sie in ein paar Sätzen Ihre Vision*). Es ist wirklich wichtig für mich, dass ______________________________. Sind diese Dinge auch für Dich wichtig?

Obwohl ______________________________ mich wirklich getroffen hat, hoffe ich, dass wir diesen Moment nutzen können, um uns weiterzuentwickeln. Es würde sich so ________ ______________________ anfühlen, wenn ______________ ______________. (*Was wünschen Sie sich vom Gegenüber? Welche Veränderung erhoffen Sie sich?*)

Optional: Es ist mir wichtig, Dich an meiner Seite zu haben, wenn wir eine Welt schaffen, in der ________________ __________________________.

Ich hoffe, Du kannst spüren, wie viel Herzblut und Leidenschaft in diesem Brief steckt, den ich Dir _______________ _______________ und in tiefster Verbundenheit schicke.

Optional: Wenn Du Fragen hast oder mit mir darüber sprechen möchtest, lass es mich wissen, ich würde mich über ein Gespräch freuen.

Mit herzlichen Grüßen

__________________________ (*Ihr Name*)

Sie werden sich anfangs vielleicht schwertun, diesen Prozess zu durchlaufen. Für die meisten von uns ist das eine völlig neue Art, *zu sein*. Wie auch immer, Ihr Hauptaugenmerk sollte auf der zentralen Absicht liegen: dass Sie zu einem Call-forward einladen, etwas Größeres zu schaffen. Denken Sie daran, dass das Wichtigste an diesem Brief ist, *Sie selbst* auf das Gespräch vorzubereiten. Es ist wie bei einem Muskel: jedes Mal, wenn Sie ihn trainieren, wird er ein wenig kräftiger. Um Ihnen bei Ihrem Prozess zu helfen, zeigen wir Ihnen nun einige Briefe, die unsere Studierenden verfasst haben, um zu einem vorwärtsgerichteten Gespräch einzuladen, sodass das Gespräch nicht nur ein Call-in, sondern auch ein Call-forward sein kann.

Brief 1: John ist ein schwuler weißer Mann in den Dreißigern, dessen beste Freunde überwiegend weiß sind. Seit ein paar Monaten ist er mit einem Schwarzen Mann zusammen und mit einem seiner weißen Freunde muss er das Gespräch suchen.

> Lieber Sam,
> ich habe Angst, Dir diesen Brief zu schicken, aber Du sollst wissen, dass er von Herzen kommt, und ich schicke ihn Dir jetzt, weil mir unsere Beziehung sehr am Herzen liegt.
>
> Wenn ich höre, dass Du unangemessene Witze über Schwarze machst, fühle ich mich unglaublich traurig, verletzt und zurückgewiesen, und ich dachte, es sei wichtig, dass Du das weißt.
>
> In meinem Kopf habe ich mir ausgemalt, dass du nur so tust, als würdest du meinen Partner mögen, ihn aber insgeheim wegen seiner Hautfarbe ablehnen, und das ist wirklich beunruhigend, weil Du einer meiner besten Freunde bist. Ich habe Angst, dass Du vor meinem Partner eine rassistische Äußerung machst und irreparablen Schaden anrichtest oder, schlimmer noch, dass Du einige der Dinge, die Du sagst, wirklich glaubst.
>
> Ich weiß, dass es möglich ist, dass wir alle in einer Welt leben können, in der niemand wegen seiner Hautfarbe verspottet oder anders behandelt wird. Es ist mir wirklich wichtig, dass wir anfangen, mit einigen dieser Stereotype aufzuräumen, die einfach nicht wahr sind. Ich möchte, dass sich mein Partner in unserer Gegenwart völlig sicher fühlt, als wäre er ein Teil unserer Familie. Er ist mir sehr wichtig, genauso wie Du mir wichtig bist, und ich möchte nicht riskieren oder mir Sorgen machen, dass er sich jemals fühlt, weil er die Person ist, die er ist. Sind Dir diese Dinge auch wichtig?
>
> Obwohl die Witze nicht spurlos an mir vorbeigegangen sind und obwohl ich jedes Mal geschwiegen habe, lerne ich stets dazu

und hoffe, dass wir diesen Moment nutzen können, um gemeinsam etwas Größeres zu schaffen. Ich würde es wirklich schätzen, wenn wir beide beschließen würden, niemals mehr solche Witze zu reißen oder in unserer Gegenwart stillschweigend zu erdulden.

Es ist mir wichtig, Dich an meiner Seite zu haben, wenn wir eine Welt voller Diversität schaffen, in der sich jeder immer sicher fühlt.

Ich hoffe, Du spürst, wie viel Herzblut und Mitgefühl in diesem Brief stecken.

Ich sende ihn Dir mit einer dicken Umarmung und in tiefer Verbundenheit. Wenn Du Fragen hast oder mit mir darüber sprechen möchtest, lass es mich wissen, ich würde mich über ein Gespräch freuen.

Mit den besten Grüßen
John

Brief 2: Zwei Familienmitglieder über die politischen Gräben hinweg.

Liebe Stacey,
es ist mir unangenehm, Dir diesen Brief zu schicken, aber Du sollst wissen, dass er von Herzen kommt, und ich schicke ihn Dir jetzt, weil ich weiß, dass zwischen uns Liebe besteht. Wir sind zusammen aufgewachsen, liebe Cousine.

Als ich dieses Jahr beim Thanksgiving-Dinner in Deinem Haus war, habe ich mich unglaublich unwohl und traurig gefühlt, und ich dachte, es sei wichtig, dass Du das weißt.

Ich habe mir ausgemalt, dass Du und Deine Familie mich nicht mehr liebt, respektiert oder meine Gesellschaft sucht, und das ist wirklich beunruhigend, weil ich für keinen von Euch so empfinde.

Ich weiß, dass es möglich ist, dass wir alle in einer Welt mit unterschiedlichen politischen Meinungen leben können. Ich respektiere Deine Entscheidung, zu wählen, wen immer Du willst, und dass Du dass Du Vorstellungen anhängst, die ich nicht teile. Ich hadere zum Beispiel mit der Legalisierung der Abtreibung, und ich besitze eine Waffe, mit der ich sehr verantwortungsvoll umgehe. Es ist mir sehr wichtig, dass meine Freiheit, so zu sein, wie ich bin, respektiert wird. Ich möchte, dass sich in einem respektvollen Umfeld jeder wohl fühlt, ohne das Gefühl zu haben, weniger wert zu sein als andere oder nicht würdig zu sein. Ist das auch für Dich wichtig?

Obwohl mir dieser Abend noch mehrere Wochen lang nachhing, hoffe ich, dass wir diesen Moment nutzen können, um gemeinsam etwas Größeres zu schaffen. Mir wäre es so wichtig, wenn Du und ich einen Weg finden, wie wir miteinander auskommen und vielleicht sogar über die kniffligen Themen sprechen könnten, ohne dass es derartig eskaliert und ich mich als Mensch angegriffen oder herabgesetzt fühle.

Schließlich haben wir Menschen die Fähigkeit, Kompromisse zu schließen und Gespräche zu führen, auch wenn sie schwierig sein mögen, aber letztlich für alle von Nutzen sein können.

Es ist mir wichtig, Dich an meiner Seite in einer zukünftigen Welt zu wissen, in der das Recht auf freie Meinungsäußerung für alle gilt und wir unseren Familien den freundlichen Umgang vorleben.

Ich hoffe, Du spürst, wie viel Herzblut und Mitgefühl in diesem Brief stecken.

Ich sende ihn Dir mit einem bangen Gefühl, aber auch in tiefer Verbundenheit. Wenn Du Fragen dazu hast oder mit mir darüber sprechen möchtest, lass es mich unbedingt wissen, ich würde mich über ein Gespräch sehr freuen. Ich liebe Dich, Cousinchen.

Herzlich
Anne

Achten Sie das nächste Mal darauf, wenn jemand etwas sagt oder tut, von dem Sie das Gefühl haben, dass es nicht mit der Vision der Beendigung des Rassismus übereinstimmt, und beobachten Sie, was es in Ihnen auslöst. Ziehen Sie sich zurück? Stimmen Sie schweigend zu? Tun Sie so, als ob es nicht passiert wäre? Werden Sie aggressiv? Sind Sie ein Mensch, der von Natur aus das Wort ergreift, wenn es an der Zeit ist? Sind Sie mit dieser Art von Gesprächen gut vertraut? Wie dem auch sein mag, Sie haben jetzt ein neues Tool, das nur dann von Nutzen ist, wenn Sie es benutzen. Wenn wir in der Zukunft stehen, in der der Rassismus ein Ende gefunden hat, wissen wir mit Sicherheit, dass wir Call-outs und Call-ins nicht mehr missbrauchen, um andere Menschen zu beschämen oder bloßzustellen, sondern sie zu einem vorwärtsgerichteten Call-forward einladen. In unserer gemeinsamen Vision wird diese Fähigkeit in Schulen, am Arbeitsplatz und im täglichen Leben angewendet, sodass es jeder von uns darin zur Meisterschaft bringt und dazu beiträgt, die Vision einer Welt zu schaffen, in der es keinen Rassismus gibt und in der wir alle gemeinsam aufblühen.

Es ist an der Zeit, die wirklich wichtigen Gespräche zu führen. *Sie sind bereit.*

17

Der Dialog über Differenzen hinweg

Wenn wir in der Zukunft stehen, in der der Rassismus beendet ist, und uns fragen: »Was haben wir heute unternommen?«, dann ist eines der wichtigsten Tools, die wir heute erworben haben, die Fähigkeit, konstruktiv über Differenzen hinweg mit Menschen zu sprechen, die anderer Auffassung sind als wir. Nur weil jemand eine andere Meinung oder ein anderes Glaubenssystem als Sie hat, bedeutet das nicht automatisch, dass wir ihn zum Gespräch einladen müssen, sondern lediglich, dass Sie die Welt anders sehen und unterschiedliche Werte, Meinungen und Überzeugungen haben. **In unserer althergebrachten Lebensweise umgeben wir uns mit Menschen, die dasselbe denken und glauben wie wir, während wir jene verleugnen und ablehnen, die nicht unsere Gedanken teilen.** Um dem Rassismus ein Ende zu setzen, **müssen wir lernen, über Differenzen hinweg zu sprechen**, und das funktioniert nur, wenn wir Menschen in unser Leben lassen, die nicht so denken wie wir. Zunächst soll damit der Diskurs ermöglicht werden, bevor es daran geht, Lösungen zu finden, die eine bessere Zukunft für alle Beteiligten bereithalten (und nicht nur solche, die für Menschen »wie Sie« funktionieren).

Als wir zahlreiche Kommunikationsprozesse unter die Lupe genommen haben, stach unserer Meinung jener von Dr. David Gruder heraus, einem Autor und Berater von Führungskräften. Wir haben seinen Ansatz mit Teilnehmenden aus Ländern auf der ganzen Welt getestet und immer wieder gesehen, dass seine Methode funktioniert.

Alles, was wir Ihnen in diesem Abschnitt erläutern, entspricht seiner von uns auf die Beendigung des Rassismus variierten Methode.

Bevor Sie sich überhaupt daran versuchen, ein Gespräch über ein Thema zu führen, das möglicherweise zu Meinungsverschiedenheiten führen könnte, müssen Sie herausfinden, ob Ihr Gegenüber überhaupt »gesprächsbereit« ist. Ist der- oder diejenige offen für andere Sichtweisen, auch wenn sie oder er anderer Meinung sein mag? Besitzt sie oder er die Reife, sich auf so ein Gespräch einzulassen, ohne Sie gleich anzugehen? Leider gibt es Menschen, die nicht gesprächsbereit sind, in ihrem Tunnel feststecken und weder die Fähigkeit noch den Wunsch hegen, zuzuhören oder respektvoll zu interagieren. Sie sind noch nicht in der Lage, innerhalb einer Diskussion Verantwortung für ihre Emotionen zu übernehmen, und glauben, dass ausschließlich sie die Wahrheit gepachtet haben und mit ihren Bewertungen immer richtigliegen, sodass sie alle abweichenden Narrative unter allen Umständen blockieren. Dann werden sie in der Regel einfach über Sie hinweggehen oder Sie unterbrechen, wobei sie ein abwertendes, unhöfliches oder herablassendes Gebaren an den Tag legen. Nichtgesprächsbereite Menschen zeigen normalerweise keine Gesprächsbereitschaft, weil sie getriggert werden (und nicht, weil sie immer im Recht sind). Ihr Schatten hat die Kontrolle inne. Wenn jemand aus seinem Schatten heraus spricht, haben Sie mit Argumenten keine Chance, weil sein Gehirn gekapert ist und die Areale, die für Lernen und Verbundenheit zuständig sind, deaktiviert sind.

In allen Bereichen eines jeden einzelnen Themas gibt es gesprächsbereite und nichtgesprächsbereite Menschen. Was uns daran hindert, Gespräche über Gräben hinweg zu führen, ist die Tatsache, dass wir in der Regel die schlechteste Eigenschaft herauspicken und sie als Stereotyp auf alle Menschen anwenden, die dieselben Überzeugungen teilen. Wir sagen Dinge wie: »Mit den Linken kann man nicht reden. Sie sind alle [bitte einsetzen]« oder »Trump-Anhänger sind immer [bitte einsetzen]«. In Wahrheit jedoch gibt es gesprächsbereite Menschen in allen Lagern. Wir (Justin und Shelly) haben Tausende von ihnen getroffen und unterrichtet und können es aus persönlicher Erfahrung bestätigen. Auch wenn es Extreme gibt, wir sind *immer* auf *viele* gesprächsbereite Menschen gestoßen, um welches Thema es auch ging oder wie tief die Kluft auch gewesen sein mag. Ähnliche Erfahrungen hat auch Dr. Gruder gemacht.

Es gibt ein paar wichtige Merkmale, an denen man gesprächsbereite Menschen festmachen kann. Auch wenn sie eine gefestigte Meinung haben, geben sich gesprächsbereite Menschen offen für die Vorstellung, dass ihr Gegenüber aus einer Position des Mitgefühls (und nicht Hass oder Zweifel) argumentiert und dem Ganzen wirklich eine positive Absicht zugrunde liegt. Sie sind sehr gute Zuhörer, selbst wenn das nicht an ihrer Meinung rüttelt, und stehen neuen Lösungen offen gegenüber, die sie vorher nicht in Betracht gezogen haben. Die Sache ist die: Wenn wir davon ausgehen, dass jeder Mensch, der anders denkt als wir, nicht gesprächsbereit ist, verpassen wir die Chance, neue, vielfältigere Lösungen mit einem breiteren Spektrum an Perspektiven zu finden.

Wie findet man also heraus, ob jemand offen für Gespräche oder unzugänglich ist? **Suchen Sie das Gespräch, und wenn Sie erkennen, dass es keinen Zweck hat, hören Sie auf.** Verschwenden Sie nicht Ihre Zeit und Energie darauf, den Dialog mit jemandem zu suchen, der nicht gesprächsbereit ist. Das ist so, als würde man mit dem Kopf durch die Wand wollen – die einzige Person, die dabei Blessuren davonträgt, sind Sie. Und wenn Sie Blessuren davontragen, riskieren Sie, dass Sie sich künftig solchen Gesprächen verschließen, und wir brauchen Sie.

Sobald Sie herausgefunden haben, ob eine Person gesprächsbereit ist, beginnt eine aufregende Zeit, denn dann können Sie mit Dr. Gruders »SUSS It Out«-Methode beginnen (*to suss* bedeutet auf Deutsch herausbekommen/durchschauen).

Lassen Sie uns jeden Teil der Methode Schritt für Schritt anhand eines realen Beispiels aus einem unserer persönlichen Workshops im Esalen-Institut in Big Sur, Kalifornien, aufschlüsseln. Wie an anderer Stelle auch haben wir uns für ein Thema entschieden, das alle Menschen in irgendeiner Form betrifft und mit dem wir alle etwas

SUSS It Out

1	2	3	4
State: Benennen Sie die vordergründige Meinung, Haltung und Lösung	*Uncover:* Legen Sie das Ziel, die innersten Anliegen und besten Absichten aller Parteien frei	*Synergize:* Die innersten Anliegen und besten Absichten verschmelzen zu einem ganzheitlichen Ziel	*Select:* Entscheiden Sie sich für die Variante oder Lösung, mit der sich das ganzheitliche Ziel am ehesten umsetzen lässt

anfangen können; erst später wenden wir die Methode auf die Beendigung des Rassismus an. Dies sind tatsächliche Antworten aus dem Gespräch unserer Gruppe im Jahr 2021 über eines der umstrittensten Themen zu jener Zeit: Soll man sich im Zusammenhang mit der Corona-Pandemie impfen lassen oder nicht?

Die »SUSS It Out«-Methode

SUSS steht für *State, Uncover, Synergize* und *Select*.

Schritt 1: *State* – wie ist Ihre vordergründige Meinung?

Zu Beginn jedes Gesprächs müssen Sie Ihre vordergründige Haltung wiedergeben.

- In unserem Beispiel lautete die vordergründige Haltung seitens der einen Gruppe: »Ich glaube, dass die Menschen geimpft werden sollten.«
- Die andere: »Ich glaube nicht, dass man sich impfen lassen sollte.«

Die oberflächliche Position sollte klar und einfach formuliert sein, sie bildet die Basis der vorliegenden Situation.

Schritt 2: *Uncover*: Legen Sie das ganzheitliche Ziel, die innersten Anliegen und besten Absichten frei

Wir nehmen uns für diesen Schritt etwas mehr Zeit, da er den meisten Menschen am schwersten fällt, vor allem wenn sie davon überzeugt sind, dass ihr Narrativ der »Wahrheit« entspricht. Der Hauptzweck bei diesem Schritt besteht darin, das ganzheitliche Ziel einer jeden Partei freizulegen, das zwei Hauptbestandteile hat: (1) innerstes Anliegen/Bedenken und (2) beste Absichten. Der größte Teil Ihres Gesprächs wird sich darum drehen, also schauen wir sie uns genauer an:

> **Innerstes Anliegen:** Was sind die größten Sorgen und Bedenken der Person, und wie trägt ihre Position ihrer Meinung nach dazu bei, diese Sorgen zu entkräften?
>
> **Beste Absichten:** Inwiefern glaubt diese Person, mit ihrer Position die Gesellschaft zu einem positiveren, integrativeren Miteinander verändern zu können?

Das innerste Anliegen und die beste Absicht bilden zusammen *das ganzheitliche Ziel* und lassen immer erkennen, was den Menschen am meisten am Herzen liegt. Hieraus entsteht ihre Haltung, denn ihrer Meinung nach tun sie etwas »Richtiges« und schützen oder setzen sich für das ein, was ihnen wichtig ist. In unserem Fall traten die Impfbefürworter und Impfgegner in einen interessanten Diskurs.

- Das innerste Anliegen der Impfbefürworter war: Menschen mit Grunderkrankungen sind gefährdet; unsere Gesundheitssysteme sind überlastet; mehr Menschen werden sterben, wenn sich nicht mehr Menschen impfen lassen; sie haben Angst davor, zu erkranken und zu sterben; sie wollen nicht, dass ihre Angehörigen und andere krank werden.

- Das innerste Anliegen der Impfgegner war: Die kurz- und langfristigen Nebenwirkungen des Impfstoffs sind unbekannt; es gibt nicht genügend langfristige Studien, dass der Impfstoff sicher ist; die Pharmaunternehmen sind seit jeher nicht vertrauenswürdig und nutzen die Pandemie, um Geld zu verdienen, anstatt das Beste für die Menschen zu tun; historisch betrachtet ist die Regierung (und die Pharmaunternehmen) aus politischen Interessen unehrlich und deshalb nicht bereit, ein Risiko einzugehen, wenn es um ihre Gesundheit oder die ihrer Kinder geht; das Immunsystem gesunder Menschen wird nach der Impfung eher geschwächt denn gestärkt.
- Die besten Absichten der Impfbefürworter lauteten: Wir sollten der Wissenschaft vertrauen; wir haben der Wissenschaft bei früheren medizinischen Problemen, globalen Pandemien und anderen Fortschritten zu unseren Lebzeiten vertraut; wir könnten die Schwächsten der Gesellschaft schützen, indem wir uns alle impfen lassen, selbst wenn wir gesund sind; Impfen ist im besten Interesse des Gemeinwohls; die Pandemie würde schneller enden, wenn sich mehr Menschen impfen lassen; unnötige Todesfälle werden vermieden, und wir gewährleisten so, dass so viele Menschen wie möglich gesund bleiben.
- Die besten Absichten der Impfgegner lauteten: Die Menschen sollten die Freiheit haben, selbst zu entscheiden, was sie mit ihrem Körper machen, wenn es um ihre Gesundheit geht; wir haben andere Möglichkeiten, gesund zu bleiben, die nicht erforscht werden; die meisten Menschen werden COVID-19 überleben, und bei einem derart resistenten Virus sollten die Menschen nicht zu solchen Entscheidungen gezwungen werden; Regierung und Medizinsektor sollten Maßnahmen ergreifen, um die Gesundheit und das Wohlbefinden der Menschen außerhalb pharmazeutischer Produkte und westlicher Medizin zu fördern.

Genau hier liegt der Schatz begraben. Wenn wir uns über vordergründige, gegensätzliche Positionen streiten (»Die Menschen sollten sich impfen lassen« versus »Die Menschen sollten sich nicht impfen lassen«), kommen wir nie auf einen grünen Zweig, sondern verschwenden unsere Energie und erreichen nur noch mehr Spaltung, denn die oberflächlichen Positionen schließen sich immer aus, egal wie man es dreht und wendet. Wenn wir jedoch herausfinden, was sich unter unserer Oberfläche verbirgt, um unsere innersten Anliegen und besten Absichten herauszufiltern, ergeben sich möglicherweise Überschneidungen, Synergie-Effekte und Verbundenheit. Dies bringt uns zu Schritt 3.

Schritt 3: *Synergize*: Die innersten Anliegen und besten Absichten verschmelzen zu einem ganzheitlichen Ziel

Im Wesentlichen schmieden wir mit diesem Schritt ein ganzheitliches Ziel, das das ganze Bild erhellt, indem wir das hehre Ziel einer jeden Partei von allen Seiten beleuchten.

- Im Fall unseres Beispiels haben Sie vielleicht bemerkt, dass beide Parteien einige Überschneidungen hatten, auch wenn jede Gruppe sich anders ausdrückte. Beide Gruppen sorgten sich aufrichtig um ihre eigene Gesundheit und das Wohlergehen anderer, und beide wünschten sich Sicherheit und Gesundheit für die Menschen in ihrem Umfeld, auch wenn sie unterschiedliche Ansichten darüber hatten, ob der Impfstoff das Mittel der Wahl sei. Bei weiteren Gesprächen kamen noch weitere, tiefergehende Bedenken zum Vorschein. Die Gruppe der Impfbefürworter stellte fest, dass sie dem pharmazeutisch-medizinischen Sektor zögerlich und misstrauisch gegenüberstand, und wies darauf hin, dass das amerikanische Gesundheitssystem und die pharmazeutische Industrie bekannt dafür sind, den Profit über das Wohlbefinden zu stellen. Dennoch kam sie zu dem Schluss, dass eine Impfung trotz Misstrauen und Nervosität letztlich besser für sie war.

- Das ganzheitliche, hehre und leuchtende Ziel (d. h. der gemeinsame Zweck, der sich im Gespräch herauskristallisiert): *Beide Gruppen wollen gesund sein und sich und ihre Angehörigen schützen.* Das ist eine grundlegende Sache, auf die sie sich einigen können und die die Basis für beide Positionen bildet.

Von diesem Schnittpunkt wird die Abgrenzung durch Verbundenheit abgelöst, die einst unversöhnlichen Gruppen haben jetzt eine gemeinsame Energie. Sobald dies erreicht ist, ändert sich alles. Anstatt sich diese beiden Gruppen in zwei getrennten Räumen mit einer Wand zwischen ihnen vorzustellen, befinden sie sich jetzt in ein und demselben Raum mit vielen verschiedenen Türen. Dies ist der Punkt, an dem der Wandel stattfindet. Stellen Sie sich Schritt 3 wie ein Mengendiagramm vor, bei dem sich zwei Kreise überschneiden und teilweise vereinigen. Das ist das ganzheitliche, leuchtende Ziel. Selbst wenn es Bereiche gibt, in denen sie nicht übereinstimmen, können wir nur dann vorankommen, wenn wir eine gemeinsame Basis finden. Dies führt uns zu unserem letzten Schritt.

Schritt 4: *Select*: Entscheiden Sie sich für die Variante oder Lösung, mit der sich das ganzheitliche Ziel am ehesten umsetzen lässt

Im letzten Schritt lösen wir uns von der vordergründigen Haltung, um gemeinsam eine Lösung zu erarbeiten, die dem im dritten Schritt beschriebenen hehren Ziel am nächsten kommt. Die Lösung sieht in den meisten Fällen so aus, dass sie keine der beiden »Lager« allein hätte finden können, und beinhaltet die meisten der sich überschneidenden Positionen beider Parteien.

- In unserem Beispiel hat die neu formierte Gruppe eine Lösung gefunden, die allen gefällt. Die Gruppe war sich einig, dass ihr oberstes Ziel darin bestand, dass so viele Menschen wie möglich gesund bleiben, unabhängig von ihrer Meinung zum Impfen, vor allem, weil es im Jahr 2021 Menschen (Kinder, Personen, bei denen durch ihr Immunsystem die Impfung nicht anschlägt oder zu stark wirkt et cetera) gab, die außen vor bleiben würden. Gemeinsam begannen sie, sich eine wichtige Frage zu stellen: Wie können wir eine bessere Lösung finden, die möglichst alle Belange berücksichtigt? Sie fragten sich, warum die Regierung und der Medizinsektor nicht genauso viel Zeit und Ressourcen in die Entwicklung von schnelleren, *zuverlässigeren* und leichter zugänglichen Tests für zu Hause investierten wie in die Entwicklung von Impfstoffen. (Zur Erläuterung: Zu jener Zeit waren Schnelltests noch nicht flächendeckend verfügbar.) Da so viele Menschen nicht die Möglichkeit hatten, sich impfen zu lassen, sollte man sich nicht auf beides konzentrieren?
- Die Gruppe kam zu dem Schluss, dass es immer Ungeimpfte geben würde. Da aber Freiheit und Gesundheit einander bedingen, war es am besten, alles zu tun, damit alle Menschen, unabhängig von ihrem Impfstatus, so gesund wie möglich bleiben. Der Lösungsvorschlag der Gruppe bestand darin, dass die Regierung in die Entwicklung und Verbreitung kostengünstiger, sofort verfügbarer, sicherer und vor allem akkurater Schnelltests investiert. Die Regierung sollte Spitzenlabors und Eliteuniversitäten finanziell unterstützen, um möglichst genaue Tests zu entwickeln, die dann wiederum kostenlos und weltweit zur Verfügung gestellt werden sollten. Auf diese Weise hätten sowohl geimpfte als auch ungeimpfte Menschen mehr Gewissheit, dass sie geschützt sind und ihre Angehörigen schützen können, unabhängig von ihrer ursprünglichen vordergründigen Position.
- Unsere Gruppe zeigte sich begeistert von diesem Ergebnis – eine von vielen Lösungen, die sich abzeichneten – und begann, sich zu fragen, warum unsere Regierung nicht bereits entsprechend ge-

handelt hatte. Schnell war unsere einst gespaltene Gruppe vereint und neben Lobbyarbeit zu überparteilichen Maßnahmen bereit, um gemeinsam eine bessere Zukunft zu schaffen.

Stellen Sie sich vor, bereits jetzt würde diese Art von Dialog geführt, in den Kongress- und Parlamentssälen, zu jedem Thema – von ethnischer Zugehörigkeit über Geschlecht bis hin zum Klimawandel und darüber hinaus. Wir würden in einer völlig anderen Welt leben – einer Welt, in der wir uns endlich gemeinsam erheben könnten, anstatt unsere Energie darauf zu verschwenden, unsere vordergründigen Positionen zu beweisen oder zu widerlegen. Und das wird auch passieren, und zwar wenn mehr Menschen lernen, auf diese Weise zu kommunizieren. Wir haben jetzt die Tools und sind daher dafür verantwortlich, mit dem Staffelstab voranzugehen und den Weg zu weisen. Diese Gespräche sind Teil unseres kollektiven »Gesellschaft-Upgrades«. Diese Gespräche werden die Menschheit weiterentwickeln.

Innere Arbeit

Jetzt sind Sie an der Reihe. Wählen Sie ein Thema, das Ihnen im Zusammenhang mit Rassismus wichtig ist, und nutzen Sie die Lückenfelder unten, um die »SUSS It Out«-Methode für gegensätzliche Meinungen anzuwenden. Wenn Sie in der Lage sind, beide Seiten zu verstehen, insbesondere jene, die von Ihren persönlichen Überzeugungen abweicht, können Sie sich darin üben, Ihren Geist zu öffnen und sich in die Lage des anderen zu versetzen, was für diese Arbeit unerlässlich ist. Noch besser: Üben Sie es mit einem gesprächsbereiten Freund. Wenn Sie Schwierigkeiten haben, ein Thema zu finden, können Sie hier einige auswählen, die wir in unseren Workshops ausprobiert haben: Kritische Rassentheorie in Schulen versus keine kritische Rassentheorie in Schulen; Wiedergutmachung/Entschädigung für Sklaverei versus keine Wiedergutmachung/Entschädigung für Sklaverei; Ja zum Recht auf Abtreibung versus Nein zum Recht auf Abtreibung.

Eine druckbare Version dieser Übung (auf Englisch) finden Sie unter HowWeEndedRacism.com/resources.

»SUSS It Out«-Methode

Das Thema: ______________________________________

Schritt 1: Wie ist Ihre vordergründige Meinung?

Standpunkt A: ____________________________________
Standpunkt B: ____________________________________

Schritt 2: Legen Sie das ganzheitliche Ziel, die innersten Anliegen und besten Absichten frei.

Position A Innerstes Anliegen: ____________________
____.
Position B Innerstes Anliegen: ____________________
____.

Position A Beste Absicht: ________________________
____.
Position B Beste Absicht: ________________________
____.

Schritt 3: Verschmelzen Sie innerstes Anliegen und beste Absicht zu einem ganzheitlichen Ziel.

Ganzheitliches Ziel: _____________________________

Schritt 4: Entscheiden Sie sich für die Variante oder Lösung, mit der sich das hehre Ziel am ehesten umsetzen lässt.

Entscheidung/Lösung: ________________________________.

Manche mögen einwenden, dass dieses System »zu spezifisch« ist, aber dieses Modell dient rein zu Übungszwecken. Wenn Sie es im wirklichen Leben umsetzen wollen, müssen Sie sich auf ein echtes Gespräch einlassen. Es gibt zwei Möglichkeiten, dies am effektivsten zu tun:

1. Sie können sich mit einer gesprächsbereiten Person zusammensetzen und sie fragen, ob sie diese Methode Schritt für Schritt mit Ihnen durchgeht. Fallen Sie nicht mit der Tür ins Haus, und geben Sie Ihrem Gegenüber die Möglichkeit, die Einladung abzuwägen. Sie werden überrascht sein, wie viele Menschen interessiert, willig und wissbegierig sind, zu erfahren, wie man diese Art von Gesprächen angeht.
2. Lenken Sie das Gespräch in Richtung der »SUSS It Out«-Methode, aber ohne sie zu erläutern. Stellen Sie im Laufe des Gesprächs Fragen wie: »Was ist dein innerstes Anliegen tief in dir drinnen, das dich dazu veranlasst, so eine Entscheidung zu treffen?«, »Inwieweit glaubst du, dass deine Lösung zum Gemeinwohl beiträgt?« und »Wo überschneiden sich deiner Meinung nach unsere Vorstellungen?«.

Die Methode von Dr. Gruder erfordert einiges an Übung und Bereitschaft, aber sie funktioniert. **Der einzige Zweck besteht nicht nur darin, Lösungen zu finden, sondern auch, uns einander näher zu bringen.** Wir haben erlebt, dass sie Menschen über fast alle Gräben hinweg zusammenbringen kann. Bleiben Sie offen für Gespräche, und Sie werden schockiert sein, was alles dabei herauskommen kann. Wenn wir in der Zukunft stehen und uns fragen: »Was haben wir *heute* unternommen, um dem Rassismus ein Ende zu bereiten?«, dann war das Erlernen dieser Methode eines der wichtigsten Dinge. Wenn Sie zögern, zweifeln und vielleicht sogar bei dem Versuch scheitern, wichtige Gespräche zu führen, möchten wir Sie daran erinnern, dass Sie sich auf diesen Prozess einlassen sollten, wohl wissend, dass Sie auf dem Weg dorthin einige Fehler machen werden und dass einige Leute versuchen werden, Sie »bloßzustellen«. Erinnern Sie sich immer wieder daran, *dass Sie die Menschheit voranbringen*, solange Sie einen Fuß vor den anderen setzen und in unserer gemeinsamen Vision verankert sind. Sie machen das Unmögliche möglich – und Sie können auf eine Community zählen, die Sie unterstützt.

Hier sind ein paar Hinweise, die Sie auf dieser Reise verankern sollten. Erstens: Vertrauen Sie Ihrem Instinkt und hören Sie auf Ihr Bauchgefühl. Sagen Sie nicht »Mir geht es gut«, wenn Sie sich verletzt fühlen oder Angst haben. Spielen Sie die Dinge nicht herunter, indem Sie sagen: »Das ist keine große Sache«, wenn es Sie in Wirklichkeit auffrisst. Vertrauen Sie auf Ihre Wahrheit als auch Ihren Instinkt, wann, wie und mit wem Sie Gespräche führen sollten. Wir möchten nicht, dass Sie als Märtyrer enden.

Zweitens: Schaffen Sie genügend Raum für Ihr weiteres Wachstum und Ihre eventuelle Transformation. Wie eine Pflanze, die in einem kleinen Topf erblüht, braucht auch das Wachstum Platz – sowohl in Ihrer Psyche als auch in Ihrem Zeitplan. Dieser Prozess erfordert eine gewisse Achtsamkeit, Geduld und Nachsicht sich selbst gegenüber. Seien Sie so gnädig mit sich wie anderen gegenüber oder wie Sie es sich von anderen erhoffen würden. Wie bereits in früheren Kapiteln erwähnt: Wenn Sie mitfühlend, nachsichtig und geduldig mit sich sind, werden Sie es auch gegenüber Ihrem Umfeld sein. Wenn Ihr Herz überquillt, erledigt sich das hoffnungslose Gefühl der Ohnmacht von selbst. Machen Sie nicht alles auf einmal, lassen Sie es stetig aufblühen.

Rassismus ist keine »zu große« Herausforderung für uns. Der Kampf, mit dem wir uns konfrontiert sehen, kommt nicht nur vom Rassismus selbst, sondern vielmehr von den Botschaften über unsere Fähigkeiten. Denken Sie an das Zitat des Stoikers Seneca: »Nicht weil es schwierig ist, wagen wir es nicht. Sondern weil wir es nicht wagen, ist es schwierig.«[48]

Die Überwindung des Rassismus lässt sich nicht in einem einzigen großen Diskurs bewerkstelligen, denn es gibt viele verschiedene Systeme, Strukturen und Prozesse, die neu konzipiert und radikal verändert werden müssen. Aber Wandel oder Neuerungen sind nur möglich, wenn wir endlich zusammenkommen. Wenn wir alle lernen, den Dialog bei schwierigen und heiklen Themen zu suchen, und die Verantwortung dafür übernehmen, ihn in unserem jeweiligen Umfeld zu führen – stellen Sie sich vor, welche Veränderungen möglich wären! Wenn jeder von uns seinen Teil dazu beiträgt, auch wenn er uns noch so klein erscheint, und sei es nur mit den engen Freunden oder der Familie, werden Dutzende, Hunderte, vielleicht sogar Tausende von Mengendiagrammen entstehen, die sich überschneiden und schließlich eine große, miteinander verbundene Karte mit ganzheitlichen Zielen ergeben. Wenn es um Rassismus geht, könnten sich die Kreise in unserem Diagramm um die massenhafte Inhaftierung von rassifizierten Menschen drehen, um Wiedergutmachung, um den Erlass von Studierendenkrediten, um Bildung, um Polizeigewalt, um medizinische Apartheid und so weiter. Jedes dieser Gespräche hätte ein ganzheitliches, hehres Ziel zum Inhalt, das manchmal vielleicht über die einzelnen Gespräche hinausgeht. Auf diese Weise können neue Lösungen entstehen. Auf diese Weise hören wir auf, den Rassismus zu bekämpfen, und beginnen, auf seine Beendigung hinzuarbeiten.

18

∞

Grenzen setzen

Manchmal müssen wir eine Grenze ziehen, anstatt jemanden zum Gespräch einzuladen oder über Differenzen hinweg die Verständigung zu suchen. Das ist immer dann notwendig, wenn die Person, die es betrifft, unsere Einladung nicht annimmt (oder nicht dazu bereit ist) und für Sie eine Grenze überschreitet, sich respektlos verhält, Ihnen Leid zufügt oder Ihr Wohlbefinden beeinträchtigt. In diesem Kapitel werden wir uns damit befassen, wie man Grenzen setzt und dafür sorgt, dass sie Bestand haben, uns schließlich der großen Lüge widmen, die wir uns beim Setzen von Grenzen vorgaukeln, und die sieben wesentlichen Schritte lernen, um eine klar definierte Grenze zu ziehen.

Zunächst müssen wir verstehen, was Grenzen sind und warum wir sie setzen müssen. Unsere favorisierte Definition stammt von Prentis Hemphill, Schriftsteller und Lehrer für somatisches Training: **»Grenzen beschreiben die Distanz, innerhalb der ich dich und mich gleichzeitig lieben kann.«** Durch diese Definition wird ersichtlich, dass Sie nicht nur die Liebe zu sich selbst schützen, sondern auch Ihre Fähigkeit, einen Raum der Liebe für die andere Person zu schaffen, wenn Sie eine Grenze ziehen. Einfach ausgedrückt: Ihre Grenzen schützen die Fähigkeit, dass die Liebe zwischen Ihnen nicht zum Erliegen kommt. Ganz gleich, ob es sich bei der anderen Person um einen Freund, ein Familienmitglied oder eine ganze Community handelt, Grenzen markieren die Distanz, in der Sie sich selbst und den anderen gleichzeitig lieben können. Beim Grenzen-Ziehen geht es nicht darum, das zu bekämpfen, was man hasst, sondern das zu schützen, was man liebt.

Die meisten von uns sind der Ansicht, dass man etwas abblocken oder wegschieben muss, wenn man Grenzen setzt, und sehen darin einen Versuch, vor etwas oder jemandem »zu flüchten«, der uns ein Leid zufügt. Aber bei Grenzen geht es genauso wie bei unserer Philosophie zur Beendigung des Rassismus darum, dass sich die Liebe frei entfalten kann. Grenzen geben der Liebe den nötigen Platz zur Entfaltung – zuerst für sich selbst und dann für den anderen –, und zwar in Echtzeit. Wie bei einem Lagerfeuer, bei dem die Holzscheite nicht dicht beieinanderliegen dürfen, damit die Flammen aufsteigen und sich entfalten können, so brauchen auch wir den nötigen Freiraum, damit unsere Flamme des Wandels auch weiterhin lodert.

Wenn wir die Definition ein wenig weiter aufdröseln und uns anschauen, was es bedeutet, genügend »Distanz« zu wahren, um sich selbst und unser Gegenüber gleichzeitig zu lieben, wird klar, dass Grenzen etwas anderes sind als Regeln. Regeln bilden oftmals ein starres Gerüst und lassen wenig Spielraum, weshalb feste Regeln Menschen ausschließen und die Möglichkeit zur Vergebung und Verbundenheit blockieren können, wenn sich die Umstände ändern. Die Autorin und Wissenschaftlerin Bell Hooks fragte einmal: »Wie können wir Menschen für ihr Fehlverhalten zur Rechenschaft ziehen und gleichzeitig an ihre Menschlichkeit appellieren, um den Glauben aufrechtzuerhalten, dass sie sich ändern können?«[49] Wenn man nicht aufpasst, werden aus Grenzen Mauern. Gesunde Grenzen sind flexibel und anpassungsfähig und erfordern von Ihnen eine ehrliche Selbsterkenntnis, um ihre Wirkung entfalten zu können. Sie müssen sich Ihrer emotionalen Gesundheit, Ihrer Stimmung, Ihrer Gesprächsbereitschaft, Ihres Energieniveaus und so weiter bewusst sein, um jene Grenzen zu setzen, die der jeweiligen Situation angemessen sind und sich folglich von einem auf den anderen Augenblick ändern können. Gesunde Grenzen werden immer in der Hoffnung gezogen, *Liebe hereinzulassen.*

Damit Grenzen wirksam bleiben, ist es vor allem wichtig, unbehagliche Gefühle und Enttäuschung aushalten zu können. Und warum? Bekanntlich können wir unmöglich kontrollieren, wie eine andere Person auf die von Ihnen gezogenen Grenzen reagiert oder antworten wird. Daher brauchen Sie ein gewisses Maß an Resilienz, um an Ihren Grenzen festzuhalten, auch wenn das Gegenüber nicht damit einverstanden oder enttäuscht ist. In all den Jahren, in denen wir mit vielen Menschen zusammengearbeitet haben, mussten wir feststellen, dass es eine große Lüge gibt, die sich die Leute selbst einreden und es ihnen unmöglich macht, notwendige Grenzen zu setzen: Wir nennen sie die *Fassade des Altruismus*.

Die Fassade des Altruismus redet Ihnen ein, dass Sie keine Grenzen setzen, weil Ihnen »die Gefühle anderer so am Herzen liegen«. Das ist die Lüge, die wir uns einreden, doch in Wahrheit verzichten wir darauf, um uns nicht mit dem Unbehagen und der Enttäuschung unseres Gegenübers auseinandersetzen zu müssen. Wir gaukeln uns selbst vor, dass wir die Gefühle der anderen Person schützen, weil wir so viel »Güte im Herz« tragen. Die Psychotherapeutin Kasey Crown formuliert es vielleicht am besten: »Viele von uns sind darauf konditioniert, Enttäuschungen (und die Enttäuschung einer anderen Person auszuhalten) als so unangenehm zu empfinden, dass sie vollends dazu bereit sind, das eigene Wissen und unsere Wahrheit aufzugeben, um sicherzustellen, dass sich eine andere Person nicht unwohl fühlt. Deshalb werden keine Grenzen gezogen. Wir müssen dann nicht die Enttäuschung ertragen, für eine Enttäuschung *verantwortlich* zu sein.«[50] Man kann sich selbst vormachen, dass man »einfach nur nett ist«, aber das trifft normalerweise nicht zu. Statt das anzuerkennen, streift man sich den Deckmantel des Altruismus über und gibt sich um des lieben Friedens willen ein Stück weit selbst auf.

Die eigentliche Frage lautet also: *Wofür engagieren Sie sich?* Wenn wir den Rassismus beenden wollen, müssen wir uns verpflichten, klare Grenzen zu ziehen, um unsere gemeinsame Vision für die Zukunft zu schützen. Manchmal gibt es nichts Liebevolleres, als eine Grenze zu setzen – indem Sie eine gesunde Grenze setzen, geben Sie anderen die Möglichkeit, als Antwort auf Ihre Wahrheit zu wachsen, und beweisen gleichzeitig genug Selbstliebe.

Um Ihre persönliche Grenze zu bestimmen, müssen Sie zunächst klar bestimmen, ob eine Person oder eine Situation einen negativen Einfluss auf etwas hat, das Sie lieben. Dann müssen Sie festlegen, wo Ihr Limit liegt. Fragen Sie sich: »Was sind meine emotionalen, mentalen und körperlichen Grenzen?« Denken Sie über frühere Erfahrungen nach, bei denen Sie an Ihre Grenzen gestoßen sind. Was erschien Ihnen erträglich und akzeptabel, was hingegen unangenehm oder beängstigend? Achten Sie auf die aufkommenden Emotionen und stützen Sie sich dabei auf die zuvor gelehrten Tools. Fünf Emotionen, die bei Ihnen auftreten können, wenn Sie darüber nachdenken, Grenzen zu setzen (oder sich darauf einlassen), sind Ärger, Unterwürfigkeit, Angst, Unmut und Schuldgefühle. Wenn eine bestimmte Situation oder eine bestimmte Person diese Art von Gefühlen hervorruft, ist das ein Hinweis darauf, dass Sie tiefer eintauchen müssen. Dann sollten Sie sich fragen: »Warum fühle ich mich in dieser Situation oder bei dieser Person so? Was würde ich gerne sagen, traue ich mich aber nicht, es anzusprechen? Was liebe ich, das ich schützen muss?«

Damit Sie keinen Rückzieher machen oder dabei scheitern, Grenzen zu setzen, können Sie Ihre Entschlossenheit und Ihre Position stärken, indem Sie sich auf bejahende Aussagen stützen wie »Ich verdiene es, in Ruhe gelassen zu werden«, »Ich bin es wert« oder »Ich tue dies aus Liebe«. Von dieser Position der Stärke heraus beginnen Sie, die Grenze als Standard zu betrachten und nicht als trennendes Hindernis. Wenn Sie eine Grenze als Standard betrachten, der eingehalten werden muss, übernehmen Sie die Verantwortung und entscheiden, was Sie tun können, um die Situation zu verbessern, anstatt ihr entfliehen zu wollen.

Viele der grundlegenden Elemente überschneiden sich mit jenen für eine effektive Gesprächsführung. Wenn Sie tiefer in eines der einzelnen Konzepte eintauchen wollen, springen Sie zurück zu Kapitel 16.

Rita ist eine junge Afrikanerin, die in Amerika lebt. Bei ihren Eltern ist das gesellschaftliche Konzept, Menschen mit hellerem Haut-

Die sieben Grundlagen, um besser Grenzen zu ziehen

Schritt 1: Zentrieren Sie sich in Ihrer Vision

Schritt 2: Schaffen Sie den nötigen Rahmen

Schritt 3: Bleiben Sie bei Ihren Gefühlen

Schritt 4: Warten Sie nicht, bis es zu spät ist

Schritt 5: Schaffen Sie einen Raum der Verbundenheit und des Verständnisses

Schritt 6: Kommen Sie nicht gleich mit der Lösung um die Ecke

Schritt 7: Klammern Sie sich nicht an einem bestimmten Ergebnis fest

ton seien besser und schöner, tief verwurzelt. Als Rita jung war, wurde sie von ihren Eltern ständig ermutigt, Hautaufhellungscreme zu benutzen. Jetzt ist Rita erwachsen und hat eine Tochter im Highschool-Alter, Tina, die ebenfalls einen dunklen Hautton hat. Nach einer Therapie und einem intensiven Prozess hin zu mehr Selbstliebe hat Rita ihre Hautfarbe endlich akzeptiert und liebt sich so, wie sie ist; doch ihre Tochter Tina droht in dieselbe Falle zu tappen, weil Ritas Eltern (Tinas Großeltern) Tina immer wieder als »die Dunkle« bezeichnen und ihr Hautaufhellungscremes schenken. Rita hat mit ihren Eltern ausführlich darüber gesprochen, warum ihr Verhalten problematisch ist und welche Auswirkungen es auf ihre Enkelin hat, doch erfolglos. Es ging sogar so weit, dass sie hinter Ritas Rücken über Tinas Haut tuschelten und ihrer Enkelin trotz mehrmaliger Bitte, es zu unterlassen, Hautaufhellungscremes zusteckten. Rita erkannte, dass es an der Zeit war, eine Grenze zu ziehen.

Mit Tinas Einverständnis untersagte Rita ihren Eltern, ihre Enkelin zu sehen, bis sie sich aufrichtig entschuldigten und fest versprachen, *nie wieder* ein Wort über Tinas Haut zu verlieren oder ihr irgendwelche Cremes zu kaufen. Rita verlangte auch, dass die Familie gemeinsam etwas über die *white Supremacy* lesen sollte, damit ihre Eltern einsahen, woher das alles kommt und wie leidvoll es für alle Beteiligten ist. Ritas Eltern zeigten sich schockiert. Zunächst warfen sie Rita und Tina vor, »zu sensibel« zu sein, und erklärten, dass sie »es gut meinten«. Sie schimpften mit Rita, weil Tina als »Bauernopfer« herhalten müsse. Als Rita uns diese Geschichte in einem unserer Workshops erzählte, sagten wir ihr, dass wir glauben, dass sie das Richtige tue, und baten sie, standhaft zu bleiben.

Bei der Arbeit mit ihr wurde deutlich, dass sie die Grenze nicht gezogen hatte, weil sie ihre Eltern hasste oder ihre Enkelin von ihnen distanzieren wollte. Vielmehr hatte sie die Reißleine gezogen, weil sie ihre Tochter liebte und nicht wollte, dass Tina nicht mehr fähig wäre, sich selbst zu lieben. Nachdem sie sieben Wochen jeglichen Kontakt vermieden hatte, war Rita am Boden zerstört. Sie konnte nicht glauben, dass ihre Eltern so stur waren und sich tatsächlich weigerten, nachzugeben und zu einem klärenden Gespräch zu erscheinen. Wir rieten Rita und ihrer Tochter, in der Vision verankert zu bleiben und die Tür für Ritas Eltern offen zu halten, allerdings nicht klein beizugeben. Schließlich, nach langen sieben Wochen, riefen Ritas Eltern an. Sie entschuldigten sich und gestanden Rita, dass es erst eines Gesprächs mit einem alten Freund in der Kirche bedurft hatte, um die Situation anders zu sehen und zu erkennen, wie falsch sie lagen.

Ritas Geschichte veranschaulicht etwas, worauf wir immer wieder hingewiesen haben: *Sie haben keine Kontrolle darüber, wie schnell Menschen ihre Erfahrungen verarbeiten.* Sie haben jedoch die Kontrolle darüber, wie Sie sich von den Menschen behandeln lassen, während sie sich in diesem Prozess befinden. Auch wenn Sie Grenzen setzen, können Sie immer noch ein offenes Herz bewahren, Ihre Erwartungen zurückschrauben und respektvoll agieren. Die Situation wird sich klären, wenn sie sich klären soll – so haben wir es bei all unseren Klienten erlebt, selbst wenn es in einigen Fällen das Ende einer toxischen Beziehung bedeutet. Damit sich die Situation klärt, ist es nicht erforderlich, dass beide Parteien zur Lösung beitragen. Hätte Rita sich nicht so stark abgegrenzt, hätten sich ihre Eltern wahrscheinlich niemals geändert und ihrer Tochter möglicherweise irreparablen Schaden zugefügt, den Tina wiederum eines Tages an ihre Kinder weitergegeben hätte. Dank gesunder Grenzen hat sich das wiederholende Trauma-Muster aufgelöst, niemand zieht mehr den Kürzeren.

Joe arbeitet schon seit mehreren Jahren in seinem Job. Jedes Mal, wenn er mit seinen Kollegen zum Mittagessen geht, reißen sie rassistische Witze über alle, die nicht weiß sind. Selbst wenn ein Schwarzer Kellner vom Tisch weggeht, flüstern sie sich hinter vorgehaltener Hand Witze zu und bedienen sich diskriminierender Stereotype, dass Joe im Boden versinken würde, bekäme sie jemand zu hören. Joe ist ein weißer Mann, der wie seine Kollegen daran gearbeitet hat, Vorurteile zu verstehen. Aber jedes Mal, wenn sie das Büro verlassen, scheint es, als hätten seine Kollegen alles vergessen. Sie geben sich rassistisch, unsensibel, beleidigend und geradezu schrecklich, auch wenn sie nur »Witze« machen. Nachdem er an unserem Programm teilgenommen hatte, wurde Joe klar, dass er genug hatte. Gleichzeitig fürchtete er sich davor, seinen Kollegen gegenüber eine Grenze zu ziehen, weil sie seine Freunde waren und sie bei Projekten eng zusammenarbeiten mussten. Wir ermutigten ihn zu einem Call-forward. Joe befolgte alle Anweisungen aus dem Buch und wurde sogar von uns gecoacht, aber es lief nicht wie erhofft, im Gegenteil.

Plötzlich war Joe Zielscheibe ihres Spotts, sie fingen an, über ihn Witze zu machen. Joe versuchte ein weiteres Mal, ein ernsthaftes Gespräch mit ihnen zu führen, aber es war zwecklos und daher an der Zeit, eine Grenze zu ziehen.

Joe konnte das, woran er glaubte, nicht schützen oder mit seiner Vision oder seinen Werten im Einklang leben, wenn er mit diesen Freunden Zeit außerhalb der Arbeit verbrachte, also fanden die täglichen gemeinsamen Mittagspausen ein Ende. Seine Freunde waren entrüstet und der Meinung, ihr Kollege würde übertreiben. Joe blieb jedoch standhaft und fand eine neue Gruppe von Kollegen, mit denen er Mittag essen ging. Nach seinem ersten Mittagessen mit ihnen musste sich Joe völlig überrascht eingestehen: »Ich konnte nicht glauben, was für tiefgründige, erstaunliche Gespräche wir führten und dass diese Leute schon die ganze Zeit in meiner Firma arbeiteten, ich ihnen aber noch nie persönliche Aufmerksamkeit geschenkt hatte.«

Joes alte Freunde waren Geschichte, doch angesichts der neuen Kollegen war es ihm egal. In beruflicher Hinsicht arbeitet er immer noch in einigen Projektteams mit einigen von ihnen zusammen, und sie wahren einen freundlichen Umgang. Joe hat sich selbst versprochen, dass er, sollte es jemals unangenehm oder unprofessionell werden – was bisher noch nicht vorgekommen ist –, darum bitten wird, in ein anderes Team versetzt zu werden. Indem Joe sich von der alten Clique getrennt hat, konnte er Platz für etwas Neues schaffen, etwas, das besser zu ihm passte. Joe liebt seine neuen Kollegen, und wie wir erfuhren, in einem Fall sogar buchstäblich, denn Joe hat sich ein Jahr nach unserem Kurs mit einer Kollegin aus der Gruppe verlobt.

Innere Arbeit

Nun sind Sie dran, Grenzen zu setzen. Obwohl Sie vielleicht schon eine bestimmte Situation im Kopf haben, bitten wir Sie, sich zunächst mit etwas zu beschäftigen, das speziell mit Diskriminierung, Rassismus oder Abgrenzung zu tun hat. Diese Übung hilft Ihnen ein Leben lang, Sie können immer wieder darauf zurückgreifen.

- Eine Person, der gegenüber ich eine Grenze setzen muss, ist ______________________________.
- Die Art und Weise, wie sich diese Situation auf meine Fähigkeit auswirkt, mich selbst zu lieben, ist ______________________________.
- Die Art und Weise, wie sich diese Situation auf meine Fähigkeit auswirkt, andere zu lieben, ist ______________________________.
- Die Furcht, die mich davon abhält, diese Grenze zu ziehen, ist ______________________________.
- Meine Vorstellung dahinter, warum ich diese Grenze nicht ziehen sollte, ist ______________________________.
- Wenn ich zulasse, dass diese auf Angst basierende Vorstellung mein Leben kontrolliert, hat das folgende Auswirkungen auf meine Zukunft und meine Fähigkeit, mich selbst und andere zu lieben: ______________________________.
- Wenn ich diese Grenze setzte, würde sich der erste Teil meines Gesprächs um ______________________________ drehen.
- Die nächstbeste Maßnahme, die ich mit all dem, was ich jetzt weiß, ergreifen kann, ist ______________________________.

Das Setzen von Grenzen ermöglicht es uns, ein integres Leben zu führen, und davon braucht es eine ganze Menge, um Rassismus zu beenden. Denken Sie daran, dass andere Menschen nicht Ihre Gedanken lesen können, und erwarten Sie es auch nicht von ihnen. Es ist keine Schande, darum zu bitten, dass Ihre Gefühle oder Ihre Bedürfnisse respektiert werden. Selbst die geliebten Menschen in unserem Umfeld müssen permanent aufgeklärt werden, was am besten für uns ist, denn wir verändern uns ständig – und damit auch unsere Bedürfnisse und Grenzen. Wenn Sie weiterhin versuchen, persönlich zu wachsen und sich zu entwickeln, werden Sie vielleicht feststellen, dass Sie sich genötigt sehen, verstärkt Grenzen zu ziehen oder sie eher einzureißen. Nicht vergessen: Wenn Sie Grenzen ziehen, können Sie gleichzeitig liebevoll, mitfühlend und freundlich sein. Sie halten den Schmerz Ihres Gegenübers aus, Sie geben ihm Raum für eine Reaktion und betonen, wie viel diese Person Ihnen bedeutet – während Sie gleichzeitig unmissverständlich klarstellen, *dass die von Ihnen gezogene Grenze nicht zur Debatte steht.*

Jedes Mal, wenn Sie eine Grenze setzen, bringen Sie die äußere Welt in Einklang mit den inneren Werten, die geschützt werden müssen, um Ihre persönliche und die gemeinsame Vision zu leben. Grenzen beleuchten und hinterfragen unausgesprochene Erwartungshaltungen, sie sind nicht »gemein«. Grenzen ziehen eine Linie um das, was wir lieben, sodass wir uns weiterentwickeln können, ohne ständig Rückschläge einstecken zu müssen.

Gespräch über Grenzen setzen – Vorbereitungsübung

Diese Vorlage fungiert als Beispiel, wie man eine Grenze ziehen kann. Füllen Sie die Lücken aus, um sich auf ein Gespräch über Grenzen *vorzubereiten*.

Eine Druckversion dieser Übung (auf Englisch) finden Sie unter HowWeEndedRacism.com/resources.

> Ich fühle mich ______________________________ (*Emotion*) dabei, Dir das zu sagen, doch der Grund, warum es wichtig ist, dass wir dieses Gespräch jetzt führen, ist, dass ______________________________. (*Was lieben Sie?*) Mir ist aufgefallen, dass ______________________________ (*Was ist vorgefallen*?), weshalb es zu ______________________________ gekommen ist. (*Welche negativen Auswirkungen hat es*?) Es ist an mir, ______________________________ _____ (*Welche Grenze setzen Sie?*), und ich hoffe, dass Du ______________________________. (*Gibt es etwas, das Ihr

Gegenüber beachten, tun oder daraus lernen soll?) Ich mache das, weil ______________________________. Ich hoffe, Du verstehst, dass ich das nicht mache, um ____________, sondern weil ich mich vor ______________________________ schützen möchte.

Beispiel 1: Die Eltern von Love machen immer wieder rassistische Bemerkungen über ihren Freund, Jo.

Ich fürchte mich davor, euch das zu sagen, aber es ist wichtig, dass wir dieses Gespräch jetzt führen, denn es ärgert mich und ich entferne mich von Euch, und das will ich nicht, weil ich Euch liebe. Mir ist aufgefallen, dass Ihr beide in Jos Abwesenheit immer wieder rassistische Bemerkungen über ihn macht, was mich wirklich verletzt und mich zögern lässt, ihn zu gemeinsamen Treffen mitzubringen. Es fällt mir schwer, es zu sagen, aber wenn ich noch eine Bemerkung höre, werde ich Jo überhaupt nicht mehr mitbringen. Ich hoffe, Ihr nehmt Euch etwas Zeit und versucht, zu verstehen, wie schmerzhaft diese abfälligen Bemerkungen sind. Ich tue das, weil ich ihn sehr liebe, so wie ich auch Euch beide liebe, und ich denke, wir können alle daran wachsen. Ich hoffe, Ihr versteht, dass ich Euch damit nicht ärgern will, sondern meine Beziehung zu Jo wie auch meinen Herzenswunsch schützen möchte, dass wir alle eine Familie sein können.

Beispiel 2: Mike braucht Abstand zu einem seiner Kollegen.

Es macht mich nervös, Ihnen das zu sagen, aber es ist wichtig, dass wir dieses Gespräch jetzt führen, weil ich merke, wie Sie auf der Arbeit spüren, dass etwas in der Luft liegt. Ich möchte transparent sein und klar zum Ausdruck bringen, was los ist. Mir ist aufgefallen, dass ich mich extrem unwohl fühle, wenn ich mitbekomme, wie Sie gegenüber anderen Kollegen Ihre politischen Ansichten und Überzeugungen äußern. Selbst wenn ich Sie gebeten habe, das Thema zu wechseln, weigern Sie sich und machen so lange weiter, bis sich jemand Ihrer Meinung anschließt. Mittlerweile fürchte ich mich davor und zögere, mich mit Ihnen über irgendetwas zu unterhalten, weil es stets in einer politischen Auseinandersetzung ausartet. Es fällt mir schwer, das zu tun, aber ich werde die nächsten zwei Wochen nicht mehr mit Ihnen gemeinsam Mittag essen.

Ich hoffe, dass Sie darüber nachdenken, wie Sie für Ihre Überzeugungen eintreten können, ohne Ihre ständige Wut mit so einer Heftigkeit auf diejenigen zu richten, die anderer Auffassung sind als Sie. Ich hoffe, dass wir nach zwei Wochen zusammenkommen und uns zusammensetzen können, aber im Moment brauche ich einfach meinen Freiraum. Ich tue dies, weil ich möchte, dass im Büro mehr Gelassenheit herrscht. Ich hoffe, Sie verstehen, dass ich Ihnen weder Vorwürfe machen noch Sie beschämen möchte, sondern dass ich in der kurzen Mittagspause ein wenig abschalten möchte.

Achte Säule

Wir schritten zur Tat

19

Gartenpflege

An diesem Punkt der Reise (und bei unseren Workshops) stellen uns die Teilnehmer gewöhnlich die immergleichen Fragen: Was passiert als Nächstes? *Und was können wir konkret TUN, um in Aktion zu treten?* In den kommenden Kapiteln werden wir Ihnen verschiedene Maßnahmen vorstellen, die Sie umsetzen können, um eine Zukunft ohne Rassismus zu schaffen. Wie bisher auch befinden Sie sich im Jahr 2050, also in der Zukunft, in der es keinen Rassismus mehr gibt, blicken auf die Gegenwart zurück und fragen sich: »Wie habe ich dazu beigetragen, unsere Vision Wirklichkeit werden zu lassen?« Wenn Ihre Maßnahmen von diesem Standpunkt aus erfolgen, ist alles möglich. Beachten Sie, dass wir es nicht wie folgt formuliert haben: »Was hat [jemand anderes] getan, es unsere Vision werden zu lassen?« Wie wir in früheren Kapiteln gesehen haben, können Sie nicht kontrollieren, wie andere Menschen denken, reagieren oder vorgehen. Konzentrieren wir uns also jetzt ganz auf Ihren Beitrag zur gemeinsamen Vision, den Rassismus zu beenden.

Wo auch immer wir hingehen, wir können uns dazu verpflichten, ein Vorbild an Wohlbefinden, Liebe und Fürsorge zu sein, das die Menschen, denen wir begegnen, nicht nur anrührt, sondern ihnen ein erhebendes Gefühl beschert. Der buddhistische Mönch Thích Nhất Hạnh hat es so zusammengefasst: »Wenn überfüllte Flüchtlingsboote mit schwerer See und Piraten zu kämpfen haben, ist alles verloren, wenn alle in Panik geraten. Aber wenn auch nur eine Person im Boot ruhig und gelassen bleibt, reicht das aus, um allen den Weg zu weisen, wie sie überleben können.«[51] Wir möchten, dass Sie sich selbst als eine Person vorstellen, die in einer Paniksituation ruhig bleibt, und sich in Ihrer Vision einer Welt ohne Rassismus verankern, wobei Ihr Versprechen, ein Vorbild für Integration und Heilung zu sein, Einfluss auf alle um sie herum hat. Und wann immer Sie eine Pause einlegen müssen – indem Sie sich mit anderen Menschen umgeben, die sich dieser gemeinsamen Vision verschrieben haben, wird sich immer jemand finden, der Ihren Platz am Ruderstand einnimmt, während Sie sich erholen.

Wie wir schon früher festgestellt haben, beginnt die beste Version der Welt mit der besten Version von jedem von uns. Die Beendigung des Rassismus kommt nicht über Nacht, sondern schrittweise und erfordert einen stabilen Kurs, kleine, aber nachhaltige Veränderungen und das Engagement jedes Einzelnen, jeden Tag die bestmögliche Version seiner selbst zu zeigen. Wenn eine kritische Masse erreicht ist, die sich verpflichtet, unsere Herzen zu heilen, wird der Rassismus aufhören. **Keine noch so große technologische oder wissenschaftliche Erkenntnis kann Rassismus, Krieg oder Umweltzerstörung Einhalt gebieten, denn der Quell all dieser Geißel liegt im menschlichen Herzen.** Alle unsere Handlungen müssen tief aus unserem Herzen kommen.

Die Saat, die wir hier bei Ihnen einpflanzen, ist, dass wir unsere Innere Arbeit mit der äußeren Welt verbinden müssen, wenn wir den nötigen Wandel herbeiführen wollen. Jedes beängstigende Problem in unserer Welt bedarf zunächst eines gewissen Maßes an Innerer Arbeit, die nicht reiner Selbstzweck ist, sondern der ganzen Welt dient. Doch wenn wir »die ganze Welt« sagen, meinen wir damit nicht, dass jeder oder jede sich zum Anführer oder zur Anführerin einer großen Bewegung aufschwingen solle. Sie können genau dort etwas bewirken, wo Sie gerade sind, in diesem Augenblick.

Eine unserer Lieblingsweisheiten lautet: **»Kümmere dich um den Teil des Gartens, den du bearbeiten kannst.«** Ihr »Garten« mag Ihnen wie ein kleines Grundstück oder ein unbedeutendes Fleckchen Erde auf unserem riesigen Planeten erscheinen. Vielleicht bezweifeln Sie, dass es überhaupt etwas bewirkt, wenn Sie sich um Ihren kleinen Einflussbereich kümmern. Doch kein einzelner Garten existiert abgeschottet von anderen, unter der Erde kommunizieren die Wurzeln der Pflanzen miteinander und zwischen den Gärten findet Kreuzbestäubung statt. Jeder Augenblick, den wir mit der Pflege unseres eigenen Gartens verbringen – uns also bewusst um das kümmern, was sich in unserem Wirkungsbereich befindet –, trägt zum Wohl der gesamten Welt bei.

Wenn wir alle dafür sorgen können, dass es jedem in seinem Garten gut geht, dann haben wir etwas bewirkt. Denn jeder dieser Menschen wird sich wiederum um die Pflege seines Gartens bemühen. Wenn Sie denken, dass es unpraktikabel ist oder Ihr Garten »zu klein«, um den Unterschied auszumachen, dann hilft Ihnen vielleicht die unglaubliche Geschichte, wie Shelly Pandemic of Love ins Leben gerufen hat, Sie vom Gegenteil zu überzeugen.

Als die Corona-Pandemie im März 2020 ausbrach, hatte Shelly, wie die meisten Menschen auf der ganzen Welt, große Angst, war verzweifelt und fürchtete sich vor dem Unbekannten. In jenen ersten Tagen wussten wir so vieles nicht über das Virus und seine möglichen Auswirkungen, und wir waren in puncto Vorräte, Informationen und Infrastruktur schlecht ausgerüstet, um uns sicher und gut informiert zu fühlen.

Bevor in Florida die Lockdowns offiziell erlassen wurden, war Shelly damit beschäftigt, sich mit Vorräten einzudecken; doch dann hielt sie kurz inne und dachte über ihre privilegierte Position nach. Zwar fürchtete sie sich vor dem Virus, doch ihr eigenes Leben wäre nur minimal beeinträchtigt. Also richtete sie ihre Aufmerksamkeit auf ihre Community, sowohl auf ihre Meditationsgemeinschaft (mit fast fünfzehntausend Meditierenden) als auch auf die Menschen in Südflorida insgesamt. Sie dachte an all jene, die sie persönlich kannte und die damit zu kämpfen hatten, jeden Monat ihre Miete zu bezahlen; die auf kostenloses Frühstück und Mittagessen an öffentlichen Schulen angewiesen waren, um ihre Kinder mit zehn Mahlzeiten pro Woche zu versorgen, die zu Hause keinen Computer- oder Internetzugang hatten, sowie an Angestellte im Dienstleistungssektor, die auf Trinkgelder angewiesen waren, um über die Runden zu kommen. Sie ertappte sich dabei, dass sie an die älteren Menschen mit geschwächtem Immunsystem (einschließlich ihrer eigenen Mutter) dachte, an alle, die allein wohnen, an die unentbehrlichen Arbeitenden im Gesundheitssektor, die sich selbst gefährden müssten, und an alle, die kein Netz hatten, das sie auffing. Sie dachte an alle, die sie kannte und die nicht genug hatten … und an das große Privileg, ihre Familie um sich zu wissen. Dann dachte sie an all die anderen Menschen, die sie in ihrer Community (ihrem »Garten«) kannte, die mehr als genug hatten, und begann, ein Netzwerk zu knüpfen.

Nehmen Sie sich jetzt einen Moment Zeit, und denken Sie darüber nach, wer zu Ihrem »Garten« gehört. Wer sind die Menschen in Ihrem Einflussbereich? Wer gehört zum unmittelbaren Kreis (beispielsweise Familie, Freundeskreis, Kollegschaft)? Wer gehört zum erweiterten Kreis (beispielsweise Lehrkräfte, Kinder und Eltern in den Sportvereinen Ihrer Kinder, die Eltern Ihrer Bekannten und alle anderen Communitys, die Sie vielleicht haben)?

Shelly meditierte in den ersten Tagen der Pandemie mehrmals täglich zehn bis zwanzig Minuten, wobei sie Tagebuch und Stift griffbereit hielt, und hörte in sich hinein, auf ihren rotierenden Verstand, ihr Herz und ihren Körper. Sie fragte sich unter anderem: »Was sind meine Emotionen? Wo tut es weh? Wo spüre ich es in meinem Körper?« Nach jeder Sitzung schrieb sie alles auf, es sprudelte nur so aus ihr heraus, ohne jegliche Wertung. In der Regel war es eine Flut an Emotionen, ihr Inneres watete durch ein Meer aus Angst und Verzweiflung. Sie pflegte die sanften Bereiche, führte Selbstgespräche und erinnerte sich daran, zu *akzeptieren*, dass dies gegenwärtig Realität war – denn nur von diesem Punkt der Akzeptanz aus konnte sie etwas bewirken. Nach drei Tagen war sie bereit, die Fragen anders zu stellen. »Was kann ich konkret gegen das tun, was ich gerade fühle?«, gefolgt von: »Und wie kann ich von einem Ort der Liebe aus handeln?«

Diese beiden Fragen halfen Shelly, sich von der ganz normalen biologischen Reaktion »Kampf, Flucht, Erstarren oder Ohnmacht« abzukehren und sich einer neuen zuzuwenden, die sie als »Empathie-Aktion« bezeichnet (im wissenschaftlichen Kontext auch als »Tend-

and-Befriend-Reaktion« oder »Anschließen-und-Behüten-Reaktion« bekannt). Sie schrieb ihre Ideen auf und zeichnete drei Spalten in ihre Tagebuchseiten. Auf der linken Seite notierte sie die Emotionen, die sie entsprechend dem Gefühlsrad empfand – Angst und Verzweiflung. In der mittleren Spalte listete sie genau auf, wovor sie Angst hatte und worüber sie verzweifelt war. Nachdem sie das Gesamtbild verstanden hatte, konnte sie sich nun fragen, wie sie einen, einige oder alle Punkte auf ihrer Liste konkret annehmen (nicht reaktiv handeln) konnte. In der letzten Spalte listete sie also Ideen auf, die bei jeder Angst direkt helfen könnten. Wenn sie sich davor fürchtete, von anderen Menschen abgeschnitten zu sein, listete sie jene auf, die sie anrufen könnte. Wenn sie sich vor der Einsamkeit fürchtete, listete sie Ideen für eine Community auf. Wenn sie sich davor fürchtete, dass ihr irgendwann die Lebensmittel ausgehen würden, listete sie Ideen auf, die dagegen helfen könnten. Und so weiter. Bei jeder einzelnen Idee fragte sie sich: »Kommen meine Gedanken von einem Ort der Liebe?« Nun, warum ist diese Frage besonders wichtig? Die Antwort auf die Frage »Was könnte ich konkret tun?« könnte etwas Gefährliches sein, ein Trauma verursachen oder von Wut oder Rache durchdrungen sein. Wenn Sie aber aus der Liebe heraus handeln, hält Ihre Antwort einer Überprüfung des Herzens stand.

Eines Morgens beschloss sie, eine der Ideen umzusetzen, die sie an diesem Tag auf ihrer Liste festgehalten hatte. Sie postete zwei Hyperlinks mit den Überschriften »Helfen« und »Hilfe bekommen« in den Sozialen Medien, mit zwei entsprechenden Google-Formularen für die Mitglieder ihrer Community (also ihrem Gartenbereich), um sie zu fragen, ob sie konkret helfen könnten oder Hilfe benötigten. Ihre Idee war denkbar einfach: Sie wollte sich jeden Morgen die Tabelle mit den Antworten aus beiden Formularen ansehen und so Menschen, die Hilfe brauchten, mit Menschen zusammenbringen, die helfen wollten. Sie erwartete, dass sich vielleicht eine Handvoll Leute beteiligen würde, doch gleich am nächsten Morgen hatten mehr als fünfhundert Menschen beide Formulare ausgefüllt! Shelly war überwältigt, machte sich aber sogleich daran, die einzelnen Personen zu kontaktieren. Stündlich kamen Hunderte und dann Tausende von Menschen aus der ganzen Welt hinzu, die die Formulare ausfüllten. Die Kreuzbestäubung hatte begonnen, und sie erhielt Nachrichten von Menschen aus verschiedenen Städten, die sie fragten, wie sie die Formulare vervielfältigen und Communitys dabei helfen könnten, ihre eigene Version in ihren eigenen Gärten umzusetzen. Am 14. März 2020 wurde Pandemic of Love geboren – eine Organisation für gegenseitigen Beistand, in der Menschen, die Hilfe brauchen, direkt von denen unterstützt werden können, die helfen können.

Pandemic of Love hat bewiesen, dass die Antwort immer sein muss, von einem Ort der Liebe zu kommen, und dass Liebe das Heilmittel ist. Das mag für die meisten wie grobe Simplifizierung oder gar wie ein Hirngespinst klingen, aber nicht für die Menschen, die mit Pandemic of Love in Berührung kamen. Bis August 2022 wuchs die Organisation auf mehr als 4.800 Freiwillige auf der ganzen Welt an, die in über dreihundert Gemeinden Einzelpersonen und Familien, die Hilfe brauchten, mit denen zusammenbrachten, die in der Lage waren, Hilfe zu leisten. Mehr als 2,5 Millionen Menschen waren beteiligt – Tendenz steigend. Nahezu 70 Millionen Dollar an Hilfsgeldern wurden direkt zwischen den Menschen ausgetauscht – Tendenz steigend. Über Pandemic of Love wurde in mehr als 150 Medienhäusern auf der ganzen Welt berichtet, darunter CNN, Forbes, BBC, Mother Jones und Upworthy, sowie in allen großen Fernsehsendern und in Talkshows wie *The Kelly Clarkson Show* und *CNN Heroes*. Sie wurde in den sozialen Medien von einflussreichen Persönlichkeiten wie Chelsea Handler, Debra Messing, Busy Philipps, Maria Shriver, Kristen Bell und anderen Prominenten, Influencern und Influencerinnen beworben. Aber der wichtigste Aspekt dieser Bewegung ist, dass sie die helfenden Personen und diejenigen, die Hilfe brauchen, direkt miteinander verbindet, sodass die besten Eigenschaften der menschlichen Natur den Rest erledigen – dieselben Eigenschaften, die wir Ihnen in diesem Buch gezeigt haben und die wir brauchen, um den Rassismus zu beenden.

Diese ganze Bewegung nahm ihren Anlauf in dem kleinen Garten einer verängstigten Frau. Sie hatte keine große Freundesliste oder

Fangemeinde in den sozialen Medien. Glücklicherweise hatte sie eine lokale Meditations-Community, kontemplative Tools (dieselben, die wir Ihnen hier beibringen!), ein hilfsbereites Herz und die Bereitschaft, es zu versuchen. Sie dachte nicht einmal über all die anderen Gärten nach, sondern vertraute darauf, dass sie durch die Pflege ihres eigenen Gartens, mittels ihrer eigenen Community und durch die entsprechende Hingabe dafür sorgen konnte, dass alles darin wachsen und gedeihen kann. Es ist eine eindrückliche Erinnerung daran, dass jeder von uns die Möglichkeit hat, jeden Tag den Unterschied auszumachen.

Eines der Schlüsselelemente, die Shellys Geschichte veranschaulicht, ist die Tatsache, dass sie ihre Gefühle weder verdrängt hat noch reaktiv gehandelt hat, sondern sich stattdessen entschied, ihre Gefühle anzunehmen und auf sie einzugehen. Reaktiv zu handeln, hätte bedeutet, dass die unbewussten Muster die Kontrolle übernehmen; das kommt oft von unserem Schatten. Die Situation anzunehmen, ist ein Weg, dieses Muster zu durchbrechen, denn man hält inne, und sei es auch nur für eine Sekunde, und entscheidet sich dann *bewusst*. Das ist etwas, was wir alle tun können, wenn in unserem Zuhause, in unserer Nachbarschaft, in der Schule, in unserer Gemeinde oder in der Welt insgesamt irgendwas passiert, über das wir uns normalerweise ziemlich aufregen. So können die Dinge, über die wir uns empören, als Dünger dienen, der unsere Saat zum Blühen bringt – nämlich aktiv zu werden und zu handeln, in unserem eigenen Garten und darüber hinaus. Shellys Idee hatte zunächst nur zum Ziel, etwas in ihrem Bereich des Gartens zu bewegen – in ihrer lokalen Community. Die globale Bewegung, die sich daraus entwickelte, war nicht geplant; das ist bei Graswurzelbewegungen normalerweise auch nicht der Fall. Aber dadurch, dass die Menschen einen Blick auf ihren Garten werfen konnten und sich von ihm inspirieren ließen, bekam es die Corona-Pandemie mit der geballten Kraft von Pandemic of Love zu tun. Wenn wir uns alle darauf konzentrieren, in unserer Vision zu bleiben und unseren Garten zu pflegen, wird diese Arbeit unzweifelhaft die herrlichsten Früchte tragen. Jetzt sind Sie an der Reihe.

Übung zur Pflege des eigenen Gartens

Diese Übung baut auf einer traditionellen Technik auf, der RAIN-Methode – RAIN steht für Recognize (Erkennen), Allow (Erlauben), Investigate (Erforschen), Nurture (Ernähren) –, die ursprünglich von der Meditationslehrerin Michele McDonald entwickelt wurde und heute von Meditationslehrern und Therapeuten auf der ganzen Welt gelehrt wird. Diese Technik ist eine einfache, aber wirksame Methode, um Zugang zu unserer inneren Welt zu erhalten, innezuhalten und unsere Gefühle *anzunehmen*, anstatt auf die Einflüsse in unserer Umgebung zu *reagieren*.

Setzen Sie sich so bequem wie möglich hin. Während Sie diese Übung durchführen, können Sie Ihre Augen öffnen und schließen. Zunächst schließen Sie die Augen oder senken den Blick, dann nehmen Sie fünf tiefe, reinigende Atemzüge. Atmen Sie durch die Nase ein und durch den Mund aus. Wenn Sie sich zentriert und ruhig fühlen, rufen Sie sich ein Problem oder eine Frage im Zusammenhang mit Rassismus, Vorurteilen oder Diskriminierung in Ihrem Leben oder in Ihrer Community ins Gedächtnis, etwas, dass Sie beschäftigt oder beunruhigt. Werden Sie sich aller Details oder Nuancen gewahr, die Ihnen nicht gefallen.

Jetzt beginnen wir mit RAIN.

Erkennen (**R**ecognize) Sie zunächst, welche **Emotionen** auftauchen, wenn Sie an dieses Problem denken. Benennen Sie sie, ohne sich an sie zu binden. Halten Sie inne und erkennen Sie die Gefühle einfach an. Sie können falls nötig das Gefühlsrad benutzen.

Lassen Sie als Nächstes die Gefühle und körperlichen Reaktionen zu (**A**llow), die in Ihnen **aufkommen**, jedoch ohne sie zu bewerten. Sagen Sie sich: »Diese Emotion gehört jetzt hierher«, »Diese Empfindung ist nur vorübergehend, aber für den Moment lasse ich sie zu« und »Es ist in Ordnung, sich so zu fühlen«. Verbringen Sie Zeit damit, die Emotionen und Empfindungen zuzulassen, ohne sie zu beurteilen oder an ihnen festzuhalten. Lassen Sie sich von ihnen fluten, sodass Sie sie nicht mehr vermeiden oder verdrängen müssen.

Als Nächstes erforschen (Investigate) Sie Ihr Inneres und fragen sich: »Welche Überzeugungen vertrete ich in diesem Zusammenhang?« und »Wo tut es weh, wenn ich an dieses Thema oder Problem in meinem Leben/unserer Gemeinschaft/Welt denke?« Achten Sie währenddessen darauf, wo Sie dies am deutlichsten in Ihrem Körper spüren. Haben Sie ein Engegefühl in der Brust? Fühlt sich Ihre Kehle wie zugeschnürt an? Ist Ihre Kiefermuskulatur verkrampft? Legen Sie Ihre Hand auf die Stelle, an der Sie diese Emotion am deutlichsten in Ihrem Körper spüren. Laden Sie die Gefühle ein, gefühlt zu werden; erforschen Sie die Emotionen mit Neugierde und Mitgefühl. Wie fühlt es sich an, in diesem Moment in Ihrem Körper zu leben? Während Sie damit beschäftigt sind, denken Sie immer daran, die Gefühle auch weiterhin zuzulassen.

Wenn Sie bereit sind fortzufahren, gehen Sie zum letzten Schritt über: Ernähren (Nurture). Stellen Sie sich vor, dass Sie einem Freund zuhören, den Sie wirklich mögen und der Ihnen von den gleichen Sorgen berichtet. Fragen Sie sich: »Was brauche ich in diesem Moment am meisten? Was muss ich fühlen? Was möchte ich hören?« Sagen Sie sich selbst, was Sie am liebsten hören würden. (Vielleicht ist es »Ich mag dich«, »Ich vergebe dir« oder »Ich akzeptiere dich«.) Stellen Sie sich vor, dass diese nährende Präsenz Sie umhüllt und auf Sie einströmt. Ihre tiefste Intention sollte sein, mit allem versorgt zu werden, was Sie in diesem Moment brauchen.

Wenn Sie schließlich diese Präsenz spüren, entspannen Sie sich. Erkennen Sie sich selbst dafür an, dass Sie sich die Zeit genommen haben, sich um sich selbst gekümmert zu haben. Rufen Sie sich nun wieder die beunruhigende Situation, an die Sie ursprünglich gedacht haben, ins Bewusstsein. Fragen Sie sich nun: »Wie könnte ich die Situation annehmen?« Überlegen Sie ferner: »Was kann ich in dieser Situation konkret tun?« oder »Wie kann ich im Leben auch nur eines einzigen Menschen konkret etwas verändern und bewirken?« oder »Um welchen Bereich meines Gartens kann ich mich gerade kümmern?«. Lassen Sie alle Ideen, Gedanken oder Vorstellungen zu, die Ihnen einfallen, und nehmen Sie alles zur Kenntnis, ohne sich mit einer bestimmen Erwartungshaltung daran zu verbinden oder festzuklammern; falls Sie befürchten, etwas zu vergessen, können Sie es sich notieren. In dieser Phase gibt es keine guten oder schlechten, besseren oder schlechteren Ideen. Es ist nur ein Saatgut an Ideen.

Von einem Ort der Möglichkeit aus und abseits aller Reaktivität stellen Sie fest, wie anders Sie sich in diesem Moment fühlen, wenn Sie über das beunruhigende Thema oder die Situation nachdenken. Vielleicht fühlen Sie sich komfortabler, offener, hoffnungsvoller. Schauen Sie sich Ihre Liste von Ideen an, und stellen Sie jede einzelne auf den Prüfstand, indem Sie sich fragen: »Ist diese Idee aus der Liebe heraus entstanden?« Wenn die Antwort nein lautet, streichen Sie die Idee von Ihrer Liste. Wenn die Antwort ja lautet, können Sie damit beginnen, die Idee auszuarbeiten und herauszufinden, ob es für Sie möglich ist, sie in die Tat umzusetzen, während Sie gleichzeitig die dafür nötigen, konkreten Schritte festlegen.

Machen Sie das jetzt.

Wenn Sie sich Ihre Liste mit den Ideen ansehen, welche davon spricht Sie am meisten an? Welche davon betrifft den Bereich des Gartens, um den Sie sich kümmern können, und fühlt sich in diesem Moment am »machbarsten« an?

Innere Arbeit

Vervollständigen Sie die folgenden Sätze, um Ihre Schmerzpunkte als auch Ihre Gefühle zu erforschen und zu überlegen, wie Sie sie annehmen könnten.

- In Bezug auf Rassismus, Vorurteile und Diskriminierung sind die sozialen Probleme, die mich am meisten stören, ______________________________.
- Die Emotionen, die ich empfinde, wenn ich an diese Dinge denke, sind ______________________________.

- Wenn ich etwas tiefer grabe, dann beunruhigt mich ganz konkret, ______________________________.
- Wenn ich es nacheinander durchgehe, könnte ich jede dieser Emotionen und Situationen annehmen oder sie lösen, indem ich ______________________________.
(*Es soll nicht perfekt sein; achten Sie einfach darauf, was sich ergibt.*)
- Die Ideen, nach denen ich mich leicht richten kann, sind __
______________________________.
- Die Ideen, die in der Liebe verwurzelt sind, sind _______
______________________________.
- Die Ideen, die ich los- und fallen lassen muss, sind _____
______________________________.
- Konkret werde ich Folgendes tun: ________________
______________________________.

Greg ist ein junger Mann, der in Oakland, Kalifornien, lebt und sich Polizeigewalt, insbesondere gegen Schwarze Männer, sehr zu Herzen nimmt: Er muss nur daran denken und bekommt Herzrasen und schwitzige Hände. Als er das Gefühlsrad zurate zieht, erkennt er, dass ihn Polizeigewalt wütend und hilflos macht, vor allem weil es zwar zahllose Videos, Bilder und Dokumentationen zu diesem Problem gibt, aber niemand etwas dagegen zu unternehmen scheint. Er ist es leid, immer wieder damit konfrontiert zu werden, ohne dass etwas Konkretes passiert. Seit Jahren ist er in dieser Spirale der Hilflosigkeit gefangen. Aber mithilfe der Übung, die Sie gerade angewandt haben, sah sich Greg darauf vorbereitet, sich zu fragen: »Was könnte ich tun, um diese Situation anzunehmen, anstatt sie ständig zu verdrängen oder mit meinen üblichen Mustern auf die Situation reaktiv zu handeln?« Er erkannte, dass diese Muster nur noch in mehr Ärger und Hilflosigkeit mündeten – ein endloser Teufelskreis. Als er diese Übung ein paar Wochen lang durchführte, kamen ihm zwei Ideen.

Eine davon war, die örtliche Polizeistation in die Luft zu sprengen, eine Maßnahme, die offensichtlich nicht in der Liebe verwurzelt war, also ließ er sie sofort wieder fallen. Seine zweite Idee war simpel, aber eine, die er noch nie zuvor gemacht hatte: Er recherchierte im Internet, um herauszufinden, ob es Organisationen gab, die sich für eine Beendigung der Polizeigewalt einsetzen. Er war schockiert über die schiere Anzahl entsprechender Organisationen und entdeckte sogar eine in Oakland. Zunächst spendete Greg Geld, aber ihm wurde klar, dass er sich selbst »die Hände schmutzig machen« musste – er wollte richtig in die Gartenarbeit einsteigen. Also engagierte er sich stärker, indem er bei Veranstaltungen ehrenamtlich mitarbeitete und an Treffen teilnahm. Jetzt, ein Jahr später, ist er Mitglied im Vorstand. Er hat sogar seine Freunde und sein erweitertes Umfeld (auch seines Gartens), die vorher nichts von dieser Sache wussten, dazu gebracht, Spenden zu sammeln und die Arbeit der Organisation zu unterstützen. Einige von ihnen sind jetzt aktive Mitglieder und haben ihrerseits Menschen aus in ihren Communitys und Netzwerken eingeladen, sich zu engagieren. Auch hier liegt wieder Kreuzbestäubung vor – und alles beginnt mit der Entscheidung einer Person, aktiv zu werden und sich um den Garten zu kümmern. Greg weiß, dass er erst am Anfang steht, und freut sich darauf, sich noch wirkungsvoller einzubringen.

Mallory ist eine weiße Frau, die vom »Karen«-Phänomen[52] angewidert ist – sie hasst den Begriff und hält ihn für falsch, erkennt aber auch, dass andere weiße Frauen unverhältnismäßig reagieren und von den realen Problemen der People of Color nichts wissen wollen, worüber sie sich furchtbar aufregt. »Ich habe viele Freundinnen, die sich so verhalten. Jedes Mal, wenn ich sehe, dass sie so empfindlich tun und überreagieren, bin ich so irritiert und verärgert, dass ich mich ausklinke. Wie können sie nur so realitätsfremd sein?« Wir baten Mallory, die gleiche Übung zu machen, die Sie mit Ihrer Inneren Arbeit gemacht haben. Sie entdeckte, dass ihr aufgestauter Ärger und ihre Wut vor allem darauf zurückzuführen waren, dass sie das Gefühl hatte, ihre Freundinnen würden sich um die Aufgaben drücken, die ihr so wichtig waren. Es waren allesamt Mütter, die nicht mehr arbeiteten und deren Kinder auch nicht mehr zu Hause wohnten, weshalb sie weder an formellen Diversity-Coachings auf der Arbeit teilnahmen noch gezwungen waren, häufig mit Menschen außerhalb ihrer gesellschaftlichen Gruppe zu interagieren, sodass es ein Einfaches für sie war, in ihrer kleinen Blase zu bleiben. Doch jedes Mal, wenn sie ihre Blase verließen, brach nach Mallorys Worten »die Hölle los«. Mallory hatte genug und beschloss, sich etwas einfallen zu lassen, statt sich abzuschotten und sich über ihre Freunde zu ärgern.

Sie hatte mehrere Ideen, aber zwei, die besonders hervorstachen, setzte sie in die Tat um. Mallory und ihre Freundinnen waren Teil eines Buchclubs, der mittlerweile über hundert Frauen umfasste. Als Gründungsmitglied beschloss Mallory, Bücher zum Thema Diversität und diverse Autoren in die Leseliste aufzunehmen. Trotz anfänglicher Widerstände wurde ein Kompromiss gefunden: Zweimal im Jahr konnte Mallory ein Buch auswählen, das auf diese Beschreibung zutraf. Darüber hinaus beschloss Mallory, einen Fonds einzurichten und andere Mitglieder der Gruppe aufzufordern, etwas zu spenden. Der Fonds sollte dazu dienen, Bücher zu kaufen, die an andere Buchclubs in ihrem County und in den Nachbarcountys sowie an öffentliche und universitäre Bibliotheken gespendet werden sollten – also an all jene Institutionen, die nicht über ein breites Angebot an Büchern verfügten, das zur Aufklärung und Inspiration beitrug und das Narrativ von Diversität und Inklusion verändern könnten. Mallory war überrascht, dass viele der Frauen nicht nur spenden, sondern sie auch dabei unterstützen wollten, ihr beim Aufbau einer Liste von Bibliotheken zu helfen und sogar Ableger des Buchclubs in anderen Gemeinden rund um den Globus zu gründen.

Ross ist ein begeisterter Kletterer und lebt im Großraum Denver, Colorado. Seine Leidenschaft ist die freie Natur, in der er sich am wohlsten fühlt. In den letzten Jahren hat Ross jeden Sommer mit Teenagern aus der Region in einem speziellen Sommerferienlager Überlebenstechniken geübt und ihnen Wandern und Klettern nähergebracht. Sie haben jeweils einige Tage in der Wildnis verbracht und während der gemeinsamen Zeit in der Natur entdeckt, welche Kräfte in ihnen stecken. Ross war in einer unserer ersten Kohorten von »The Liberation Experience«. Während einer Sitzung mit drei anderen Teilnehmenden dachte er darüber nach, dass ihm nie aufgefallen war, dass die von ihm betreuten Teenager ausnahmslos aus den Vorstädten kamen und weiß waren. »Ich habe gar nicht registriert, dass alle Kinder, mit denen ich arbeitete, genau wie ich waren und dass es wenig bis keine Vielfalt gab«, gestand er der Gruppe. Es sei nicht so, dass es in der Stadt, in der er lebte, an Vielfalt mangelte; also machte er sich Gedanken darüber, warum dies der Fall war, und kam zu dem Schluss, dass die mangelnde Vielfalt bei seinen Sommercamps an der mangelnden Vielfalt auf Betreuerseite (Repräsentation ist wichtig!) sowie an den fehlenden finanziellen Mitteln lag, um potenziellen Teilnehmenden unter die Arme zu greifen, die über die Teilnahmegebühren hinausgingen – die Kosten für Wanderschuhe, geeignete Socken, Rucksack und andere benötigte Ausrüstungsgegenstände läppern sich mit der Zeit. Ross beschloss, dass er in den Herbst- und Wintermonaten versuchen würde, die Mittel aufzubringen und eine Spendenaktion für die Ausrüstung ins Leben zu rufen. Die Besitzer des örtlichen Coffeeshops, in dem er als Barista arbeitet, waren begeistert von der Idee und erlaubten ihm, eine Sammelbox für die Ausrüstung im Laden aufzustellen. Außerdem erklärten sie sich bereit, von jeder im Winter verkauften heißen Schokolade einen gewissen Prozentsatz zu spenden, um das Camp zu finanzieren. Ross kontaktierte auch einige der örtlichen Hersteller von Outdoor-Ausrüstung und andere Ladenbesitzer in der Gegend, um zu erfahren, ob sie in irgendeiner Weise helfen wollten – mit Erfolg. In den Frühlingsmonaten arbeitete Ross daran, seine ersten zehn Teilnehmer für das Sommercamp zu rekrutieren; er hatte genug Geld gesammelt, um sie zu unterstützen. Zunächst war es für ihn schwierig, die richtigen Partner und Partnerinnen zu finden, die das Programm bei den Jugendlichen vor Ort vorstellen und dafür Werbung machen konnten. Nachdem er jedoch Kontakte zur Leitung von außerschulischen Angeboten und anderweitigen Mentoren geknüpft hatte, gelang es ihm, die ersten beiden Teilnehmenden zu rekrutieren, den Rest erledigte Mundpropaganda. Ross' erstes Sommerprogramm war ein voller Erfolg, denn er konnte bei den Jugendlichen, die an dem Programm teilnahmen, eine Veränderung feststellen (um es auf Herz und Nieren zu prüfen, hatte er für das erste Feriencamp ausschließlich diese Jugendlichen rekrutiert). In den folgenden Sommern mischte er die Gruppen und half so den Jugendlichen, Kontakte zu anderen Jugendlichen aus dem ganzen Bezirk zu knüpfen. Heute übernimmt das Programm jeden Sommer die Kosten für fast einhundert marginalisierte Jugendliche, und vier Ehemalige arbeiten nun selbst als Betreuende und versuchen, den Mangel an Mentoren und Mentorinnen auszugleichen. Ross erkannte ein unbestelltes Beet in seinem Garten, brachte das Saatgut aus und brachte sich so weit ein, wie es nötig ist, damit auf dem brachliegenden Fleck etwas wachsen konnte.

Niemand von uns wird den Rassismus allein beenden. Wir werden ihn beenden, indem wir uns verpflichten, die beste Version von uns selbst zu sein, unseren Garten zu hegen und zu pflegen und jede Gelegenheit zu nutzen, sich auch um andere Gärten zu kümmern. Aber nicht nur gute Ideen und Absichten pflanzen sich über die Kreuzbestäubung fort, sondern auch schädliche und schlechte Ideen. Wir müssen sicherstellen, dass unser Saatgut mit Liebe und der Absicht ausgebracht wird, uns einander näher zu bringen und uns zu einer größeren gemeinsamen Vision zusammenzufinden, anstatt uns voneinander zu entfernen und die Differenzen zu vertiefen. Sie haben die Macht, sich um Ihren Garten zu kümmern. Beginnen Sie mit dem, was immer Ihnen bei der Übung zur Inneren Arbeit in diesem Kapitel in den Sinn kam; und falls Ihnen noch nichts Konkretes eingefallen ist, keine Sorge: Das wird schon, auch wenn es Tage oder Wochen dauern kann. Versuchen Sie es erneut, bleiben Sie präsent, und verschwenden Sie keinen Gedanken darauf, dass Ihre Idee »das nächste große Ding« ist. Vielleicht grassiert Ihre Idee schon in Ihrer Gemeinde. Sie müssen sich nur dazu bereiterklären, mitzuhelfen, sie weiterzuverfolgen oder mit aufzubauen.

20

Mein persönliches Herzensprojekt

Für manche Menschen mag es optimal sein, auf ihre Emotionen und Schmerzpunkte einzugehen, wie im vorigen Kapitel dargelegt, aber es gibt noch einen anderen, eher systemischen Ansatz, sich Inspiration für eine sinnvolle Tätigkeit zu holen. Wenn wir in der Zukunft stehen, in der der Rassismus beendet ist, und uns fragen: »Was haben wir *heute* unternommen?«, dann wissen wir, dass jeder seine größten Leidenschaften, Talente, Interessen und Fähigkeiten mit eingebracht hat, um dieses Ziel zu erreichen. Auf diese Weise macht auch der Weg hin zu unserem Ziel Spaß. Wenn Sie Ihre größten Talente in den Dienst einer Sache stellen, die größer ist als Sie selbst, werden Sie einen Schub erfahren und mit einer Freude und Zielstrebigkeit an die Aufgabe herangehen, wie Sie es in Ihrem Leben noch nie erlebt haben. In unseren Workshops verwenden wir ein Arbeitsblatt mit dem Titel »The Seed of Action« (dt. etwa »Die Saat der Tat«) – um das Bild, das wir im letzten Kapitel verwendet haben, weiterzuentwickeln. Mit dem Sheet wollen wir den Teilnehmenden helfen, herauszufinden, wie sie idealerweise ihre Leidenschaften mit an Bord holen, wenn sie in Aktion treten und dem Rassismus ein Ende bereiten.

Innere Arbeit

Diese Aufgabe unterscheidet sich ein wenig von unseren vorherigen Übungen zur Inneren Arbeit. Vervollständigen Sie zunächst die Lückentexte, bevor Sie mit der folgenden Tabelle und den Anweisungen fortfahren.

Eine druckbare Version dieser Übung (auf Englisch) finden Sie unter HowWeEndedRacism.com/resources.

- Von den gesellschaftlichen Problemen, die Rassismus, Vorurteile und Diskriminierung betreffen, gehen mir die drei folgenden wirklich sehr nahe: ______________________
  ____.
- Wenn ich in der Zukunft stehe, in der diese Probleme gelöst sind, stelle ich mir Folgendes vor: ________________
  ____.
  (Beschreiben Sie, was Sie vor sich sehen.)

Schauen Sie sich die folgende Tabelle an, und kreisen Sie jede Tätigkeit an, bei der Sie sich gut auskennen, für die Sie sich begeistern können oder die Ihnen Freude bereitet. Fahren Sie dann mit den letzten unvollständigen Sätzen fort.

Musik Ein Instrument spielen, Singen, Songwriting	**Kunst** Malen, Zeichnen, Modellieren, Bildende Künste	**Schreiben** Geschichten, Gedichte, Theaterstücke, Blogs	**Bewegung** Tanz, Kampfkunst
Handwerk Holzarbeiten, Gestalten, Schweißen	**Freiwilligenarbeit** Ehrenamtliche Tätigkeiten (Gemeinde, Hilfsorganisationen)	**Unternehmergeist** Geschäftliches, Marketing, Erfindertum, Investments	**Sport** Einzel- oder Gruppenaktivitäten

Unterrichten Lehr-, Mentoren- oder Tutorentätigkeiten	**Natur** Naturerkundung, Wildlife, Gartenarbeit	**Vorträge** Debattieren oder öffentliche Auftritte, Broadcasting	**Computer** Softwareentwicklung, Webdesign, Social Media
Spiritualität Gebete, Meditation, Gemeinschaftliches Heilen	**Drama/Theater** Schauspielen, Regie	**Fotografie und Film** Filme drehen, Fotografieren, Animationen	**Lesen** Belletristik, Sachbücher, Gedichte
Interessenvertretung Politisches/Gesellschaftliches Engagement	**Journalismus** Podcast, Schreiben, Radio- und TV-Formate produzieren	**Outdoor** Fischen, Wandern, Radfahren	**Handarbeit** Kochen, Nähen, Modedesign, Stricken

- Von den Tätigkeiten, die ich eingekreist habe, machen mir am meisten Spaß: ______________________.
- Eine Möglichkeit, wie einige der Tätigkeiten dazu beitragen würde, meine Vision zu verwirklichen, ist ________ ______________________________.
- Eine weitere Idee ist ______________________.
- Eine letzte Idee ist ______________________.
- Von diesen drei Ideen freue ich mich am meisten darauf, mit ______________________ zu beginnen.
- Ganz konkret plane ich als Erstes, ______________ ______________________________ zu tun.
- Und ich werde dies bis zum ______________ ________ tun. (*Tragen Sie ein konkretes Datum ein!*)

Sie verfolgen von Natur aus bestimmte Leidenschaften und Interessen; Sie sind mit bestimmten Talenten und Fähigkeiten ausgestattet. Wenn wir alle unsere Leidenschaften, Fähigkeiten, Hobbys und Interessen einbringen, immer unter der Prämisse, den Rassismus zu beenden, dann kann und wird jedes Problem gelöst werden. Es gibt genug von uns, die sich in allen möglichen Bereichen engagieren – Politik, Kunst, Wirtschaft, Bildungs- und Finanzwesen,

Familie, Unterhaltung, Aktivistenszene (die Liste ließe sich fortsetzen!) –, sodass der Rassismus definitiv innerhalb einer Generation Geschichte wäre, wenn sich jeder von uns pflichtschuldigst und voller Leidenschaft seinem Stückchen Garten widmen würde. Natürlich wird es schwierige und herausfordernde Momente geben, die es zu überwinden gilt, um den Rassismus zu beenden – wir machen uns nichts vor und glauben nicht, dass es einfach wird. Aber wenn man diese Probleme dadurch ausgleicht, indem man das einbringt, *wofür man brennt*, sind Burn-out oder fehlende Motivation kein Thema, wenn sich einem Hindernisse in den Weg stellen. Denn Sie tun etwas mit Leidenschaft und für eine Sache, die größer ist als Sie selbst.

Wir hoffen, dass Ihnen bereits einige Ideen im Kopf herumschwirren. Um Sie noch mehr zu inspirieren, möchten wir Ihnen einige Beispiele von Mitgliedern aus unserer Community vorstellen.

Kate ist eine 73-jährige Frau, die in Großbritannien lebt. Bei ihrem Partner wurde 2009 Alzheimer diagnostiziert. Sie nahm an unserem Programm teil, weil sie verstehen wollte, was ihr in ihrem Leben und bei ihrer Arbeit fehlt, wenn es darum geht, Differenzen zu überwinden und Brücken zu bauen. Kate hatte John zwölf Jahre, in denen sich sein Zustand zusehends verschlechterte, gepflegt, und in diesen Jahren hatte sie mit großer Leidenschaft für Menschen mit Demenz Pflegekräfte gesucht und diese unterstützt. Durch ihre Tätigkeit wurde ihr bewusst, wie viele Menschen von der Krankheit betroffen sind und dass die Community globale Ausmaße hat.[53]

Durch ihre Pflegetätigkeit und die dabei gesammelten Erfahrungen ist sie heute eine Expertin auf dem Gebiet im Umgang mit Demenzkranken. Kate engagiert sich nun ehrenamtlich in ihrer Gemeinde, schreibt Artikel, ist Mitherausgeberin eines Buches[54], hält Vorträge auf Konferenzen und sitzt in Gremien, die sich für die Belange für Menschen mit Demenz und deren Betreuer einsetzen. Unnötig zu erwähnen – Kate frönt ihrer Leidenschaft. Kate machte die gleiche Übung wie Sie in diesem Kapitel und erkannte, dass sie mit ihrer Tätigkeit auch einen aktivistischen Ansatz verfolgen könnte. »Wir brauchen eine Revolution und müssen einen kreativen Weg finden, der allen Menschen die Teilnahme am Leben ermöglicht, auch wenn sie aufgrund ihrer Demenz eingeschränkt sind.« Kurz darauf schloss sie sich einer lokalen Aktivistengruppe für Demenzkranke an. Sie nutzte sowohl ihre Erfahrung als auch ihre privilegierte Stellung, um mutig für eine Minderheit einzutreten, der mehr Gleichberechtigung und Pflege zuteilwerden sollte. Mittlerweile ist Kate Mitglied der Lenkungsgruppe einer internationalen Vereinigung namens *Reimagining Dementia: A Creative Coalition for Change*,[55] die eine weltweite Kampagne mit dem Titel »Let's Reimagine« ins Leben gerufen hat.

Seit ihrem Start im September 2020 hat sich die Vereinigung zu einem herausragenden Beispiel für all jene entwickelt, die auf kreativen Pfaden diverse Communitys aufbauen wollen, in denen sich die Mitglieder zugehörig fühlen. Eine der wichtigsten Erkenntnisse, die Kate durch ihre Erfahrungen und Achtsamkeitspraktiken gewonnen hat, ist, dass »man einfach irgendwo anfangen muss«. Und weiter: »Ich habe gelernt, dass man nicht alles vorausplanen kann; es *entfaltet* sich nach und nach. Eine kleine Aktion führt zu einem Telefonanruf, der ein paar Wochen später zu einer E-Mail führt, die wiederum zu einem Gespräch führt, und schon bald hat man den Unterschied ausgemacht, den man zuvor nie für möglich gehalten hätte. Ich möchte, dass allen bewusst ist, dass der Schlüssel darin liegt, *aufzustehen und sich zu beteiligen*.« Kurz nach Abschluss unseres Programms verstarb Kates Partner John friedlich, nachdem er zwölf Jahre lang »stolz mit Alzheimer« gelebt hatte. Sein Vermächtnis lebt durch Kate weiter, und mit ihrem unglaublichen Engagement setzt sie sich weiterhin für mehr Inklusion, Gleichberechtigung und Diversität in einem ganz bestimmten gesellschaftlichen Bereich ein, zu dem sie in einzigartiger Weise einen Zugang hat.

Tammy ist eine junge Schwarze Frau, die jahrelang als Führungskraft im gemeinnützigen Bereich gearbeitet hat, aber ihre größte Leidenschaft ist ihre Tätigkeit als Unternehmerin und Menschen zu verbinden. Sie nahm an unserem Programm teil, weil sie sich nicht im Klaren darüber war, wie ihr Beitrag aussehen könnte oder, ehrlich gesagt, ob sie *überhaupt* etwas beitragen müsse, schließlich engagierte sie sich bereits als Freiwillige und unterstützte People of Color. Nachdem sie diese Übung zur Inneren Arbeit gemacht hatte, kam ihr eine Idee, die sie aufspringen ließ. Sie beklagte sich immer darüber, dass so viele von Schwarzen geführte Unternehmen scheiterten, weil es an ausreichender Unterstützung mangelte. »Jedes Mal, wenn ich so einer Firma unter die Arme gegriffen habe, war sie innerhalb weniger Jahre wieder am Ende.« Ihr kam zum ersten Mal der Gedanke, dass *sie* die Lösung sein könnte.

Innerhalb weniger Monate gründeten Tammy und ihr Mann eine Firma, die von Schwarzen geführte lokale Unternehmen dabei unterstützt, ein Netzwerk zu bilden und miteinander in Kontakt zu treten; gleichzeitig dient es dem Kundenkreis als Leitfaden, sich über von Schwarzen Menschen geführte Unternehmen in ihrer Gemeinde zu informieren und sie zu unterstützen. Eines der größten Probleme in der Gemeinde bestand darin, dass Schwarze Geschäftsinhaber und -inhaberinnen so hart dafür arbeiteten, ihre eigene Firma voranzubringen, dass sie nichts voneinander wussten. Statt sich gegenseitig in ihrer Community zu supporten, trieben sie mit anderen Firmen Geschäfte. Tammys Arbeit hat dazu beigetragen, dieses Problem anzugehen und zu lösen, und mehrere Unternehmen ließen verlauten, dass sie ohne Tammys Hilfe nicht mehr existieren würden.

Die Geschichten unserer Workshop-Teilnehmer ließen sich endlos fortsetzen: Barbara hat für ältere Menschen in ihrer Gemeinde eine Online-Schulung für Anti-Rassismus-Training ins Leben gerufen; Chris hat einen Film gedreht und dafür gesorgt, dass alle Hauptdarsteller aus marginalisierten Gruppen stammen; Alonzo hat ein Musikprojekt gestartet, das die psychische Gesundheit Schwarzer Männer unterstützt; Elissa bietet kostenlose Yoga- und Heilungs-Sessions für native US-Amerikanerinnen; Jen gründete eine »Gemeinsamer Nenner«-Gruppe, die muslimische, jüdische und christliche Mitglieder ihrer Gemeinde an einen Tisch bringt, um über die sie betreffenden Probleme zu diskutieren und über eine scheinbare Kluft hinweg Freundschaften zu schließen sowie den Dialog zu suchen; und Jerome startete ein Mentorenprogramm für junge Schwarze Männer für die von ihm trainierte Highschool-Football-Mannschaft, um ihnen während ihrer Zeit im Team positive Vorbilder und praktische Unterstützung zu bieten.

Die Dinge, die Sie lieben und an denen Sie Ihre Freude haben, können zur Beendigung des Rassismus beitragen. Die Arbeit muss sich nicht dahingehend äußern, was man als herkömmlichen Aktivismus betrachtet. Auch diese Arbeit ist wichtig, und jeder von uns hegt eine Leidenschaft, ein Interesse oder ein Hobby für etwas, das uns dazu bringen kann, uns im Hier und Jetzt zu engagieren. Dies ist Ihre Chance, ein leidenschaftlich geführtes Projekt ins Leben zu rufen, das die Macht hat, den Lauf der Menschheit für immer zu verändern. Alles, was Sie tun müssen, ist aufstehen und anfangen, genau dort, wo Sie sich gerade befinden. Nutzen Sie alle Möglichkeiten, die Ihnen bereits in Ihrem Garten zur Verfügung stehen, wo Sie die größte Wirkung entfalten können. Was wird Ihr persönliches Herzensprojekt sein? Machen Sie den ersten Schritt. Nutzen Sie den Leitfaden als Hilfestellung. Die Zeit ist reif.

21

∞

Das Ende ist der Anfang

Wir, Justin und Shelly, haben uns 2020 aus der Zukunft heraus gefragt: »Was haben wir unternommen, um den Rassismus zu beenden?« Zunächst riefen wir einen virtuellen Workshop ins Leben und brachten so Hunderte von Teilnehmern aus der ganzen Welt zusammen, um ihnen die grundlegenden Tools zur Beendigung des Rassismus zu vermitteln. Aufgrund des enormen Erfolgs und der Resonanz haben wir uns schließlich dazu entschlossen, die Säulen genauer zu umreißen und dieses Buch zu schreiben. Uns war klar, dass unser Workshop und dieses Buch allein den Rassismus nicht beenden werden. Doch die Erfahrung hat uns gelehrt, dass wir mehr Menschen dazu inspirieren können, so groß zu träumen wie wir, und ihnen dabei helfen können, die entsprechenden Schritte in Richtung unserer Vision zu unternehmen und noch über unsere Vorstellungen hinaus ihre Träume zu verwirklichen. Jetzt, da Sie es bis hierher geschafft haben und wir wissen, dass Sie auf dem Weg sind, möchten wir Sie einladen, die von uns entworfene Verpflichtungserklärung zur Beendigung des Rassismus zu unterzeichnen. Dies ist nur eine kleine und einfache Möglichkeit für diejenigen von uns, die an diese Möglichkeit glauben, Ja zu sagen und *gemeinsam* diesen Traum zu beschreiten. Es würde uns sehr viel bedeuten, wenn Sie Ihre virtuelle Unterschrift mit unserer und den Unterschriften Tausender Gleichgesinnter hier unter diesem speziellen Link (oder verwenden Sie den QR-Code unten) hinzufügen würden: https://www.howweendedracism.com/pledge. Die Welt wird sich verändern, wenn wir zusammenstehen.

In seinem Buch *Ins Herz tätowiert* schreibt Pater Gregory Boyle, ein Jesuitenpater aus Los Angeles, über all die menschlichen Tragödien, die sich in den von Bandengewalt geprägten Hoods der kalifornischen Metropole abspielen. Eine Geschichte, die in unseren Augen besonders herausstach, handelt von der vierfachen Mutter Soledad, die so stolz war, als ihr ältester Sohn Ronnie seinen Highschool-Abschluss machte und bei den Marines angenommen wurde. Als er für einen Besuch in seiner Heimatstadt war, wurde er unweit ihres Hauses auf der Straße erschossen. Ihr Sohn Ronnie starb in ihren Armen, direkt vor ihrer Haustür.

Bald darauf schaffte auch ihr ältester Sohn Angel den Highschool-Abschluss, und er unterstützte Soledad dabei, sechs Monate nach Ronnies Tod einen Ausweg aus ihrer Hölle zu finden. Er half seiner Mutter dabei, sich anzuziehen, sich zu schminken, ihr die Haare zu machen und aufzustehen, damit sie für ihre drei verbliebenen Kinder wieder eine Mutter sein konnte. An jenem Nachmittag, als sie auf ihrer Veranda saßen und ein Sandwich aßen, wurde Angel von den Mitgliedern einer rivalisierenden Gang erschossen, und Pater Boyle schreibt, dass »die paar von uns, die das miterleben mussten, unfähig waren, um dieses Maß an Schmerz zu umarmen«. Bei einem Treffen fragte Pater Boyle Soledad, wie es ihr gehe, und sie antwortete: »Ich liebe die beiden Kinder, die mir noch geblieben sind, und es tut mir weh für die beiden Kinder, die nicht mehr da sind«, bevor sie weinend und schluchzend zugab: »Der Schmerz obsiegt, der Schmerz obsiegt.«[56]

Einige Monate später musste sie in die Notaufnahme, weil sie Schmerzen in der Brust hatte. Plötzlich wurde ein Kind mit mehreren Schusswunden auf einer Trage hereingeschoben; es stand derart schlecht um es, dass das Ambulanzteam nicht einmal die Zeit fand, den Vorhang zuzuziehen, sodass Soledad miterlebte, wie es um sein Leben kämpfte. Als sie einen Blick auf sein Gesicht werfen konnte, erkannte sie den Jungen aus der rivalisierenden Bande, der ihre beiden Söhne getötet hatte. Sie wusste, dass ihre Freundinnen in diesem Moment wahrscheinlich sagen würden: »Bete dafür, dass er stirbt.« Doch es kam anders.

Sie hörte die Ärzte schreien: »Wir verlieren ihn! Wir verlieren ihn!« Irgendetwas in diesem Moment ließ ihr Herz einfach zerspringen, und später erzählte sie Pater Boyle: »Ich begann zu weinen, wie ich noch nie zuvor geweint hatte.« Sie lag auf der Trage neben dem Jungen, der ihre Söhne ermordet hatte, und betete so innig, wie sie es noch nie zuvor getan hatte: »Gott, bitte, bitte lass ihn nicht sterben. Ich möchte nicht, dass seine Mutter das Gleiche wie ich durchmachen muss.« Der Junge überlebte – genau wie sie – und damit auch ihre Fähigkeit, zu lieben. Die scheinbar unüberwindliche Trauer zerbrach ihr das Herz, öffnete es aber auch und ließ es im Verlauf der Zeit immer größer werden.

Was wir uns für Sie wünschen, ist die Gewissheit, **dass alles, was wir gemeinsam in Bezug auf Rassismus erleben, was Sie in Bezug auf Rassismus erleben und was Ihnen in der Vergangenheit in Bezug auf Rassismus widerfahren ist, sich in etwas wandeln kann, das Ihnen die Augen öffnet.** Was wir Ihnen in diesem Buch gezeigt haben, soll Ihnen helfen, Gift in Medizin zu verwandeln, Schmerzvolles in Sinnvolles und *das Unmögliche in das Mögliche,* sowie eine Vision in die Tat umzusetzen. Die Zukunft, die wir erreichen, hängt davon ab, was wir jetzt für möglich halten. Die Zukunft ist nichts anderes als eine Möglichkeit in der Gegenwart. *Zwar ist nicht sicher, dass die Zukunft, an die Sie glauben, auch eintreten wird, aber wir können uns gewiss sein, dass sie ausbleiben wird, wenn Sie nicht daran glauben.* Das bedeutet nicht, dass alles, was Sie sich wünschen, eintreten wird. Aber Sie werden mit Sicherheit eine gesunde Zelle im kollektiven Immunsystem sein, wenn Sie mit

Ihren Emotionen und Ihrem Schatten kommunizieren, bereit sind, zu vergeben und die wichtigen, manchmal auch schwierigen Gespräche zu suchen sowie zur Tat zu schreiten. Mit jeder Person, die dieses Buch liest und sich verpflichtet, aktiv etwas zu unternehmen, wird dieses Immunsystem stärker – stark genug, um schließlich den Rassismus zu beenden.

Auf den letzten Seiten möchten wir mit der Aufgabe abschließen, die auch unser Einstieg in dieses Buch war – *aus der Zukunft heraus zu denken*. Gönnen Sie sich eine Lesepause und sodann die Erfahrung dieser Vision.

Legen Sie Ihre beiden Hände über die Mitte Ihrer Brust, eine auf die andere. Halten Sie jetzt einen Moment inne und atmen Sie fünfmal tief ein. Nach dem fünften Atemzug stellen Sie sich vor, dass Sie sich nun in der Zukunft befänden – eine Zukunft, in der der Rassismus weltweit beendet ist.

Stellen Sie sich nun vor, dass Ihr persönlicher Beitrag, den Sie zum Ende des Rassismus geleistet haben, über alle Maßen erfolgreich war. Es spielt keine Rolle, ob die Vision klar erscheint oder ob sie neblig trüb oder unvollständig ist. Vertrauen Sie einfach dem, was in diesem Moment in Ihnen aufkommt. Sie können wählen, ob Sie sich einen bestimmten Augenblick in der Zukunft vorstellen oder eine ganze Reihe vieler Momente. Was auch immer Ihnen in den Sinn kommt, es ist in Ordnung; versuchen Sie lediglich, es so genau wie möglich zu umreißen.

Wenn Sie sich eine Zukunft ohne Rassismus vorstellen, was fällt Ihnen an dieser Vision auf? Welche Bilder tauchen vor Ihrem inneren Auge auf? Welche Farben sehen Sie? Welche Gefühle kommen bei Ihnen auf? Wo spüren Sie die Emotionen in Ihrem Körper? Was ist anders in dieser zukünftigen Welt? Wer ist dort mit Ihnen? Und vor allem: Was genau spielt sich in der Vision ab, das Ihnen beweist, der Rassismus hat ein Ende gefunden?

Nehmen Sie sich noch ein paar Augenblicke Zeit, schließen Sie die Augen und lassen Sie die Vision auf sich wirken. Sobald Sie Ihre Vision erfahren haben, lesen Sie weiter.

Innere Arbeit

Als letzten Schritt möchten wir, dass Sie eine klare Vision entwerfen, in dem Wissen, dass Sie die Tools haben, die Sie für Ihre Reise dorthin benötigen. Der Zweck Ihrer Vision ist es, dass Sie einen Blick in Ihr Inneres werfen und diese Vision als Bezugspunkt für zukünftige Entscheidungen und Handlungen nutzen. Vervollständigen Sie dazu wie schon zuvor auch die folgenden Sätze:

- Meine Vision von einer Welt ohne Rassismus ist ______ ____.
  (*Seien Sie so konkret wie möglich.*)
- Was sich in dieser Vision an der Welt geändert hat, ist ___ ____.
- Was mich an dieser Vision am meisten begeistert, ist ___ ____.
- Was mich an der Vision am meisten inspiriert, ist _______ ____.
- Meine Vision hat sich seit Beginn der Lektüre verändert, und zwar ____.
- Die Emotionen, die diese Vision in mir auslöst, sind ____ ____.
  (*Ziehen Sie ruhig das Gefühlsrad zurate.*)
- Um noch stärker in Einklang mit dieser Vision zu leben, muss ich ___________________________ loslassen.
- Weitere Einzelheiten über diese Vision umfassen _______ ____.
- Eine Maßnahme, die ich ergreifen werde, um diese Vision zu verwirklichen, ist __________________________.
- Ich verpflichte mich zu __________________________.

Shellys Vision

Ich stelle mir eine Zukunft vor, in der die Grundbedürfnisse jeder einzelnen Person erfüllt sind, sodass es nicht mehr nur ums Überleben geht, sondern darum, sich entfalten zu können. Wir haben bei denjenigen, denen wir Leid zugefügt haben, Abbitte als auch Wiedergutmachung geleistet und dafür gesorgt, dass unsere Kinder die harte Wahrheit über die Gräueltaten der Vergangenheit erfuhren. Jeder Mensch hat innerhalb eines definierten und allgemein akzeptierten Standards Zugang zu Gesundheitsversorgung, Bildung und Sozialleistungen. Kein Kind und kein Erwachsener ist obdachlos oder leidet darunter, zu wenig zu essen zu haben. Psychische Erkrankungen werden nicht stigmatisiert, und es gibt kostenlose Hilfsangebote in vielen verschiedenen Formen für all jene, die sie brauchen. In den USA wird die Macht der Politiker stärker begrenzt, außerdem hat die Lobbyarbeit der Unternehmen ein Ende, in denen nur der Profit zählt. Dienstleistungsbetriebe wie Krankenhäuser, Gefängnisse und Schulen, die sich auf das Leben in unseren Gemeinden und das jedes einzelnen Menschen auswirken, sind weder kostenpflichtig noch auf Gewinn ausgerichtet. Sie dienen eher als Eckpfeiler, auf dem wir aufbauen können. Jedes Amt und jede Machtposition in unserem Land spiegelt die Vielfalt wider, die unser Land ausmacht. In dieser Vision leben wir alle als Gemeinschaft miteinander und erkennen an, dass wir untereinander verbunden sind und jede unsere Taten Auswirkungen auf die anderen hat. Ich bin »sicher«, »entspannt«, »friedlich« und »voller Hoffnung«.

Justins Vision

Ich stelle mir eine neue politische Partei vor, die in den USA an der Macht ist. Sie hat sogar einen Namen: die United Party, eine Partei, die nicht nur Republikaner oder Demokraten vereint, sondern völlig neu ist und die Wahrheit dessen repräsentiert, was ich glaube, das die meisten Menschen in den USA wirklich sind: gute Menschen, die das Beste für sich selbst, ihre Familien und füreinander wollen, zusammen mit wirtschaftlichem Wohlstand und ohne Einschränkungen, ihre Träume zu leben. Diese neue politische Partei verändert den Kontext, und zwar von »rechts« und »links« hin zur originären Bedeutung, die in ihrem Namen steckt – sie vereint uns, um eine bessere Welt zu schaffen. Die USA sind zu einem Leuchtturm des Friedens, des Wohlergehens und der Hoffnung in der ganzen Welt geworden, und zwar so erfolgreich, dass sich das Machtgefüge auf der Welt verschiebt. Amerika selbst hat als Modell für die Beendigung des Rassismus gestanden, und andere Länder auf der ganzen Welt sind dem Beispiel gefolgt, weil sie die positiven Auswirkungen eines Amerikas erkannt haben, das sich endlich in wirtschaftlicher, gesellschaftlicher, staatlicher, persönlicher und politischer Hinsicht zusammengefunden hat.

Jede Schule ist eine sichere Anlaufstelle für Lernen, Lehren und das persönliche Wohlbefinden: Jedes Kind ist hier in körperlicher, kognitiver und emotionaler Hinsicht erfüllt und umsorgt. Alle Schülerinnen und Schüler auf der ganzen Welt erhalten das höchstmögliche Maß an Bildung, das ihnen die Möglichkeit bietet, über ihre Leidenschaften einen Beitrag zur Gesellschaft zu leisten, der über das schlichte Überleben hinausgeht. Wohlbefinden ist wirklich für jeden möglich, und in jedem Winkel der Welt gibt es genug gesunde Nahrungsmittel, sodass die Menschen die Wahl haben, was sie zu sich nehmen wollen. Wann immer in dieser neuen Gesellschaft ein rassistisches Problem auftaucht, nimmt man sich dessen mit Mitgefühl, Liebe und Fürsorge an – denn in dieser Gesellschaft ist jeder, von Klein bis Groß, in der Lage, auf solcherart Konflikte dahingehend einzuwirken, dass aus einem Zusammenbruch leicht ein Durchbruch wird, der uns noch weiter voranbringt.

Wir haben alle gelernt, sowohl unsere als auch andere Kulturen auf eine Weise zu achten, die der MWe nicht zuwiderläuft. Dazu gehört auch, dass Weiße in der Lage sind, eine neue Kultur des Weißseins anzunehmen, in der sich nicht mehr alles um Leid oder die althergebrachten Narrative dreht, sondern die Menschen wieder zu ihren Ursprüngen führt und ihnen gestattet, sich über ihren Beitrag zum kollektiven Wohlbefinden zu freuen. In dieser Vision haben wir alle Ehrfurcht voreinander und respektieren sowohl den Einzelnen als auch den Beitrag, den jede Gruppe mit ihrer Vielfalt für die Gemeinschaft leistet. Gemeinsam sind wir mehr. Gemeinsam sind wir stärker. Gemeinsam erheben wir uns.

Gemeinsam stellen wir uns eine Welt vor, in der jede Person an die Möglichkeit einer Welt ohne Rassismus glauben kann. Wir sind uns darüber im Klaren, dass Rassismus grundsätzlich eine Illusion ist und nur in uns und durch uns existiert. Wir sind es, die ihm ein Ende bereiten müssen, und uns ist bewusst, dass wir die nötigen Tools bereits haben – wir müssen sie nur noch voller Tatendrang aus unserem Werkzeugkasten rausnehmen und Ja zu dem großen Traum sagen. Wir haben die Vision, wie wir alle erkennen, dass die Gemeinsamkeiten die Unterschiede überwiegen und dass das Konzept der »Rasse« selbst der Vergangenheit angehört. Dass wir zusammenstehen können, nicht voneinander ab-, sondern zugewandt, mit unseren Differenzen. Dass unsere Kinder die Wahrheit lernen, damit sie sich nie wiederholen kann. Und dass jeder Mensch die Chance erhält, sein Potenzial zu entfalten.

Dies ist unsere kollektive Vision, aber die wichtigste Vision in diesem Moment ist die, die Sie vor sich haben. Denken Sie immer daran, dass Sie selbst die Vision sind und nicht nur eine Erfahrung außerhalb Ihrer selbst. Sie führen nicht das Ende des Rassismus herbei, *Sie sind das Ende des Rassismus.* Sie können den Rassismus nur in dem Maße beenden, wie Sie bereit sind, das Ende des Rassismus in Ihrem Inneren zu offenbaren. Wenn der Rassismus in Ihrem Dasein auftaucht, wird er beendet – nicht nur durch das, was Sie tun oder sagen, sondern durch das, was Sie sind. *Sie sind, höchstselbst, das Ende des Rassismus.*

Die letzten Seiten dieses Buches sind erst der Anfang. Wir hoffen, dass Ihnen die Tools aus unserem Werkzeugkasten als Sprungbrett für den Glauben an eine neue Vision dienen. Dass Sie ein Bild von sich in der Zukunft haben, das unmöglich erscheinen mag. Dass Sie an etwas Größeres glauben, als Sie bisher geglaubt haben. Wir hoffen, dass Sie aus dem Dämmerzustand erwacht sind, der Ihnen vorgegaukelt hat, der Rassismus sei ein Faktum, und wissen, dass Sie jetzt Teil einer Community sind, die daran glaubt und aktiv dazu beiträgt, dass Rassismus ein Ende haben kann und haben wird.

Jetzt haben Sie das Rüstzeug, um sich Ihrer erweiterten Rolle in dieser Vision sicher zu sein. Egal wo sie stehen, in der Politik, im Aktivismus, in der Kunst, oder ob sie Vater oder Mutter sind – setzen Sie diesen Weg fort. Welchen Weg auch immer Sie bereits eingeschlagen haben, mit jedem Schritt machen Sie dem Rassismus wieder ein Stück weit den Garaus, und zwar genau da, wo Sie entlanggehen. Sie können immer wieder auf die Vision einer Zukunft zurückkommen, in der der Rassismus ein Ende hat, und sich fragen: »Was habe ich heute dazu beigetragen, um diese Vision Wirklichkeit werden zu lassen?« Je mehr von uns bereit sind, auf diese Zukunft hinzuarbeiten, desto wahrscheinlicher wird es sein, dass wir sie innerhalb einer Generation verwirklichen können.

Halten Sie weiter auf diese unmögliche Zukunft zu. Jeder Schritt macht sie ein wenig mehr möglich. **Der Rassismus wird enden. Wir treffen uns dort.**

Danksagung

Wir sind uns bewusst, dass dieses Werk auf dem Rücken so vieler vergangener Helden und Heldinnen entstanden ist, wie auch von vielen, die in der Gegenwart ihren Beitrag leisten – von Menschen in Bildungsinstituten, Hilfsorganisationen, in der Politik, im Aktivismus; von spirituellen Führern bis hin zu Schriftstellerinnen und Schriftstellern und Akademikerinnen und Akademikern, ohne die wir nicht die Tools, die Geschichte, die Sprache oder vielleicht sogar das Recht hätten, mit diesem Buch an die Öffentlichkeit zu gehen. Auch wären wir nachlässig, wenn wir nicht all jene Menschen erwähnen würden, die Opfer des Rassismus (geworden) sind und vielleicht sogar deshalb ihr Leben lassen mussten. In diesem Sinne möchten wir uns vor all jenen verbeugen und ihnen unseren Dank erweisen, die vor uns da waren – einigen, deren Namen weithin bekannt sind, und andere, deren Leistung in der Welt vielleicht weitgehend ungewürdigt geblieben ist, die aber nichtsdestoweniger ebenso wichtig sind.

Insbesondere möchten wir Martin Luther King III und Arndrea Waters King danken, deren unermüdliche Arbeit, das Vermächtnis von Dr. Martin Luther King Jr. hochzuhalten, uns dazu inspiriert hat, zur Verwirklichung von *Ich habe einen Traum* beizutragen. Ihre ermutigende Unterstützung hat uns dazu gebracht, große Träume zu haben.

Wir möchten auch Jim Selman für seinen unermüdlichen Support danken, dieses Buch ins Leben gerufen und in uns den Funken entzündet zu haben, der den Ausschlag gab, mit dem Schreiben zu beginnen.

Wir möchten den immensen Beitrag anerkennen, den unsere Zeit als Garrison Institute Fellows und im MWe Council dazu geleistet hat, dass diese großartige Idee das Licht der Welt erblickt. In einem sicheren Rahmen mit Gleichgesinnten, Mentoren und Mentorinnen haben wir die Möglichkeit erhalten, auszuprobieren, zu experimentieren und Fehler zu machen, während wir an diesem Buch schrieben.

Wir sind dankbar für all die mutigen und wundervollen Teilnehmenden, die sich für unsere ersten Kohorten von The Liberation Experience und unsere persönlichen Retreats eingearbeitet, das Thema studiert und angemeldet haben. Die Inhalte, euer Feedback, unsere Gespräche und eure inspirierten Aktionen in euren Communitys haben uns gezeigt, dass wir den richtigen Weg eingeschlagen haben. Hättet ihr nicht teilgenommen und wäret so für die Menschheit eingetreten, hätten wir dieses Buch nie geschrieben.

Unzählige Menschen haben dieses Buch in all seinen Stadien während des Entstehungsprozesses gelesen und ihren Beitrag geleistet, bevor es überhaupt an den Verlag ging. Wir sind so dankbar für jeden einzelnen Hinweis. Dieses Buch ist ein Spiegelbild UNSERER gemeinsamen Arbeit – wir danken euch.

Abschließend möchten wir das Wort an jene richten, denen wir überhaupt zu verdanken haben, dass wir hier sind: unseren Familien und jenen komplexen, verworrenen und scheinbar unmöglichen Geschichten, Ereignissen und Entscheidungen, die uns zu diesem Augenblick geführt haben und die dazu beigetragen haben, wer wir heute sind und wer wir werden. Getragen von der Zuneigung und Unterstützung unserer Großeltern, Eltern, Geschwister, Partner und Kinder, Nichten und Neffen, Tanten, Onkel und Cousins, wollen wir euch danken, dass ihr uns mit Liebe und Ermutigung eindeckt und uns zeigt, wie Mut in der Praxis aussieht.

Justin & Shelly

Anmerkungen

1 Amishi Jha, »Experiencing Wellbeing: Developing Resilience & Supporting Recovery«, Wellbeing Project (webinar, June 8, 2021).

2 Walter Mischel, *The Marshmallow Test: Understanding Self-Control and How to Master It* (New York: Little, Brown, 2014).

3 »Learning from the Future,« Harvard Business Review 98, no. 4 (July/August 2020), hbr.org/2020/07/learning-from-the-future.

4 George Jean Nathan, *Materia Critica* (New York: A. A. Knopf, 1924).

5 Jason Marsh, Rodolfo Mendoza-Denton, and Jeremy Adam Smith, eds., *Are We Born Racist?: New Insights from Neuroscience and Positive Psychology* (Boston: Beacon Press, 2010).

6 Tessa E. S. Charlesworth and Mahzarin R. Banaji, »Patterns of Implicit and Explicit Attitudes: I. Long-Term Change and Stability from 2007 to 2016,« *Psychological Science* 30, no. 2 (2019): 174–92, doi.org/10.1177/0956797618813087; Nilanjana Dasgupta, »Implicit Attitudes and Beliefs Adapt to Situations: A Decade of Research on the Malleability of Implicit Prejudice, Stereotypes, and the Self-Concept,« in *Advances in Experimental Social Psychology*, vol. 47, ed. Patricia Devine and Ashby Plant (San Diego, CA: Academic Press, 2013), 233–279.

7 Marilyn A. Brewer, »The Psychology of Prejudice: Ingroup Love and Outgroup Hate?« *Journal of Social Issues* 55, no. 3 (Fall 1999): 429–44, spssi.onlinelibrary.wiley.com/doi/abs/10.1111/0022-4537.00126.

8 Toni Morrison, interview with Stephen Colbert, on *The Colbert Report*, Comedy Central, November 19, 2014.

9 »Why You Must Do This One Thing to Achieve Your Goals,« Dr. Phil (website), December 14, 2017, drphil.com/videos/why-you-must -do-this-one-thing-to-achieve-your-goals/?fbclid=IwAR1Aq_f7Kvkahs-nPL1TuQsEzE3OYuPaMEtaqXzPH03P4Hq4L2PEsma2Fhmc.

10 Fernando Flores, *Management and Communication in the Office of the Future* (self-pub., 1982).

11 Matthew Clarke, »U.S. DOJ Statistics on Race and Ethnicity of Violent Crime Perpetrators,« Prison Legal News, June 1, 2021, prisonlegalnews.org/news/2021/jun/1/us-doj-statistics-race-and-ethnicity-violent-crime-perpetrators/.

12 Anmerkung der Redaktion: Aarons Ansicht gehört zu einer extremen Position. Die Mehrzahl der jüdischen Menschen haben keine Feindbilder hinsichtlich muslimischer Menschen und können zwischen dem Islam und Terrorismus unterscheiden.

13 See Qasim Rashid, *Extremist: A Response to Geert Wilders and Terrorists Everywhere* (AyHa Publishing, 2014).

14 Daniel Frank, ed., *The Jews of Medieval Islam: Community, Society, and Identity* (New York: Brill Academic, 1995).

15 Brené Brown, *Atlas of the Heart: Mapping Meaningful Connection and the Language of Human Experience* (New York: Random House, 2021).

16 Ludwig Wittgenstein, *Tractatus Logico-Philosophicus* (New York: Harcourt, Brace, 1933).

17 Brown, *Atlas of the Heart.*

18 Isabel Wilkerson, *Caste: The Origins of Our Discontents* (New York: Random House, 2020), 152–53.

19 Henry Louis Gates Jr., »The Truth Behind '40 Acres and a Mule,'« *African Americans: Many Rivers to Cross*, PBS, pbs.org/wnet/african-americans-many-rivers-to-cross/history/the-truth-behind-40-acres-and-a-mule/

20 History .com editors, »Black Codes,« History, last updated January 26, 2022, history.com/topics/black-history/black-codes.

21 Wilkerson, *Caste*, 133. See also South Carolina Black Code 72, *Acts of the General Assembly of the State of South Carolina* (Columbia, SC: Julian A. Selby, 1866).

22 Wilkerson, *Caste*, 80–82.

23 Marianne Williamson, »We are the only advanced industrialized nation that bases our education funding on property taxes,« stated on July 28, 2019, on *Face the Nation*, CBS, Politifact, politifact.com /factchecks/2019/jul/31/marianne-williamson/fact-checking-marianne-williamson-school-funding-u/.

24 Daniel J. Siegel, *IntraConnected: MWe (Me + We) as the Integration of Self, Identity, and Belonging* (New York: W. W. Norton, 2022).

25 Siegel, *IntraConnected.*

26 Anmerkung der Redaktion: »Othering« oder »Andersmachung« ist aus dem Kontext der postkolonialen Theorie und beschreibt eine Konstruktion einer Fremdgruppe und die Abwertung dieser. Somit stellt man die Eigengruppe als überlegene Norm dar. Othering wird benutzt, um Rassismus zu untermauern.

27 Daniel J. Siegel, interviewed by Justin Michael Williams, »The Power of Connection,« *The Kingdom with Justin Michael Williams*, November 16, 2020, youtu.be/HRSLn81LbKQ.

28 Ram Dass and Mirabai Bush, *Walking Each Other Home: Conversations on Loving and Dying* (Boulder, CO: Sounds True, 2018).

29 Abstruse Goose, September 10, 2009, abstrusegoose.com/183.

30 Rachel Yehuda, »Trauma in the Family Tree,« *Scientific American* 327, no. 1 (July 2022): 50–55,doi:10.1038/scientificamerican0722-50.

31 »Epigenetics and Child Development: How Children's Experiences Affect Their Genes,« Center on the Developing Child, Harvard University, developingchild.harvard.edu/resources/what-is-epigenetics-and-how-does-it-relate-to-child-development/.

32 Rachel Yehuda, »How Parents' Trauma Leaves Biological Traces in Children,« *Scientific American*, July 1, 2022, scientificamerican.com/article/how-parents-rsquo-trauma-leaves-biological-traces-in-children/.

33 Alice M. Graham, Jerod M. Rasmussen, Sonja Entringer, Elizabeth Ben Ward, Marc D. Rudolph, John H. Gilmore, Martin Styner, Pathik D. Wadhwa, Damien A. Fair, and Claudia Buss, »Maternal Cortisol Concentrations During Pregnancy and Sex Specific Association with Neonatal Amygdala and Emerging Internalizing Behaviors,« *Biological Psychiatry* 85, no. 2 (January 15, 2019): 172–81, ncbi.nlm.nih.gov/pmc/articles/PMC6632079/.

34 Erika Beras, »Traces of Genetic Trauma Can Be Tweaked,« *Scientific American*, April 15, 2017, scientificamerican.com/podcast/episode/traces-of-genetic-trauma-can-be-tweaked/.

35 Michael Price, »Protests Over Killings of Black People Could Erode Racism, Researcher Says,« *Science*, June 4, 2020, science.org/content/article/protests-over-killings-black-people-could-erode-racism-researcher-says.

36 Janaya Future Khan, »Janaya Future Khan's Guide to Understanding White Privilege,« *British Vogue*, June 3, 2020, vogue.co.uk/arts-and-lifestyle/article/janaya-future-khan-privilege.

37 Adam Grant (@AdamMGrant), »Too many people spend their lives being dutiful descendants instead of good ancestors,« Twitter, February 18, 2022, 11:22 am, twitter.com/AdamMGrant/status/1494708914922954759?s=20&t=bqvcewF6AGCyr4OicSeaOA.

38 https://www.duden.de/rechtschreibung/Glaube, abgerufen am 22.11.2023

39 Yuval Noah Harari, *Sapiens: A Brief History of Humankind* (New York: Harper, 2015).

40 Marie Beecham (@marieibeech), »Why and how I've learned to be very particular with deeming something racist,« Instagram, March 9, 2022, instagram.com/p/Ca5Pfk4uoS4/?igshid=YmMyMTA2M2Y.

41 Oprah Winfrey, »Oprah Explains How Forgiveness Can Change the Way You Move Through the World,« Oprah Daily, July 25, 2021,oprahdaily.com/life/a37117486/oprah-forgiveness/.

42 Oprah Winfrey, *The Wisdom of Sundays: Life-Changing Insights from Super Soul Conversations* (New York: Flatiron Books, 2017), 115.

43 »'It's for You to Know That You Forgive,' Says Holocaust Survivor,« *All Things Considered*, NPR, May 24, 2015, npr.org/2015/05/24/409286734/its-for-you-to-know-that-you-forgive-says-holocaust-survivor.

44 »Marianne Williamson: Atonement and Forgiveness,« interview by Elliot Mintz, May 18, 2015, YouTube video, 5:14, youtu.be/T8n7waaeho.

45 Justin Michael Williams, »Darnell L. Moore: Break the System Through Inner Transformation,« *The Kingdom with Justin Michael Williams*, podcast interview, February 3, 2008, podcasts.apple.com/us/podcast/darnell-moore-break-system-through-inner-transformation/id1341565149?i=1000401407255.

46 Coralie Bastin, Ben J. Harrison, Christopher G. Davey, Jorge Moll, and Sarah Whittle, »Feelings of Shame, Embarrassment and Guilt and Their Neural Correlates: A Systematic Review,« *Neuroscience & Biobehavioral Reviews* 71 (December 2016): 455–71,doi:10.1016/j.neubiorev.2016.09.019; Petra Michl, Thomas Meindl, Franziska Meister, Christine Born, Rolf R. Engel, Maximilian Reiser, and Kristina Hennig-Fast, »Neurobiological Underpinnings of Shame and Guilt: A Pilot fMRI Study,« *Social Cognitive and Affective Neuroscience* 9, no. 2 (February 2014): 150–57, doi: 10.1093/scan/nss114; Theresa Robertson, Daniel Sznycer, Andrew W. Delton, John Tooby, and Leda Cosmides, »The True Trigger of Shame: Social Devaluation Is Sufficient, Wrongdoing Is Unnecessary,« *Evolution and Human Behavior* 39, no. 5 (September 2018): 566–73, doi: 10.1016/j.evolhumbehav.2018.05.010; Daniel Sznycer, John Tooby, Leda Cosmides,

Roni Porat, Shaul Shalvi, and Eran Halperin, »Shame Closely Tracks the Threat of Devaluation by Others, Even Across Cultures,« *Proceedings of the National Academy of Sciences* 113, no. 10 (February 22, 2016): 2625–30, doi: 10.1073/pnas.1514699113; Daniel Sznycer, »Forms and Functions of the Self-Conscious Emotions,« *Trends in Cognitive Sciences* 23, no. 2 (February 2019): 143–57, doi: 10.1016/j.tics.2018.11.007.

47 N. Raman, *221 Ways to Success: Timeless Quotes of Great Masters for a Fulfilled Life* (Chennai, India: Notion Press, 2021).

48 Seneca, *Letters from a Stoic: Epistulae Morales ad Lucilium*, trans. Robin Campbell (New York: Penguin Books, 1969).

49 Interview with bell hooks and Maya Angelou, interview by Melvin McLeod, *Shambhala Sun*, January 1998, hartford-hwp.com/archives/45a/249.html.

50 Justin Michael Williams, »Kasey Crown: Power of Boundaries,« *The Kingdom with Justin Michael Williams*, podcast interview, March 10, 2021, podcasts.apple.com/us/podcast/the-kingdom-with-justin-michael-williams/id1341565149?i=1000512384124.

51 »Quotes,« Thich Nhat Hanh Foundation, thichnhathanhfoundation.org/covid-resources-quotes.

52 A.d.Ü.: Der Begriff »Karen« ist ein Internetphänomen und wird als Meme verwendet, um auf stereotype Verhaltensweisen hinzuweisen. Eine »Karen« wird oft als eine Frau aus der Mittelschicht dargestellt, die als übermäßig fordernd, unhöflich oder selbstgerecht gilt und ihre weißen Privilegien nutzt, um ihren auf rassistischen Ansichten basierenden Willen durchzusetzen.

53 Across the world, currently fifty-five million people have been diagnosed with dementia. »Dementia,« World Health Organization, who.int/news-room/fact-sheets/detail/dementia.

54 Kate White, Angela Cotter, and Hazel Leventhal, eds., *Dementia: An Attachment Approach* (London: Routledge, 2019).

55 Reimagining Dementia: A Creative Coalition for Change is an international campaign with a vision of care and support that promotes inclusion, relationship, creativity, joy, and the possibility of growth for everyone impacted by dementia leading to the end of stigma and the predominant tragedy narrative. Take a look at the »Let's Reimagine« video and share with others in your life: reimaginingdementia.com.

56 Gregory Boyle, *Tattoos on the Heart: The Power of Boundless Compassion* (New York: Simon and Schuster, 2011).

Sachregister